# 编委会

普通高等学校"十四五"规划旅游管理类精品教材
教育部旅游管理专业本科综合改革试点项目配套规划教材

普通高等学校“十四五”规划旅游管理类精品教材
教育部旅游管理专业本科综合改革试点项目配套规划教材

总主编◎马　勇

# 酒店收益管理

# HOTEL REVENUE MANAGEMENT

主　编◎詹　丽
副主编◎梁　慧　牟晓娟　游　帆

華中科技大學出版社
http://www.hustp.com
中国·武汉

**图书在版编目(CIP)数据**

酒店收益管理/詹丽主编. —武汉:华中科技大学出版社，2022.8(2025.1 重印)
ISBN 978-7-5680-8615-8

Ⅰ. ①酒… Ⅱ. ①詹… Ⅲ. ①饭店-运营管理-高等学校-教材 Ⅳ. ①F719.2

中国版本图书馆 CIP 数据核字(2022)第 137153 号

**酒店收益管理** 詹 丽 主编
Jiudian Shouyi Guanli

策划编辑：胡弘扬 李 欢
责任编辑：胡弘扬
封面设计：原色设计
责任校对：曾婷
责任监印：周治超
出版发行：华中科技大学出版社(中国·武汉) 电话：(027)81321913
武汉市东湖新技术开发区华工科技园 邮编：430223
录 排：华中科技大学惠友文印中心
印 刷：武汉市籍缘印刷厂
开 本：787mm×1092mm 1/16
印 张：16
字 数：383 千字
版 次：2025 年 1 月第 1 版第 4 次印刷
定 价：49.80 元

# Abstract 内容提要

本书从顾客感知价值出发，以客房收益管理为重点，介绍酒店收益管理的起源、重要概念、核心观点、理论基础和方法体系。

本书共 9 章，主要内容包括酒店收益管理概述、酒店产品战略定价、酒店产品差别定价、酒店市场细分与需求预测、客房定价与库存管理、客房预订与渠道管理、客房收益管理的评估、餐厅和会议收益管理，以及酒店收益管理组织实施。

本书编者力求以通俗易懂的语言和大量示例、案例，兼顾理论与实践两方面的需求，为酒店管理专业本科生提供一本明白晓畅、易学易用的教科书。

Based on customer perceived value, focusing on room revenue management, this book introduces the origin, key concepts, core viewpoints, theoretical basis and method system of hotel revenue management. This book consists of 9 chapters, the main contents include: overview of hotel revenue management, strategic pricing and differential pricing of hotel products, market segmentation and demand forecast, room pricing and inventory management, room booking and channel management, evaluation of room revenue management, restaurant and conference revenue management, and the organization and implementation of hotel revenue management. Authors of this book strives to provide a clear and easy-to-use textbook for undergraduates majoring in hotel management with easy-to-understand language and lots of examples and cases, taking into account the needs of theory and practice.

# 总　序

Introduction

伴随着我国社会和经济步入新发展阶段，我国的旅游业也进入转型升级与结构调整的重要时期。旅游业将在推动形成以国内经济大循环为主体、国内国际双循环相互促进的新发展格局中发挥出独特的作用。旅游业的大发展在客观上对我国高等旅游教育和人才培养提出了更高的要求，同时也希望高等旅游教育和人才培养能在促进我国旅游业高质量发展中发挥更大更好的作用。

《中国教育现代化 2035》明确提出：推动高等教育内涵式发展，形成高水平人才培养体系。以“双一流”建设和“双万计划”的启动为标志，中国高等旅游教育发展进入新阶段。

这些新局面有力推动着我国高等旅游教育在“十四五”期间迈入发展新阶段，未来旅游业发展对各类中高级旅游人才的需求将十分旺盛。因此，出版一套把握时代新趋势、面向未来的高品质和高水准规划教材则成为我国高等旅游教育和人才培养的迫切需要。

基于此，在教育部高等学校旅游管理类专业教学指导委员会的大力支持和指导下，教育部直属的全国重点大学出版社——华中科技大学出版社——汇聚了一大批国内高水平旅游院校的国家教学名师、资深教授及中青年旅游学科带头人在成功组编出版了“普通高等院校旅游管理专业类‘十三五’规划教材”的基础上，再次联合编撰出版“普通高等学校‘十四五’规划旅游管理类精品教材”。本套教材从选题策划到成稿出版，从编写团队到出版团队，从主题选择到内容编排，均作出积极的创新和突破，具有以下特点：

**一、基于新国标率先出版并不断沉淀和改版**

教育部 2018 年颁布《普通高等学校本科专业类教学质量国家标准》后，华中科技大学出版社特邀教育部高等学校旅游管理类专业教学指导委员会副主任、国家“万人计划”教学名师马勇教授担任总主编，同时邀请了全国近百所开设旅游管理类本科专业的高校知名教授、博导、学科带头人和一线骨干专业教师，以及旅游行业专家、海外专业师资联合编撰了“普通高等院校旅游管理专业类‘十三五’规划教材”。该套教材紧扣新国标要点，融合数字科技新技术，配套立体化教学资源，于新国标颁布后在全国率先出版，被全国数百所高等学校选用后获得良好反响。编委会在出版后积极收集院校的一线教学反馈，紧扣行业新变化，吸纳新知识点，不断地对教材内容及配套教育资源进行更新升级。“普通高等学校‘十四五’规划旅游管理类精品教材”正是在此基础上沉淀和提升编撰而成。《旅游接待业（第二版）》《旅游消费者行为（第二版）》《旅游目的地管理（第二版）》等核心课程优质规划教材陆续推出，以期为全国高等院校旅游专业创建国家级一流本科专业和国家级一流“金课”助力。

**二、对标国家级一流本科课程进行高水平建设**

本套教材积极研判“双万计划”对旅游管理类专业课程的建设要求，对标国家级一流本科课程的高水平建设，进行内容优化与编撰，以期促进广大旅游院校的教学高质量建设与特色化发展。其中《旅游规划与开发》《酒店管理概论》《酒店督导管理》等教材已成为教育部授予的首批国家级一流本科“金课”配套教材。《节事活动策划与管理》等教材获得国家级和省级教学类奖项。

**三、全面配套教学资源，打造立体化互动教材**

华中科技大学出版社为本套教材建设了内容全面的线上教材课程资源服务平台：在横向资源配套上，提供全系列教学计划书、教学课件、习题库、案例库、参考答案、教学视频等配套教学资源；在纵向资源开发上，构建了覆盖课程开发、习题管理、学生评论、班级管理等集开发、使用、管理、评价于一体的教学生态链，打造了线上线下、课堂课外的新形态立体化互动教材。

在旅游教育发展的新时代，主编出版一套高质量规划教材是一项重要的教学出版工程，更是一份重要的责任。本套教材在组织策划及编写出版过程中，得到了全国广大院校旅游管理类专家教授、企业精英，以及华中科技大学出版社的大力支持，在此一并致谢！衷心希望本套教材能够为全国高等院校的旅游学界、业界和对旅游知识充满渴望的社会大众带来真正的精神和知识营养，为我国旅游教育教材建设贡献力量，也希望并诚挚邀请更多高等院校旅游管理专业的学者加入我们的编者和读者队伍，为我们共同的事业——我国高等旅游教育高质量发展——而奋斗！



**总主编**

**2021 年 7 月**

# 前言

# Preface

编写一本主要面向酒店管理专业本科生的《酒店收益管理》教材，是一项激动人心而又富有挑战性的工作。2019 年 9 月，在确定出版目标之后，为了完成这项极富挑战性的工作，本书编写组的每一位成员都付出了艰辛的努力。

我们通读了包括参考文献所列的著作、文章在内的大量与收益管理或酒店经营相关的书籍、学术论文、专业报道等，并对其中的一些论著进行了精读和重点研习。我们走访了多家酒店，就酒店收益管理的组织、执行进行了调研和交流。编写组内部也进行了多次交流研讨。全书从初稿到定稿经历的大修小改不计其数。如果说用“衣带渐宽终不悔，为伊消得人憔悴”这样的诗句来描述写作过程的艰辛有些言过其实的话，那么用“废寝忘食”“夜以继日”这些词还是恰如其分的——编写组的多位成员都有过类似的经历：满脑子都是“产品”“价值”“定价”“渠道”“收益”“优化”等词语，以至于睡梦中还在与它们纠缠……

我们如此投入，是因为我们希望本书能够符合以下几个特点，或者说接近以下几项标准。

其一，这是一本有理论价值的书。就目前我国所出版的收益管理类的书籍而言，总体上偏向于教人们“如何去做”，而就“为何这样做”的讨论相对欠缺。本书在编写过程中努力弥补这一缺憾，不仅介绍酒店收益管理实践中一些行之有效的方法，也尽可能地对这些方法背后的原因进行具体阐释。

其二，这是一本便于应用的书。在本书中，收益管理的理论与方法是融为一体的——在解释“为何这样做”的同时即是在告诉读者要“如何去做”。我们希望本书可以指导读者在具体的商业环境中提出适当的收益管理策略。如果对这些策略背后的理念、逻辑、适用条件、预期效果等烂熟于心，将会对所做出的收益管理决策充满信心。

其三，这是一本明白晓畅的书。从某种程度上讲，酒店收益管理是一门复杂甚至有点艰深的学问，但我们力求避免把它写成一本艰涩难懂的书。我们希望通过通俗易懂的表达来阐述酒店收益管理的理论和方法，并通过大量的示例和案例来帮助读者更好地理解它们。我们知道，做到明白晓畅，或是深入浅出，并不是一个易于达成的目标，但我们的确一直为此而努力。

其四，这是一本引人思考的书。编写组一直持有这样的理念：面对相同的商业环境，不同的收益管理者由于价值观、宏观战略或其他方面的差异，可能会做出不同的甚至相反的决策。有时，这些具体的收益管理策略的优劣是易于判断的；然而有时，这些不同的甚至相反的收益管理策略究竟孰优孰劣，人们很难进行评估。比如，被大量酒店奉为圭臬的容量控制方法——超额预订，就遭到了很多酒店人的反对。对于这种带有争议性的收益管理策略，本书在阐释其方法和原理的同时，也分析其局限性。至于在实际操作中，是否采用、如何运用，就留待读者思考、定夺了。另外，本书各章结尾的案例，只是提出问题，并没有给出答案。因为我们认为，引起思考远比具体答案本身更加重要。

为了达到上述目标，编写组采用了集中研讨、分头写作的工作方式。即我们通过集中讨论，确定本书的内容框架、编写体例和语言风格，然后按分工安排各自写作。具体分工如下：第一章到第七章由詹丽编写；第八章第一节、第二节以及本章小结、核心术语、思考练习、案例分析等由梁慧、詹丽共同编写，第三节、第四节、第五节由梁慧编写，第六节由詹丽编写；第九章由牟晓娟编写。全书由詹丽进行统稿，梁慧、牟晓娟进行协助。具体来说，詹丽和牟晓娟对第一章、第二章、第三章、第四章、第五章、第七章的内容进行了交叉审阅和验算，詹丽和梁慧对第六章、第八章、第九章进行了交叉审阅。游帆对各章的案例和一些重要的示例进行了审阅。

可以说，尽管我们每个人都付出了120％的努力，但由于时间、精力、水平所限，书中定然存在不少错漏之处，我们诚恳地期待您批评指正。381464591@qq.com 是本书主编詹丽的邮箱，如果您有任何意见或建议，欢迎您给该邮箱写信，编写组非常愿意采纳任何有益的建议并同您进一步交流。

最后，我们要向收益管理尤其是酒店收益管理领域的前贤们表示由衷的谢意和敬意，正是你们的努力使得本书的编写得到理论或实践上的借鉴；感谢湖北经济学院旅游与酒店管理学院夏保国副教授、康芬副教授、朱伟老师和三峡大学经济与管理学院阚如良教授、郑宇飞副教授、周宜君副教授、胡春梅副教授等在本书写作过程中所给予的关心和指导；同时，我们要特别感谢华住、开元、东呈国际等国内知名酒店企业在调研过程中所提供的大力支持；我们还要感谢湖北经济学院旅游与酒店管理学院、湖北经济学院教务处、华中科技大学出版社在本书出版过程中所给予的支持和帮助。

**詹　丽**

**2022 年 4 月 17 日于武汉**

目录

Contents

1 第一章 酒店收益管理概述
Chapter 1 Overview of Hotel Revenue Management

第一节 收益管理的起源与发展 /4
❶ Origin and Development of Revenue Management

第二节 收益管理的基本概念 /8
❷ Basical Concepts of Revenue Management

第三节 收益管理的适用条件 /13
❸ Applicable Conditions of Revenue Management

第四节 酒店收益管理的指标 /15
❹ Indicators in Hotel Revenue Management

23 第二章 酒店产品战略定价
Chapter 2 Strategic Pricing of Hotel Products

第一节 酒店的产品 /24
❶ Products in Hotel

第二节 价格与价值 /25
❷ Price and Value

第三节 成本与竞争 /27
❸ Cost and Competition

第四节 定价的程序 /33
❹ Pricing Procedures

40 第三章 酒店产品差别定价
Chapter 3 Differential Pricing of Hotel Products

第一节 差别定价的优势 /40

❶ Advantages of Differential Pricing

第二节　差别定价的局限 /44

❷ Limitations of Differential Pricing

第三节　差别定价的实施 /46

❸ Implementations of Differential Pricing

59 第四章　酒店市场细分与需求预测

Chapter 4　Hotel Market Segmentation and Demand Forecast

第一节　酒店市场细分 /59

❶ Hotel Market Segmentation

第二节　预测的数据 /65

❷ Data of Forecast

第三节　预测的方法 /80

❸ Methods of Forecast

第四节　预测的准确性 /101

❹ Accuracy of Forecast

110 第五章　客房定价与库存管理

Chapter 5　Room Pricing and Inventory Management

第一节　客房价格体系 /110

❶ Room Rates System

第二节　客房动态定价 /125

❷ Room Dynamic Pricing

第三节　客房库存管理 /130

❸ Room Inventory Management

146 第六章　客房预订与渠道管理

Chapter 6　Room Booking and Channels Management

第一节　客房预订管理 /146

❶ Room Booking Management

第二节　直接渠道管理 /151

❷ Direct Channels Management

第三节 间接渠道管理 /155
❸ Indirect Channels Management

166 第七章 客房收益管理的评估
Chapter 7 Evaluation of Room Revenue Management

第一节 内部评价指标 /166
❶ Internal Evaluation Indicators

第二节 外部评价指标 /170
❷ External Evaluation Indicators

179 第八章 餐厅和会议收益管理
Chapter 8 Restaurant and Conference Revenue Management

第一节 餐厅收益管理概述 /180
❶ Introduction to Restaurant Revenue Management

第二节 餐厅价格制定策略 /184
❷ Pricing Strategies in Restaurant

第三节 餐厅时间管理策略 /188
❸ Time Management Strategies in Restaurant

第四节 餐位组合优化策略 /193
❹ Seats Combination and Optimization Strategies in Restaurant

第五节 餐饮菜单优化策略 /200
❺ Menu Optimazation Strategies in Restaurant

第六节 宴会会议收益管理 /205
❻ Banquet and Conference Revenue Management

216 第九章 酒店收益管理组织实施
Chapter 9 Organization and implementation of Hotel Revenue Management

第一节 收益管理部门的组织结构 /217
❶ Organizational Structure of Revenue Management Department

第二节 收益管理人员的岗位职责 /218
❷ Post Responsibilities of Revenue Management Staff

第三节 收益管理会议的组织管理 /225
❸ Organization and Management of Revenue Management Meeting

第四节　收益管理的跨部门协作　/227
❹ Cross-Departmental Collaboration in Revenue Management

第五节　收益管理常用软件概述　/230
❺ Introduction to Common Software for Hotel Revenue Management

236 参考文献
References

# 第一章

## 酒店收益管理概述

### 学习目标

◆了解收益管理的发展历程及其在酒店业的应用情况；
◆了解收益管理的主要方法；
◆理解收益管理的定义、五大要素、适用条件和核心观点；
◆掌握酒店收益管理的基础指标，了解酒店收益管理的其他指标。

### 重点难点

◆酒店收益管理的定义；
◆收益管理的适用条件；
◆收益管理的核心观点；
◆酒店收益管理的基础指标。

### 课前游戏　当电话响起

在进入正式的课程之前，让我们一起来玩一个小游戏。假如你是一家拥有5间客房的小旅店的老板，你将要为未来一周的客房库存进行预订决策，以期实现最大收入。

旅店的客房一共有5种不同的价格，分别是：

(1)最优可用房价，580元；

(2)合同价，448元；

(3)高级会员价，428元；

(4)政府价，378元；

(5)周末价，348元。

你必须遵守以下游戏规则：

(1)你将接到10个以上的预订电话，每个电话会提出一个明确的预订请求；

(2)面对每一个预订请求，你必须立即做出接受或是拒绝的决定；

(3)一旦你决定接受某个预订请求，你需要在表1-1中填写其所占用的客房及价格；

(4)你不能删除、涂抹或者罗列已经拒绝的预订请求。

**表1-1　未来一周的客房预订决策**

| 房号 | 日期 | | | | | | | 收益总计 |
|---|---|---|---|---|---|---|---|---|
| | 周日 | 周一 | 周二 | 周三 | 周四 | 周五 | 周六 | |
| 1号房 | | | | | | | | |
| 2号房 | | | | | | | | |
| 3号房 | | | | | | | | |
| 4号房 | | | | | | | | |
| 5号房 | | | | | | | | |

教师宣读以下内容，学生请勿提前翻看：

(1)周二抵达，最优可用房价，住 2 晚；

(2)周日抵达，政府价，住 4 晚 ；

(3)周三抵达，周末价，住 4 晚；

(4)周二抵达，合同价，住 2 晚；

(5)周一抵达，最优可用房价，住 2 晚；

(6)周二抵达，合同价，住 3 晚；

(7)周三抵达，最优可用房价，住 1 晚；

(8)周日抵达，高级会员价，住 5 晚；

(9)周六抵达，周末价，住 1 晚；

(10)周六抵达，高级会员价，住 1 晚；

(11)周二抵达，政府价，住 4 晚；

(12)周一抵达，最优可用房价，住 3 晚；

(13)周三抵达，合同价，住 2 晚；

(14)周二抵达，周末价，住 2 晚；

(15)周一抵达，政府价，住 5 晚。

评论：游戏结束的那一刻，很少有人能够自信地说，我的旅店实现了最大收益——而现实中的酒店收益管理，远比这个小小的游戏复杂得多。如若不信，你不妨考虑一下如下情形：

(1)如果你管理的不是 5 间客房，而是 50 间或 500 间客房；

(2)你的酒店也不是只有一种房型，可能有各种各样的房型；

(3)有的客人需要 1 间房，有的客人需要 10 间甚至更多；

(4)有的客人偏爱大床房，有的客人喜欢双床房，有的客人想要豪华套间，有的客人需要特价房；

(5)客人需要的也不仅仅是客房，还会有其他需求；

(6)有的客人提前 1 个月甚至更长时间预订，有的客人提前一周或一两天预订；

(7)有的客人喜欢在美团或携程预订，有的客人在酒店官网预订，有的客人打电话预订，有的客人直接到酒店大堂询问；

(8)有的客人预订之后又取消，有的客人预订 3 天实际要住 5 天；

(9)有些日子酒店客房供不应求，有些日子生意十分清淡；

……

在纷繁复杂的市场环境之中，做出正确的决策，努力使酒店取得最大化的收益，正是酒店收益管理者的工作。为了能够胜任这项复杂有趣、富有意义的工作，我们需要学习酒店收益管理相关理论和方法，为进行酒店的收益管理实践做好准备。

本章将为大家简单介绍收益管理的起源与发展，分析收益管理的定义、要素、基本观点和适用条件，并介绍酒店收益管理的相关指标。

## 第一节　收益管理的起源与发展

尽管在数百年前乃至上千年前，一些酒店及其他行业的经营者就懂得运用价格杠杆来调节平旺，提升收入，然而现代意义的收益管理只有 40 年左右的发展历史。本节将从三个方面对收益管理的发展历程进行梳理，以期让大家对收益管理的起源、发展、应用情况有所了解。

### 一、收益管理的起源：美国航空业的变革

1978 年以前，美国航空业是一个受政府高度管制的行业。在政府的管制之下，全国采用统一的机票定价规则——飞机票价的定价依据是飞行距离，只要飞行距离相同，航空公司就必须执行相同的机票价格。在垄断经营的背景之下，高额的单一票价体系不仅阻碍了航空业客户需求的增长，而且造成了航空运输资源的闲置浪费和航空运营的低效率。

为了促进航空领域的自由竞争，卡特总统于 1978 年签署了《航空解除管制法》，废除了政府对航线和飞机票价的所有管制。从此，航空公司能够自主地增减航空路线并自由地制定机票价格。在这种背景下，新的航空公司涌入市场，向原有的垄断经营者发起挑战。以人民捷运(People Express)、美国西南航空公司(Southwest Airlines)为代表的低成本航空公司，以低票价抢夺客源，使一些航空公司受到亏损甚至倒闭的威胁。为了应对挑战，美国航空公司(American Airlines)率先采用差别定价、容量控制等新的经营策略，成功地实现了扭亏为盈。作为一家以提供优质服务见长的航空公司，面对低成本竞争者的低价策略，美国航空公司的管理者发现，无论是否降价，都不可避免地使公司陷入亏损的境地。这是因为，如果维持原有价格不变，大量的客源会在低价的吸引下流失到新的竞争者那里；如果跟随降价，由于无法将成本消减到与竞争对手相同的水平，同样免不了亏损的结局。在这种两难的境遇中，美国航空公司的管理者惊喜地发现，他们的乘客中的确有一些人对价格比较敏感，但同时也有大量关注服务质量而不在意票价的商务人士。而且这两类人的预订行为和需求规律也有明显的区别。于是，美国航空公司着手开发航空旅客数据库和计算机系统，对乘客的需求进行监测、记录和预测。以此为基础，美国航空公司于 1985 年推出了一项颠覆性的创举——终极票价节约者计划(Ultimate Super Saver Fares)。该计划将市场一分为二：对价格敏感的人士，如果能够提前两周预订，并在目的地度过周六的晚上，就可以以超低的价格购买机票；而对于商务人士，可以为他们保留两周内的座位，只要他们支付全价即可。“二分策略”推出后，美国航空公司不仅保住了商务客源，而且原来流失到人民捷运等竞争者那里的客人也被吸引回来了。一年之中，美国航空公司的收入增长了 14.5%，利润增长了 47.8%(曾国军，2018)。四年之后，低价竞争者人民捷运倒闭，尽管此时，它已经拥有 350 架飞机、数千名员工。

美国航空公司的胜利，显示了“二分策略”的巨大威力。该策略关注那些可用的过剩座位，通过需求分析、折扣评估，发挥了它们的最大价值，因而被称为“Yield Management”(产

出管理或收益管理)。在美国航空公司的示范作用下,其他航空公司也纷纷采用收益管理策略,并取得了不错的效果。如达美航空公司(Delta Airlines)、美国联合航空公司(United Airlines)、美国西南航空公司,甚至英国航空公司(British Airlines)、荷兰皇家航空公司(KLM Royal Dutch Airlines)、德国汉莎航空公司(Deutsche Lufthansa AG)等欧洲航空企业,也陆续采用收益管理的方法和技术,实现扭亏为盈或收入增长。时至今日,几乎每一家成功的航空公司,都把收益管理作为企业经营管理活动的重要组成部分。

不仅如此,收益管理策略在航空企业的成功应用,还激励了包括酒店企业在内的大量追随者。

## 二、收益管理的发展:全球酒店业的革命

20 世纪 80 年代,比尔·万豪(Bill Marriott)先生率先提出,酒店业与航空业有许多相似之处,在航空业取得成功的收益管理应该也可以帮助酒店业。具体到万豪酒店集团(Marriott International),首先面临的一个问题是:航空公司的总部往往会有一批核心的员工专门从事企业的收益管理,而万豪旗下的每一家酒店的价格决策、库存分配和盈亏状况等均由各家酒店的总经理来负责。因此,万豪酒店集团需要一种新的运营架构,对全球范围内的酒店提供收益管理上的支持和监管。于是,万豪酒店集团设立了一个专门的收益管理机构,并投资开发了一个自动化的收益管理系统——One Yield,为集团旗下的数千家酒店、十几万间客房提供每日需求预测和库存分配建议。该系统通过对顾客预订方式、房间价格和住店时间的预测,来优化房间库存分配,克服了由于顾客住店时长不定所带来的困难。与航空业的"终极票价节约者计划"相类似,万豪酒店集团也创设了"围栏价格"(Fenced Rates),即根据需求变化向对价格敏感的细分市场提供有吸引力的优惠价格。

通过收益管理系统的成功应用和收益管理策略的有效执行,万豪酒店集团年收入增加了 1.5 亿~2.0 亿美元(曾国军,2018)。其所开发的收益管理系统 One Yield,被认为提高了实际收益与最优收益之间的吻合度;其所建立的收益机会模型(Revenue Opportunity Model),被认为能够测量实际收益与理想收益之间的差距,是衡量收益管理有效性的重要手段。

收益管理在万豪酒店集团的成功实践,促使其他知名酒店集团开始重视这项新型的管理工具。20 世纪 90 年代,希尔顿、假日、喜来登、迪士尼等,先后引进收益管理方法和技术来提升旗下酒店、度假村的经营效益,均取得了明显的成效。到 20 世纪 90 年代末,几乎所有的大型国际酒店集团都开始应用收益管理方法和技术来预测需求,优化收益。然而,由于时代的局限,"优化"的内涵在当时并没有被充分地理解——它被限制在对当前可用库存资源和现有价格类别分别进行优化。然而,优化的本质应该是,用先进的方法和技术预测需求,参照现有价格和库存,制定出最优的组合方案(曾国军,2018)。

可喜的是,一些酒店经营者逐步认识到,收益管理不应是单纯地降低房价来把现有的空房尽可能多地出售,收益管理者可以做的远比当时已做的更多。在这种背景下,洲际酒店集团(Inter-Continental Hotels Group PLC,IHG)开展了一项有关客房需求弹性的研究,进而基于客户的价格敏感度来进行收益管理决策,为酒店提供更加准确的定价指导。他们发现,基于客户的价格感知和高精确度的计算,可以得到精确的需求价格弹性;而且,随着竞争对

手客房价格的改变，顾客对洲际酒店集团客房的价格感知也会发生变化（Cross 和 Higbie，2009）。于是，洲际酒店集团在有丰富定价分析经验的数据公司的帮助下，收集竞争对手的历史价格、历史成交量以及客户提前预订的天数、在酒店的停留时长等数据，进而对主要细分市场的需求弹性进行精确的计算和分析，为客房价格优化和库存管理提供指导。这种基于顾客需求弹性分析的、将客房价格优化与库存管理紧密结合的新型收益管理技术体系，使洲际酒店集团旗下每间客房的收益提升了 2.7%（InterContinental Hotels Group，2009）。不同于传统的收益管理系统，这种新的收益管理方法体系，持续不断地更新数据、预测需求、评估顾客的需求弹性，动态地把握每一个实现收益最大化的机会，是酒店收益管理领域一次革命性的进步。通过综合性的收益管理策略的实施，美国酒店企业营业收入可提高 3%～7%，利润率提高 50%～70%，市场占有率提高 5%～30%（Cross，2011）。收益管理，已经成为大型酒店集团日常工作的一个重要组成部分，并受到越来越多的酒店企业的重视。

20 世纪 90 年代，收益管理的理论和方法被介绍到中国，但直到 2001 年，中国才有了第一家采用收益管理方法和技术的公司——中国南方航空公司。而收益管理在中国酒店业的应用则更晚一些。当中国的航空公司普遍采用收益管理系统进行价格决策和库存管理时，只有少数的酒店经营者了解收益管理的理念并进行实践，而大多数酒店依然维持长期价格不变或只有淡季、平季、旺季三种价格，应用动态定价、差别定价、容量控制等收益管理方法，优化企业收益的酒店少之又少。2012 年开始，受国家政策影响，中国高端酒店受到了一定的冲击。为了在新形势下维持经营业绩，一些高端酒店不得不借助收益管理的理论来指导经营实践，提升企业收入。逐渐地，越来越多的酒店认识到借助收益管理的方法和技术可以对企业进行更加有效的管理，降低企业经营的不确定性，提高企业的竞争力。



### 三、收益管理的普及：在其他行业的应用

20 世纪 90 年代，在航空业、酒店业的示范引领下，收益管理的理念方法不断地渗透到其他领域，成为邮轮、餐厅、高尔夫球场、汽车租赁、剧院、电视广告销售等行业经营者用以应对竞争、提升业绩的重要手段。通过折扣管理和时间控制，收益管理帮助美国国家汽车租赁公司（National Car Rental）免于破产危机，为社会拯救了 7 500 个工作岗位（曾国军，2018）。戏院、剧场基于细分市场的价值感知，进行差别定价；演唱会针对不同区域座位制定不同的售价，从而提升整体收益。甚至会计、律师、天然气储运行业也摒弃了单一的、固定的价格——他们把这称之为“时间库存管理”。

在众多采用收益管理的公司中，联合包裹服务公司（United Parcel Service Inc，UPS）的做法堪称是里程碑式的。创立于 1907 年的 UPS，秉承“礼貌、可靠、低价、全天候”的服务理念，致力于依靠严格的成本控制来保持价格竞争力。他们研发了一套细致而可靠的流程，对配送过程中每一个环节进行精准、科学的管理，以确保公司能为客户提供优质低价的服务并获得利润。

与美国航空公司所遭遇的挑战极为相似，UPS 在 1980 年美国《汽车承运人规章制度改革和现代化法案》出台后，也面临着以联邦快递（FedEx Express）为代表的竞争者发起的业务争夺。为了在竞争中保持优势，UPS 不得不将注意力从内部控制成本转向外部——如何运用价格折扣保持客源。起初，UPS 的价格折扣只向那些业务量大的客户提供。很快，随

着市场竞争的加剧，他们发现，仅向大客户提供折扣价很难在竞争中取得优势。为了更好地管理折扣，UPS 开发了一个被称为“激励管理系统”的内部工具。利用该工具，UPS 收集了10 万家商业客户的数据，并被用来对折扣决定、合同管理进行监督和实施。因此，UPS 早期的收益优化策略主要是折扣价格的实施和管理。

然而，随着竞争的加剧，UPS 的管理团队意识到，单一的折扣管理很难使其保持竞争优势，他们需要更多的策略来保证折扣价格的有效性。于是，他们从航空业聘请了一批富有经验的收益管理专家。在专家的帮助下，UPS 分析了货运业务与航空客运业务的相似性和不同点，开发了一个定制化的投标响应模型，即目标定价法。借助该模型，可以依据历史数据来预测在不同的价格水平下获得某项业务的概率，从而帮助经营者进行更加精准有效的价格决策。

目标定价法的应用，帮助 UPS 预测在不同净价下的投标结果，使得 UPS 在任何一项竞价投标中都能获得准确的指导意见——以高于竞争对手的价格投标，抑或是以更大的折扣来赢得交易的机会。更加有效的投标价格，不仅帮助 UPS 在激烈的竞争中实现了收入的增长，而且有利于企业实现长期利润最大化。UPS 的报告显示，实施目标定价法的第一年，公司的利润增长超过了 1 亿美元（曾国军，2018）。

UPS 对收益管理技术的应用，导致了快递运输行业的管理变革，迫使其他运输公司也开始采用收益管理的方法和技术。联邦快递、黄色货运（Yellow Freight）、CSX 运输公司（CSX Transportation Inc.）等都采用收益管理方法来进行定价分析。联邦快递的董事长兼 CEO 弗里德里克・史密斯（Frederick Smith）曾表示，该公司 10%的收入增长和 33%的利润增长很大程度上来源于收益管理方法的有效运用。

收益管理方法在快递运输行业的成功应用，不仅可以帮助相关企业更好地应对市场竞争、优化企业收益，而且快递运输行业所开发的目标定价法，也给酒店业以极大的启发。2007 年，万豪酒店集团采用了与 UPS 公司目标定价法相似的“团队价格优化法”（Group Price Optimizer）来预测不同价格水平下取得某个团队预订的概率，从而为酒店销售部提供精准有效的团队报价指导。

如今，除航空业之外，酒店、快递运输成为收益管理理论和方法应用最广泛的两大行业。同时，餐厅和餐饮服务、博彩、主题公园、邮轮、高尔夫球场、SPA 温泉会所、会议及功能性场所及汽车租赁、影院、剧院等服务行业也成为应用收益管理的分支领域。甚至，诸如福特汽车公司这种工业企业，也借鉴收益管理理论和方法来指导定价决策，以期在产量不变的情况下产生更多的收入。据估计，十年之中，收益管理为福特汽车公司贡献了 30 亿美元的额外利润（曾国军，2018）。

由于收益管理在上述行业的广泛普及，越来越多的富有远见的经营者意识到，收益管理理论和方法可以帮助企业更好地实现持续发展。对于酒店企业而言，收益管理的有效运用可以帮助经营者制定更加准确的战略，持续地改善运营流程，使酒店在市场竞争中取得优势。

# 第二节 收益管理的基本概念

## 一、收益管理的基本含义

关于何为收益管理(Revenue Management),学者们从不同的角度出发给出了多种不同的表述(见表 1-2)。

表 1-2 "收益管理"定义概览

| 表述 | 侧重点 | 来源 |
|---|---|---|
| 在适当的时间、适当的场合,以适当的价格,将适当数量的产品,销售给适当的顾客 | 市场细分、差别定价 | Kimes(1989) |
| 对市场需求进行决策管理的过程,其核心是决定在何时、何地、以何种价格向谁提供产品或服务 | 市场细分、差别定价 | Talluri 和 vanRyin(2004) |
| 将同样的服务以不同的价格卖给不同的个人,酒店收益管理的重点是平均房价和出租率之间的平衡 | 市场细分、差别定价 | Nykiel 和 Orkin(1989) |
| 通过对相同服务的差别定价来平衡单位生产能力的需求和收益,从而实现固定的、已逝性资源的有效利用 | 差别定价、库存管理 | McGill 和 VanRyzin(1999) |
| 对不同时段的资源和价格进行有效管理,通过价格细分对时效性产品进行最优管理 | 动态定价、库存管理 | Weatherford 和 Bodily(1992) |
| 动态预订控制和定价的智能方法,或者是时效性资产在不同顾客之间分配的智能方法 | 动态定价、库存管理 | Baker 和 Collier(1999) |
| 控制航空企业差别服务报价(定价)和每个价格座位的销售量 | 差别定价、库存管理 | Belobaba(1987) |
| 利用价格激励和存货控制来获得现存过程的价值最大化 | 定价、库存管理 | Cross(1997) |
| 通过使用折扣价进行航班调度安排,以达到需求平衡和收益增加 | 定价、库存管理 | Pferfer(1989) |
| 根据需求预测调整客房入住率,以实现客房收益最大化 | 需求预测 | Jauncey 等(1995) |
| 基于预测的需求和供给关系,通过差别定价,最大化企业收益的系统而整体的方法 | 需求预测、差别定价,系统而整体的方法 | Satir 和 Sanchez (2005) |
| 根据需求预测,通过动态定价和可用资产的有效分配,以实现收益最大化的一种商务活动 | 需求预测、动态定价、库存管理 | Choi 和 Cho(2000) |

续表

| 表述 | 侧重点 | 来源 |
| --- | --- | --- |
| 在准确预测顾客需求和产品供给趋势的情况下，以企业经济收益持续增长为目标，制定产品最优价格，并动态地调整产品，以满足顾客的需求 | 需求预测、动态定价 | 刘淑芹和汪寿阳(2013) |
| 为不同支付意愿的消费者分配资源的战略和战术，以达到收益最大化 | 市场细分、库存管理 | Phillips(2005) |
| 通过对信息系统、管理技术、概率统计和组织理论、经营实践和知识等进行优化组合，以增强企业的收益能力和对顾客的服务能力 | 理论、实践和技术的组合 | Donagby 等(1995) |
| 通过优化产品价格和可获得性，使得有限的供给能够和变化的市场需求达到一个平衡，从而实现企业收益最大化 | 价格管理、库存管理 | 杨慧等(2008) |
| 有效平衡需求与供给，从而实现收益最大化的过程 | 通过价格调节供求平衡 | 汪瑜等(2018) |
| 收益管理是对未来收入预期的管理，是基于历史数据，对细分市场、产品结构、定价方法、消费习惯、销售渠道、销售时机、销售风险、风险规避等层面进行统筹分析，并给出科学、有效建议的一门学科 | 统筹分析、系统管理 | 陈亮等(2018) |
| 对客源市场进行细分，对消费者的行为模式进行分析，对市场供求关系的变化进行预测，在此基础上优化产品和服务、销售价格和销售渠道的组合，以最大限度满足各细分市场的需要，同时最大限度提高企业产品和服务的销售总量与单位销售价格，从而获得最大收益的动态管理过程 | 综合的、动态的管理 | 胡质健(2009) |
| 将合适的产品(或服务)，在合适的时间，以合适的价格，通过合适的销售渠道，出售给合适的顾客 | 基于产品、时间、价格、渠道、顾客五要素的综合管理 | 胡质健(2009)，祖长生(2016)，党印(2020) |

对表 1-2 中这些不同的表述进行梳理和分析，我们不难发现收益管理具有以下几个特点。

第一，收益管理的目标在于提升企业的收入和利润。众所周知，企业存在的一个重要目标就是实现利润最大化。毫无疑问，作为企业经营管理活动的一个重要组成部分，收益管理活动即是为实现企业利润最大化而展开的。而根据“利润＝收入－成本”这一简单公式可知，增加收入和控制成本都是实现企业利润增长的重要途径。显然，收益管理关注的是前者，它致力于以有限的企业资源取得尽可能高的收入，从而来提升企业利润。

第二，收益管理的过程是借助于一套系统而整体的方法来优化企业收益。由表 1-2 可知，需求预测（Demand Forcasting）、市场细分（Market Segmentation）、差别定价

(Differential Pricing)、动态定价(Dynamic Pricing)、库存管理(Inventory Management)等，均是企业收益管理的重要组成部分。然而，这些方法或活动，不是孤立的，而是相互关联的。有经验的收益管理者通过这些方法的组合运用，来帮助企业实现收入最大化。

第三，收益管理的本质是理解客户对产品的感知价值(Perceived Value)。“二分策略”“目标定价法”等收益管理策略的成功，就在于对不同客户或细分市场感知价值的深刻理解，进而提出针对性的产品和价格组合。差别定价、动态定价这些收益管理策略的有效实施，亦离不开对不同环境下各细分市场价值感知差异的细微洞察。

综上，本书将收益管理的概念界定为：企业基于对客户感知价值的深刻理解，在合适的时间，将合适的产品，以合适的价格，通过合适的渠道，出售给合适的客户，以期实现收入最大化的过程。

## 二、收益管理的五要素

根据上述收益管理的定义可知，企业实现收入最大化的过程在于对五大要素的把握，即时间、产品、价格、渠道和顾客(见表1-3)。

**表1-3 收益管理的五要素**

| 要素 | “合适”的含义 | 收益管理要点 |
|---|---|---|
| 时间 | 把握产品出售的最佳时机 | 市场预测、容量控制、预订管理、动态定价，避免“先到先得”，杜绝固定价格 |
| 产品 | 满足不同细分市场的产品 | 产品需求分析、品牌化、差异化、独特卖点 |
| 价格 | 满足市场需求的价格体系 | 价格优化、动态定价、差别定价、价格体系及其管理 |
| 渠道 | 销售渠道的管理、优化、取舍 | 直销与分销渠道比例、渠道成本分析 |
| 顾客 | 有购买欲望和能力的顾客 | 市场细分、找到高价值的顾客 |

### (一)合适的时间

所谓“合适的时间”，就是要把握产品销售的最佳时机。就酒店业而言，在传统的管理模式下，客房及相关产品的销售按照“先到先得”的规则依次进行。而收益管理则打破了这一因循已久的惯例，通过对客房销售时机的选择来提升酒店收益。例如，对于旺季或节假日期间的客房，可以提前一个月甚至更长时间售出，也可以“捂房”不售，等到前一周时再高价售出。究竟有多少间客房提早出售，多少间客房“捂房”不售，则需要根据需求预测来确定。

### (二)合适的产品

所谓“合适的产品”，通常是指能够满足各类潜在顾客需求的差异化的系列产品。就酒店企业而言，其产品即可供出租的客房、餐饮、会议、康乐等设施及相关服务。一般而言，酒店客房在其收入和利润来源中比重最大。因此，酒店收益管理的重点是客房产品的收益优化。对于大多数酒店而言，往往会设计不同类型的房间，如标准间、大床房、套房等；同一类型的房间，也会因面积大小、设施豪华程度差异等设置不同的等级，如普通标间、豪华标间、商务标间等，甚至同一等级的同类型客房，也会因为朝向、位置的差异，带给顾客不一样的入住体验。这些差异的存在可以满足不同喜好、不同消费层次的顾客需求，又为酒店经营者通过差别定价来提升收入创造了条件。

（三）合适的价格

所谓“合适的价格”，包括静态的价格体系和动态的价格调整（党印，2020）。静态的价格体系，就是要为酒店的每一项具体的客房产品（如商务大床房），在特定时段，针对特定市场、特定渠道制定差异化的价格。而动态的价格调整，则是指根据市场需求变化，对部分或全部产品的售价进行调整，以期实现销售收入的最大化。

（四）合适的渠道

所谓“合适的渠道”，就是要在多样化的销售渠道中选择并确定最优的渠道组合，以便尽可能地以更高的净价（指扣除渠道成本后的价格）销售更多的产品。随着互联网的普及，酒店的销售渠道中，除了前台直订、电话预订、酒店销售部、旅行社及会议公司代销等传统渠道外，酒店（或酒店集团）官网、在线旅行社、电子邮件、微信、微博、应用小程序等也发挥着越来越重要的作用。不同的渠道面对的客户群体有所不同，运作机制存在差别，维护成本也有很大差异。而且，酒店对不同渠道的控制能力也各不相同。因此，如何在多样化的渠道中确定最优组合和各条渠道的销售比例，对酒店收益提升而言至关重要。

（五）合适的顾客

所谓“合适的顾客”，就是要在市场细分（Market Segmentation）的基础上，确定不同条件下酒店各类产品的最佳销售对象。一般而言，酒店的客户可以分为团队和散客两大类。散客又可以进一步划分为休闲度假散客和公务商务散客。不同的细分市场，在消费偏好、预订模式、支付能力等方面存在着很大差异。如何利用这些差异，在合适的时间，把合适的产品，以其能接受的最高价格，通过最有效的渠道组合销售出去，使各类顾客的需求得到最大化的满足，并使酒店实现最大化的收入正是酒店收益管理者的责任。



## 三、收益管理的核心观点

作为一种优化企业收入的管理工具，收益管理注重通过价格杠杆调节供需关系，实现易逝库存，如航空座位、酒店客房的最优利用。这是一个需要借助系统而整体的方法体系来完成的复杂过程。在这个复杂的过程中，有一些基本的观点对收益管理者的行为和决策起着基础而关键的指引作用。本书综合罗伯特·克罗斯（Robert G. Cross）、大卫·海耶斯（David K. Hayes）和阿丽莎·米勒（Allisha A. Miller）、伊拉·沃克（Ira Vouk）等收益管理专家的意见，将这些起着基础而关键作用的观点概括为如下五点。

（一）收益管理是平衡价格与销量的艺术

理论上讲，为了取得最大化的收入，收益管理者应该以尽可能高的价格将所有的产品都销售出去。如果某家酒店，能以尽可能高的价格，如门市价，将所有的客房都售出，毫无疑问，没有人会怀疑其收益管理上的成功。但是，很显然，这种经营者梦寐以求的理想状况极少在现实中出现。即便出现，通常持续的时间也很有限。现实的情况是，收益管理者不得不在价格和销量之间进行平衡取舍。尤其是当酒店的产品和服务相对于竞争者并无太大的差异与优势时，销量与价格之间的反向变动关系往往会异常明显。在这种情况下，“高价”与“高销量”就成了两个相互矛盾的目标，而单纯地以“高价”或“高销量”作为经营目标则很难

实现企业收益最大化。收益管理者必须找到价格与销量的最佳组合，只有这样，才能实现企业收入的最大化。因此，优秀的收益管理者必须在各种不同的环境下尽可能实现价格与销量的平衡，而不是单纯地把价格的提升或销量的增长作为工作的目标。

(二)市场细分和需求预测是收益管理的基础

如前所述，收益管理者需要在销量与价格之间进行平衡取舍，找寻价格与销量的最佳组合。由于在不同的顾客群里，即细分市场中，销量与价格的变化关系并不相同，为了实现企业整体收入的最大化，收益管理者应在每一个细分市场中找寻价格与销量的最佳组合。例如，美国航空公司依靠"二分策略"寻找不同细分市场价格与销量的最佳组合，同时实现了休闲度假市场和商务公务市场的最大化收益，进而实现公司整体收入的最大化。在这个过程中，具体到某时间段，多少个座位分配给"终极票价节约者"、多少个座位保留给商务公务客户，以及针对"终极票价节约者"的具体折扣是多少，则需要借助需求预测来决定。

(三)决定产品价格的是顾客感知价值，而非成本

为何同样的飞机座位，不同的客户，如家庭旅游者与商务差旅客愿意支付的价格明显不同？甚至，同为商务差旅客，为何提前一周、提前三天及当天预订的旅客，愿意支付的价格也不尽相同？就企业而言，向不同的客户提供同样的产品，所耗费的成本几乎没有什么差别，而取得的收入则有所不同。之所以如此，就在于决定产品价格的是顾客感知价值，而非成本。



何为顾客感知价值？它是顾客对企业提供的产品或服务的价值的主观判断，是顾客对其感知利益与所付代价进行比较之后的评价。即感知价值＝感知利益(Perceived Benefits)－感知利失(Perceived Sacrifice)。由于同样的产品带给不同的顾客以不同的感知利益，因而企业可以就相同的产品对不同的顾客收取不同的价格。不仅如此，同样的产品在不同的条件下带给顾客的主观利益也不相同。例如，温泉套房在冬、夏两个不同的季节，带给同一个度假旅游者的居住体验就有很大差别。可见，顾客感知利益的大小不仅因人而异，而且也会随着外部环境的改变而变化。换言之，不同的顾客会赋予相同的产品以不同的感知利益，甚至相同的顾客在不同的条件下也会赋予同一产品以不同的感知利益。而理性的消费者在任何一项商业交换中都追求价值的增长——当且仅当顾客的感知价值大于零时，一项商业交换才可能发生。因此，站在企业的角度，一项商品或服务定价的上限，是顾客的感知利益，而非企业因提供该项商品或服务而产生的成本。

由价值公式"感知价值＝感知利益－感知利失"，我们还可以知道，感知价值不仅受到感知利益的影响，还与顾客的感知利失有关。在一项商业交换中，顾客的感知利失则由其付出的经济成本，即商品或服务的要价，以及为达成交易而产生的其他成本，如信息收集、比较和交易本身所耗费的时间成本等共同决定。对于同样一笔支出，支付能力更高的群体往往可能拥有更低的"利失感"；对于同样的时间消耗，他们则可能有更强的利失感知。

了解以上这些，对于酒店经营者而言具有十分重要的意义。酒店经营者必须认识到：虽然成本对企业的利润有关键的影响，但顾客对此并不关心——他们唯一关心的，是能否从一项预订中实现价值的增长——客房及相关服务带给自己的利益，是否配得上自己所付出的价格和时间？

（四）应采用多样化的、动态的价格，替代统一的、固定的价格

如果我们切实地理解了“决定产品价格的是顾客感知价值”，那么，我们会很自然地摒弃全年不变地对所有市场收取统一价格的做法，而代之以多样化的、动态的价格。因为这样做，将使酒店获得更高的收益。

用多样化的价格替代统一的价格，可称之为“差别定价”。美国航空公司的“二分策略”即是差别定价的一个简单而有效的应用，那帮助它成功地击垮了来势汹汹的竞争者——人民捷运，并实现了自身收入和利润的增长。而在酒店业中，差别定价的形式远比航空业更多。广义的差别定价，可以依据顾客、位置、数量、分销渠道、产品版本、付款条件及时间的差异而实施。其中，由于客房占用时间或顾客预订时间的不同而采取的价格变动，我们往往将其作为一种有别于差别定价的收益管理策略，称之为“动态定价”。动态定价是基于不同时间条件下顾客感知价值的差异而给予相同的客房产品以不同的价格。这当然也可以从供求规律中得到解释。毫无疑问，在不违背法律法规及社会公序良俗的前提下，酒店企业依据市场供求状况的变化，对客房及相关产品的价格进行动态调整，是一种合理且必要的收益优化手段。

（五）应摒弃“先到先得”，为高价值的市场保留部分库存

在传统的经营模式下，企业会按照“先到先得”的原则进行产品的销售。就酒店而言，即每接到一个团体或散客预订请求，只要还有空房，便接受预订，直至把全部可用客房预订出去。这样做的好处是，可以尽可能多地销售酒店客房，避免客房库存的闲置浪费。但是，这样做也存在着很大的弊端——很有可能过早地用尽客房库存，使得那些临近入住日提出预订请求的顾客订不到客房，而他们往往比那些较早预订的顾客愿意支付更高的价格。显然，依据预订请求产生的先后次序分配客房库存，有可能使酒店面临潜在的收入损失。因此，摒弃“先到先得”的做法，为高价值顾客保留部分库存，也是酒店收益优化的重要手段。当然，这样做的前提是进行尽可能准确的需求预测，以免“捂房”过度造成库存闲置，进而造成收益损失。



## 第三节　收益管理的适用条件

在过去的约 40 年中，收益管理作为一种优化企业收入的管理工具，已经从最初的航空业，拓展到了酒店、餐厅、邮轮、高尔夫球场、主题公园、汽车租赁、影视剧院、电视广告、快递运输乃至汽车制造等行业；被用来优化收益的方法工具，也由起初的“二分策略”，发展成为涵盖差别定价、动态定价、渠道管理、库存管理等多个方面的系统而整体的方法体系。然而，在所有应用收益管理工具的行业中，航空和酒店业采用的收益管理方法、策略最为丰富，收益管理在这两个行业中的普及程度也远超其他行业。这是因为，收益管理工具的应用需要一些条件，目前而言，航空和酒店业与这些条件吻合程度最高。业界将这些条件概括为如下几个方面。

## 一、生产能力相对固定

收益管理适用于那些生产能力在短时间内无法调整的行业。对于航空企业而言，尽管航空公司可以通过调整航班次数来调整运输能力，但就某个特定的航空班次而言，由于飞机座位数是固定的，其供应能力也就是固定的。对于酒店企业而言，酒店一旦建成开业，其房间数量、餐厅数量与面积，以及会议室的数量与面积等，便被固定下来，其接待能力在相当长的一段时间内是难以调整的。这样，在市场需求旺盛的时段，它们无法像流通型企业（如商场、超市等）或生产型企业（如纺织厂、食品厂等）一样通过增加库存来满足市场需求并提高企业收入，而往往需要通过提升价格或优化客源结构等收益优化手段来提升企业的收入和利润。

## 二、产品和服务具有易逝性

对于大多数流通型或生产型企业而言，它们提供的产品往往是可以储存的，当日没有出售的商品，还可以作为企业的存货以供日后售出。然而，对于航空公司或酒店而言，当日没有出售的座位或房间，便永远地失去了销售它们的机会。这就是其产品和服务的易逝性(Perishability，又称作“易腐性”)，即由于产品和服务的不可储存，如果未在一段时间内出售，其价值很快衰减为零，企业将永远失去这些产品及服务的价值（党印，2020）。

对于生产能力有限而又具有易逝性的酒店产品和服务，酒店经营者必须把握好它们的出售时机，以避免在需求低谷时段造成客房及相关设施的闲置浪费，同时尽可能地在其他时段以尽可能高的价格销售尽可能多的客房——这正是动态定价、库存管理等收益管理工具发挥作用的原因之所在。



## 三、高固定成本、低变动成本

固定成本(Fixed Cost)是指总额与企业业务量无关的成本，主要包括形成企业固定资产、无形资产的投入，以及部分费用。如酒店建筑的设计、建造费用或物业租赁费；装修费，设施设备的采购、运输、装配费用；长期借款的利息；特许经营加盟方向品牌方按年或按月交纳的与销售无关的品牌使用费、管理费等。

变动成本(Variable Cost)是指总额随着业务量的增加而增加的成本。如酒店客房清扫成本、一次性耗品、布草洗涤、能源水电消耗等费用，酒店餐厅食品、饮料、调料消耗及餐具清洁等费用。在酒店的运营成本中，有些费用（如人力成本、管理费用甚至能源水电消耗等）中既包括相对固定的部分，又包括随着销量增加而增加的部分，即它们同时构成固定成本和变动成本的来源。因此，精确地测算酒店固定成本和变动成本的构成是一件比较困难的事。但是，酒店固定成本高、变动成本低是显而易见的。

酒店企业固定成本高、变动成本低的特点，给收益管理方法和策略以巨大的发挥作用的空间。当酒店取得的收入足以弥补其固定成本时，其所增加的每一个单位销量所带来的销售收入中，扣除少量的变动成本和税金后，余下的大部分则转化为企业的利润。此时，酒店销售收入较小比例的增加，可使酒店的经营利润大幅增长。

### 四、变动且可预测的需求

有些行业(如食盐加工、大米生产、家庭供水等)的需求比较稳定,不同年份,甚至一年之中的不同时段变化幅度很小;另外一些行业的市场需求虽有波动,但是难以预测,如证券投资,经营者需要多加关注的是风险管理,而非收益管理。因为收益管理发挥作用的另一个重要条件是市场需求具有波动性,且这种波动可以通过一定的方法提前加以预测。

酒店业面对的就是这样一个市场。首先,大部分酒店在一年之中市场需求存在着明显的淡、旺季,且淡、旺季持续的时间可以根据历史数据分析或市场调查得到识别和确认。其次,在一周中的每一天,酒店可能面对不同的市场需求,如市中心的商务型酒店工作日需求量高于周末,市郊的度假型酒店周末的需求量则比工作日要高。这些通常能够比较容易观察到。而且,借助一定的方法和工具,针对特定时段内每一天的市场需求量都有可能得到相对准确的预测数据。如果酒店能够掌握这些需求变动规律和预测数据,则可以针对性地采用动态定价、库存管理、渠道控制等收益管理策略来提升收益和利润。

### 五、市场可细分

差别定价是收益管理活动中最有效的工具之一,而差别定价策略有效实施的重要前提便是市场细分。如前所述,美国航空公司仅仅将市场一分为二并施以不同的定价策略,便取得了显著的成效。相对于航空公司而言,酒店的目标市场可以进行更加精准而多样的细分,依据这些精准多样的市场细分,酒店经营者可以制定多样化的、富有针对性的定价策略。

除了差别定价,市场细分还是酒店产品开发、预订管理、客源结构优化等收益管理策略实施的基础。

### 六、产品和服务可预订

产品和服务可提前预订,一方面有助于酒店经营者进行更加精准的市场需求预测和更加有效的动态定价,另一方面也为酒店经营者借助预订进度控制(Booking Pace Control)、分销渠道管理(Distribution Channels Management)等手段来优化库存分配提供了条件。例如,通过分析酒店客房的预订进度,酒店收益管理人员发现,未来某日的在手预订数量和预订增速均明显高于往年同期,于是立即调高客房售价,从而有效地避免了酒店客房过早地以较低的价格预订出去而造成的潜在收益损失。反之,如果预订数量和增速明显低于往年同期,则可加大分销渠道中特价房的数量,或视情况降低部分甚至全部房型的价格,以避免因过多的客房闲置浪费而造成收入损失。

## 第四节　酒店收益管理的指标

在酒店运营管理和收益优化的过程中,需要借助一些量化指标来辅助决策,而酒店运营管理及收益优化的效果,也需要依据相关的指标来进行评估。本节将对酒店收益管理活动中最常用的三个基础指标进行详细介绍,并对客房收益管理过程中的其他重要指标进行简要介绍。

## 一、三个基础指标

### (一)客房出租率

客房出租率(Room Occupancy Percentage/Occupancy,OCC),又称作"客房占用率""客房销售率""住房率",是特定时段内酒店售出客房数(Rooms Sold)占可用客房数(Rooms Available)的百分比。其计算公式为:

$$客房出租率=\frac{售出客房数}{可用客房数}\times 100\% \tag{1-1}$$

在式(1-1)中,售出客房数是酒店已经售出(或预订出去)的客房数。正常情况下,它不包括酒店内部人员使用的客房和免费提供给顾客使用的客房,因为这些客房的占用并没有给酒店带来收入。相反,这些客房的占用,还会带来酒店运营成本的增加,会侵蚀掉部分运营利润。然而,在现实中,一些酒店出于一些特殊的目的,在计算客房出租率时,将免费房也计算在售出客房数之内。从收益管理的角度来看,这样的做法是值得怀疑的。

可用客房数,也可称之为"可供出租的客房数",这是设施设备完好、能够出租给顾客使用的房间总数,通常不包括内部占用房及坏房。坏房(Out of Order),也称为"大修房",是指因故障需要维修而当天不能出租使用的客房。而故障房(Out of Service),也称作"小修房",则是因故障暂时停止出租,维修工作当日即可完成的客房。因此,在计算可用客房数时,故障房是要计算在内的。



例如,某酒店有客房 500 间,某日内部用客房 5 间,大修房 3 间,小修房 8 间,提供给顾客免费使用的客房为 6 间,售出的客房为 343 间,则该酒店当日出租率为:

$$客房出租率=\frac{343}{500-5-3}\times 100\%=69.72\%$$

除去每日出租率,酒店经营者常常还需要用到以周、月、季甚至年为时间单位的出租率数据。在计算这类数据时,只需用特定时段内售出客房数除以对应时段内的可用客房数即可。例如,某酒店过去一周内每日客房销售情况如表 1-4 所示,则该酒店过去一周的平均出租率为:

$$\begin{aligned}出租率&=\frac{318+363+428+396+320+341+356}{498+495+500\times 5}\times 100\%\\&=\frac{2\ 522}{3\ 493}\times 100\%\\&=72.20\%\end{aligned}$$

**表 1-4　某酒店过去一周每日客房销售情况**

| 指标 | 日期 | | | | | | |
|---|---|---|---|---|---|---|---|
| | 周日 | 周一 | 周二 | 周三 | 周四 | 周五 | 周六 |
| 可用客房数 | 498 | 495 | 500 | 500 | 500 | 500 | 500 |
| 售出客房数 | 318 | 363 | 428 | 396 | 320 | 341 | 356 |
| 客房出租率 | 63.86% | 73.33% | 85.60% | 79.20% | 64.00% | 68.20% | 71.20% |

显然，客房出租率显示了酒店客房的销售情况，是衡量酒店经营和收益管理活动效果的一个重要指标。一般来说，客房出租率越低，说明酒店客房资源的闲置浪费越严重；客房出租率越高，说明酒店客房受顾客欢迎程度和利用率越高。需要注意的是，如果这种高的受欢迎度和利用率是以大幅降低价格为代价取得的，对酒店而言，则未必是一件好事。酒店经营者在关注客房出租率的同时，还必须同时考虑客房的售价。

（二）平均房价

平均房价（Average Daily Rate，ADR），是指特定时段内酒店售出客房的平均价格。其计算公式为：

$$\text{平均房价}=\frac{\text{客房收入}}{\text{售出客房数}} \tag{1-2}$$

例如，酒店某日售出客房数为 343 间，实现的客房收入为 148 399 元，则当日的平均房价为：

$$\text{平均房价}=\frac{148\ 399}{343}=432.65(\text{元/间天})$$

除了特定日期的平均房价，酒店经营者还需要以周、月、季、年等为时间单位的平均房价数据。有时，本月以来（M-T-D）、本年以来（Y-T-D）的平均房价，也是酒店经营管理和收益优化的重要参考指标。在计算这类数据时，需要将特定时段内的客房收入除以该时段出售的客房数。

例如，某酒店 3 月 10 日的日报表显示，该酒店 3 月 10 日当天、本月以来、本年以来出售的客房数分别为 343 间、3 210 间、21 079 间，对应的客房收入为 148 399 元、1 316 120 元、8 600 338元，则 3 月 10 日当日、本月以来、本年以来的平均房价分别为 432.65 元/间天、410.01 元/间天、408.01 元/间天。

关于平均房价，还有一点需要说明：有时，客房的报价中包含了早餐、正餐或康乐服务项目的费用。这时，需要将这些单项费用剔除在房价之外。换言之，计算平均房价时，用来被所有售出客房平分的收入，仅指酒店因出租客房而取得的收入，因出售其他产品或服务所取得的收入是不被包括在内的。

（三）单房收益

单房收益（Revenue per Available Room，RevPAR），即平均可用客房收入，也称作“可用客房收入”，是特定时段内酒店平均每间可用客房取得的日收入。它反映的是酒店利用客房资源获取收入水平的高低。其计算公式为：

$$\text{单房收益}=\frac{\text{客房收入}}{\text{可用客房数}}=\text{客房出租率}\times\text{平均房价} \tag{1-3}$$

例如，酒店某日的可用客房数为 500 间，售出客房 400 间，取得房费收入 160 000 元，则该酒店当日的客房出租率为 80.00%，平均房价为 400.00 元/间天，单房收益为 320.00 元/间天。

至此，我们已经了解了酒店收益管理中最常见的三个基础指标，客房出租率、平均房价和单房收益的含义和计算方法。由于客房销量与房间价格之间呈反向变动关系，因此，对酒店经营者而言，同时提高客房出租率和平均房价是一件很困难的事。大多数情况下，收益管理者不得不寻求客房价格与出租率之间的平衡，避免因房价过高、出租率太低造成客房资源闲置浪费或是片面追求高租率而造成客房低卖，而应努力寻找使酒店客房收入最大化的客房出租率与平均房价的组合。

如何判定客房出租率与平均房价的组合是否为最优组合呢？没错，比较它们的乘积——RevPAR就可以了。显然，在各个可能的组合中，使得RevPAR最大的组合，即是最优的组合。例如，就酒店下周末的客房库存，有三个不同的分配方案：

(1)通过旅行社，卖给旅游团队，这样很可能实现满房，代价是客房价格比较低(低至300元/间天)；

(2)通过酒店的直销渠道出售给散客，这样的好处是可以实现较高的平均房价(可以达到500元/间天)，而其弊端也是显而易见的——销量有限，出租率较低(可能只有50%)；

(3)把部分客房卖给团队，部分卖给散客，这样酒店可能以450元/间天的平均房价实现80%的出租率。

如果你是酒店收益管理者，你会如何决策呢？

聪明的你，很有可能这样回答：计算并比较三个方案的RevPAR，RevPAR值大者最优。在该例子中，由于方案一的RevPAR为300元/间天、方案二的RevPAR为250元/间天、方案三的RevPAR为360元/间天，故方案三最好。

上面这个简单的例子说明，单一地依据客房出租率或平均房价，无法判定收益管理方案的优劣，只有依据单房收益RevPAR，才能评价各方案的好坏，因为单房收益RevPAR综合了客房出租率和平均房价两项指标，能够更加全面地反映酒店运营管理或收益管理效果的优劣。



然而，RevPAR指标也有它自身的局限性，这主要体现在以下两个方面。

一是它没有考虑成本，尤其是客房平均变动成本对利润的影响。这可能导致的一种情况就是，酒店以较低的平均房价取得了较高的出租率，甚至达到了满房，并且取得的RevPAR指标也优于其他可能方案，但是由于高出租率同时也导致了更高的成本，因而酒店取得的利润未必是所有方案中最高的。

二是它只关注房费收入，忽略了其他收入对酒店收益及利润的影响。对于一些酒店而言，餐厅、会议室、赌场、高尔夫球场、水疗SPA等，也可以产生相当可观的利润。在收益管理过程中，完全忽略来自这些设施和服务的收入，可能导致错误的决策。

因此，除了客房出租率、平均房价、单房收益这三个基础指标外，酒店常常还需要借助一些其他的重要指标来辅助决策。

## 二、其他重要指标

### (一)修正的单房收益

修正的单房收益(Adjusted RevPAR，ARPAR)，是伊拉·沃克女士提出的用以弥补RevPAR指标之不足的一个收益管理指标，它是指特定时段内酒店平均每间可用客房取得的、扣除了客房变动成本的房费及额外收入。其计算方法如下：

修正的单房收益＝(平均房价－平均变动成本＋平均额外收入)×客房出租率　(1-4)

在式(1-4)中，平均变动成本(Average Variable Cost，AVC)是指平均每间售出客房的变动成本，该成本主要由客房清扫费用、一次性耗品及因客房出租所导致的水电能源排污费用等构成。该项成本随着客房销量的增加而增加，通过历史数据测算得出。

平均额外收入(Average Additional Revenue,AAR),是指平均每间售出客房取得的非房费收入。酒店经营者可以通过历史数据计算酒店全部客房的平均额外收入,也可以计算主要的细分市场(如旅游团队、会议团队、协议散客、其他散客等)的平均额外收入,以便为未来的决策提供参考。

在前一节有关单房收益计算的例子中,如果历史数据显示,某酒店客房的平均变动成本为 80 元/间天,预计方案一、方案二、方案三产生的平均额外收入分别为 30 元/间天、100 元/间天、70 元/间天(见表 1-5),则可以计算出方案一、方案二、方案三的 ARPAR 值分别为 250 元/间天、260 元/间天和 352 元/间天。

**表 1-5　某酒店客房三个方案的比较**

| 方案 | 指标 | | | | | |
|---|---|---|---|---|---|---|
| | 客房出租率 | 平均房价/(元/间天) | 单房收益/(元/间天) | 平均变动成本/(元/间天) | 平均额外收入/(元/间天) | 修正的单房收益/(元/间天) |
| 方案一 | 100% | 300 | 300 | 80 | 30 | 250 |
| 方案二 | 50% | 500 | 250 | 80 | 100 | 260 |
| 方案三 | 80% | 450 | 360 | 80 | 70 | 352 |

(二)单房毛利

单房毛利(Gross Operating Profit per Available Room,GOPPAR),也可称作“平均每间可用客房运营利润”,是特定时段内酒店平均每间可用客房取得的运营利润。它是一个反映酒店整体盈利能力的指标,有助于酒店管理层快速直观地了解酒店经营管理和收益优化活动的成果。它由特定时段内的运营利润除以该时段的可用客房总数计算得出。

$$\text{单房毛利}=\frac{\text{运营利润}}{\text{可用客房数}} \tag{1-5}$$

酒店也可以根据历史数据粗略地估算平均每间占用客房的运营费用(Average Operating Expense,AOE),进而根据平均营运费用来计算 GOPPAR,作为酒店经营者评估各个收益管理方案的依据。

在式(1-5)中,运营利润,由总收益减去总运营费用得出。总运营费用的计算较为复杂,我们将在第七章中作详细介绍。

## 本章小结

1. 收益管理起源于 20 世纪 80 年代的美国航空业,美国航空公司推出的“二分策略”是收益管理的雏形。

2. 收益管理,可以定义为企业基于对客户感知价值的深刻理解,在合适的时间,将合适的产品,以合适的价格,通过合适的渠道,出售给合适的顾客,以期实现收入最大化的过程。企业实现收入最大化的过程在于对时间、产品、价格、渠道和顾客五要素的把握。

3. 在企业收益管理过程中起着基础而关键作用的观点可以概括为如下五个方面:①收益管理是平衡价格与销量的艺术; ②市场细分和需求预测是收益管理的基

础;③决定产品价格的是顾客感知价值,而非成本;④应采用多样化的、动态的价格,替代统一的、固定的价格;⑤应摒弃"先到先得",为高价值的市场保留部分库存。

4. 收益管理适用于具备如下特征的行业:生产能力相对固定、产品和服务具有易逝性、固定成本高而变动成本低、变动且可预测的市场需求、市场可细分、产品可预订。

5. 客房出租率(OCC)、平均房价(ADR)、单房收益(RevPAR)是酒店收益管理中最常用的三个基础指标,修正的单房收益(ARPAR)和单房毛利(GOPPAR)是另外两个重要指标。

## 核心术语

收益管理(Revenue Management)
产出管理(Yield Management)
需求预测(Demand Forecasting)
市场细分(Market Segmentation)
库存管理(Inventory Management)
感知价值(Perceived Value)
感知利益(Perceived Benefits)
感知利失(Perceived Sacrifices)
差别定价(Differential Pricing)
动态定价(Dynamic Pricing)
预订进度控制(Booking Pace Control)
分销渠道管理(Distribution Channels Management)
固定成本(Fixed Cost)
变动成本(Variable Cost)
易逝性(Perishability)
客房出租率(Room Occupancy Percentage/Occupancy,OCC)
平均房价(Average Daily Rate,ADR)
单房收益(Revenue per Available Room,RevPAR)
修正的单房收益(Adjusted RevPAR,ARPAR)
单房毛利(Gross Operating Profit per Available Room,GOPPAR)
平均变动成本(Average Variable Cost)
平均额外收入(Average Additional Revenue)
平均运营费用(Average Operating Expense)

## 思考练习

1. 收益管理的适用条件有哪些？
2. 如何理解收益管理的五要素？
3. 如何理解收益管理的基本观点？
4. 酒店收益管理的三个基础指标是哪些？如何计算？它们之间的关系如何？

## 案例分析

### 案例 1-1 巴赛纳度假村的成本削减

“达马里奥(Damario)，你现在在想什么呢？”巴赛纳度假村(Barcena Resort)的总经理索菲亚·戴维森(Sofia Davidson)问道。

达马里奥是这家位于原始古朴的加勒比海滩、拥有 480 间客房、开业 5 年的 4 星级度假型酒店新聘任的收益经理。度假村的自然条件是令人震惊的。到目前为止，其财务状况也令业主感到震惊，但不是以积极的方式。

索菲亚·戴维森是度假村的总经理，她是最近被度假村的业主们选定的，8 周前刚到任。达马里奥是她首批聘用的成员之一，也是在度假村第一个担任收益经理一职的人。他来工作一周了。

“哦，我目前所了解到的情况，”达马里奥回答说，“度假村开业 5 年了，经营得很不错，但财务状况就没有业主们预计的那么好了。开业 2 年后，换了一位总经理，他改编了员工队伍，进行了一些策略性的成本削减。收入提升了一些，但利润不行。因此，后来又换了一位总经理。这家伙是个真正的效率专家，成本控制的‘大牛’。重组、裁员、换将、削预算、降成本——他就是特擅长财务控制的那种类型。问题是，收入跟成本一起下降了，结果利润也下降了。业主们虽然喜欢那些看上去很不错的运营指标，但他们比以前对结果更失望，然后总经理就换成你啦。”

“我们确实面临一些真实的挑战。”索菲亚回应道。

索菲亚刚结束与酒店执行运营委员会的周例会。作为度假村新任命的收益经理，达马里奥参加了会议。当索菲亚和达马里奥往回走向她的办公室的时候，他们在讨论之前会议的重点。

“我认为你很好地解释了业主对酒店现状的失望及那会怎样影响到明年各个部门的预算，”达马里奥说。

“谢谢，”索菲亚说，“我知道经理们都为此不高兴。但那就是我到任 8 周以来所观察到的情况。就餐饮而言，我们的食物成本正是它们该有的比例。”

“那山姆(Sam)的部门做得不错啰？”达马里奥问道(山姆指的是餐饮总监)。

“不见得，”索菲亚答道，“充其量是收支平衡。食物质量和服务都很出色，但他们人工成本太高了，以致把整个部门的利润都耗光了。客房这边也是一样。”索菲亚继续说道:“贝弗莉(Beverly)使每间占用客房的耗品成本(包括一次性耗品及赠送的礼品等的费用)刚好达到目标,并且客房清洁检查分数是很好的。”

“那贝弗莉的部门还不错吗?”达马里奥问道(贝弗莉是度假村非常有经验的客房部经理)。

“嗯,她的部门也还是有些问题。贝弗莉的每间客房占用的清扫时间太长了,35分钟一间房,正好是她的预算目标。但你知道几乎每个周末我们是如何卖完房间的吗?哎,贝弗莉经常不得不支付员工在周六、周日、周一的加班费,以便照顾周末延住客,然后再为接下来的一周准备好客房。这实际上拉高了我们每间占用客房的清扫成本。在这方面,我们是超预算的。”

“为什么她不聘用更多的员工呢?”达马里奥问道,“那可以消除周末加班。”

“那工作日她要怎么安排这些员工呢?”索菲亚回应说,“在我来这儿的8周,只有2个星期从周一到周四出租率达到了55%。”

“聘用兼职员工怎么样?”达马里奥问道。

“只能希望在人力市场上有好运气喽,”索菲亚说,“而且,我对酒店大量使用兼职员工时维持高质量客房清洁标准的能力很担忧,特别是当业务极度繁忙的时候。”

“那么,你所说的这两个部门是干得不错呢,还是干得不好呢?”达马里奥说。

“就他们所拥有的,他们控制了所能控制的。记住,这两个部门聘用了整个度假村80%以上的员工,并占用了大部分运营预算。”索菲亚说。



“那就是为什么当你告诉他们业主正在考虑要求你提交明年的运营预算,所有的部门都有10%的削减时,他们会有那样的反应吗?”达马里奥问道。

“是的,”索菲亚回答道,“没人喜欢预算削减。且据我观察,这个团队已经被缩小、改编、外包到没什么‘肥肉’可削的地步了。我想,我们已经削到‘肌肉’和‘骨头’了。我担心更多的预算削减会对顾客的体验有负面影响。我不知道有哪一家酒店是靠降低顾客服务质量来扩大市场份额的。我们的问题不是效率不高,而是收入不足。”

“那我们该干些什么呢?”达马里奥问道。

“现在你已经会见了执行委员会,接着你和我以及整个收益管理任务小组就要着手做了。”索菲亚说。

**资料来源** David K, Allisha A. Revenue Management for the Hospitality Industry[M]. NYC: Wiley, 2010.

**问题:**

1. 在哪些情况下,餐饮运营取得好的食物和饮料成本比但导致过高的人工成本?案例酒店属于哪一种情况呢?你的判断基于什么样的事实呢?

2. 如果你是贝弗莉,来年预算削减10%,你可能会采取哪些具体的行动?这些行动对客人看待住店期间所花费的金钱带来的价值可能会有怎样的影响?

3. 假定索菲亚是一位经验丰富的、能干的总经理。从到达度假村的新顾客的角度看,她削减运营成本的能力对他们的重要性如何?或者,她提升度假服务供应数量与质量的能力对他们的重要程度如何?

# 第二章

# 酒店产品战略定价

## 学习目标

◆了解酒店产品的层次、成本的构成；

◆理解战略定价、感知价值等概念的含义；

◆理解价格与价值的关系，理解成本和竞争因素对定价的影响；

◆了解几种主要的成本导向的定价方法，理解成本导向定价方法的局限；

◆理解并掌握价值公式及其对定价的影响；

◆掌握价格竞争的应对、降价的条件与风险；

◆掌握酒店产品定价的程序。

## 重点难点

◆酒店产品的构成；

◆价值公式；

◆成本对定价的影响；

◆发动降价的条件与风险；

◆酒店产品定价程序。

所谓战略定价（Strategic Pricing），就是运用数据和洞察力，有效地使要价与买方的价值感知相吻合（Hayes 和 Miller，2010）。为了有效地实施战略定价，酒店的收益管理者不仅要充分地了解自身的产品——产品的构成、层次及其对收益提升的意义，还要充分地理解产品的价格与价值、成本与竞争，理解价值公式、成本构成和竞争因素对定价的影响。

# 第一节　酒店的产品

产品是收益管理的五大要素之一，也是酒店收益获取的基础。本节主要以营销学视角下的产品概念为基础，对产品及酒店整体产品的构成进行分析。

## 一、产品及其构成

所谓“产品”(Product)，是指市场上任何可以让人注意、获取、使用或能够满足某种消费需求和欲望的东西(菲利普・科特勒和凯文・莱恩・凯勒，2006)，它既包括有形的物质产品，也包括无形的服务。无论是有形的物质产品，还是无形的服务，都可以划分为五个不同的层次，或者说，都是由以下五个不同的方面构成的。

一是核心产品，它是向顾客提供的产品的基本效用或利益，能够满足顾客的核心需求。

二是形式产品，它是核心产品借以实现的形式，由五个特征构成，即品质、式样、特征、商标及包装。

三是期望产品，它是顾客在购买产品时期望得到的与产品密切相关的一整套属性和条件。

四是延伸产品，它是顾客购买形式产品和期望产品时附带获得的各种利益的总和，包括



产品说明书、保证、安装、维修、送货、技术培训等。

五是潜在产品，它是在核心产品、形式产品、期望产品、延伸产品之外的，能够满足顾客潜在需求的，尚未被消费者意识到或虽已经被意识到但尚未被重视或不敢奢望的价值。潜在产品指出了现有产品可能的演变趋势和前景。

## 二、酒店整体产品

就酒店企业而言，核心产品是酒店产品中最基础和最主要的部分，也是顾客在购买酒店产品时所获得的基本利益和效用。一般而言，酒店的核心产品是客房和餐饮，能够满足顾客休息、用餐等基本需求。

形式产品是酒店的建筑、设施、地理位置、服务质量及品牌等所构成的酒店形象。

期望产品是顾客在购买酒店产品时所形成的对酒店的期待，如安全、整洁、舒适的环境，热情高效的服务，美味的菜肴，独特的设计，以及浪漫的氛围等。

延伸产品是顾客在购买酒店产品时所获得的全部附加利益，如免费停车、免费 Wi-Fi、咨询、留言、行李照看服务等。

潜在产品主要是指酒店所能为顾客提供的、满足其潜在需求的个性化服务(祖长生，2021)。

构成酒店整体产品的五个层次既相互独立，又彼此关联(见图 2-1)。核心产品、形式产品、期望产品的质量，与顾客对酒店的满意度密切相关；而延伸产品、潜在产品的实现程度，则在很大程度上决定了酒店产品的吸引力，并影响着顾客的忠诚度。

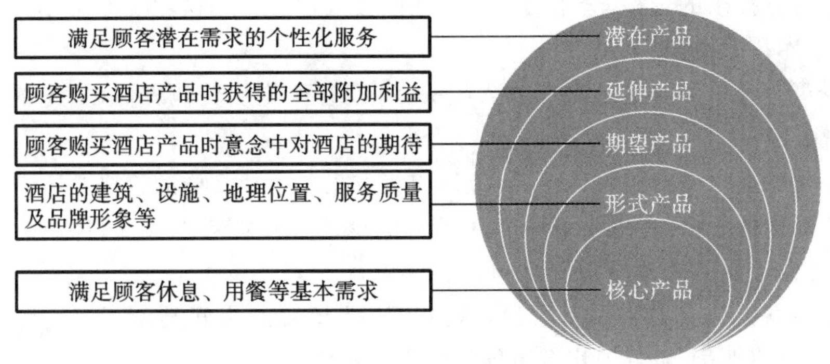


**图 2-1　酒店整体产品的构成**

## 第二节　价格与价值

本节主要介绍价格的含义、卖方视角的价格、消费者理性假说以及帮助收益管理者理解消费者理性假说的价值的概念和价值公式。

### 一、价格

#### (一)价格的含义

在马克思主义政治经济学中，价格(Price)是商品价值的货币体现。商品的价格由其价值决定，并受市场供求关系的影响。在现代西方经济学理论体系中，供求关系决定价格，而其他因素通过影响供给或需求来影响价格。Hayes 和 Miller(2010)则将价格定义为“一项商业交换中买卖双方所放弃的价值的度量”。在马克思所举的例子中，牧民用 2 只羊跟铁匠交换了 1 把斧头。牧民放弃的价值是 2 只羊，而度量 2 只羊价值的则是 1 把斧头；铁匠放弃的价值是 1 把斧头，而 2 只羊则是对 1 把斧头价值的度量。因此，2 只羊是 1 把斧头的价格；同时，1 把斧头也是 2 只羊的价格。可见，在一般等价物尚未产生的物物交换时代，产品价格表现为一定数量的其他商品。

在现代社会，一种产品的价格不再借助其他产品来体现，而是以一定数量的货币来计量。例如，某酒店商务大床房某日的报价为 398 元/间天，那么 398 元即为该酒店当日让渡的一间商务大床房使用权的价值度量。

#### (二)卖方视角的价格

“一项商业交换中买卖双方所放弃的价值的度量”是对价格的简单定义。而作为酒店的收益管理者，即卖方，需要对价格有更加深入、全面的理解。例如，当一个买家提出希望以 248 元/间天的价格预订特定日期的团体客房时，有经验的收益管理者会考虑如下问题：

(1)接受买方提出的价格，酒店将从这笔交易中取得多少收入？酒店将因此增加哪些成本？

(2)接受买方提出的价格，是否会影响到他(她)未来的购买决策？

(3)接受买方提出的价格，会不会导致潜在的收入损失——这项交易会不会导致卖给高价市场的客房库存的减少？

(4)接受买方报价所导致的潜在收入损失，有没有可能从其他方面(如餐饮、会议、康乐等)得到弥补？

(5)如果买方提出的价格难以接受，应该向买方报一个什么样的价格？

(6)酒店提出的价格，考虑了竞争对手的可能反应了吗？考虑了支付方式、付款进度等因素了吗？考虑了业务来源或渠道佣金的影响吗？

(7)接受买方报价或酒店重新报价，考虑了团队想要的房间类型了吗？考虑了团队取消、应到未到、提前抵达、延迟退房等可能性的影响吗？

从卖方视角回答上述这些问题，有赖于收益管理者对价格全面而充分的理解——这正是收益管理者洞察力的重要体现。而收益管理者洞察力的另一个体现，则是对买方视角的价格也有透彻的理解。

### (三)消费者理性假说

理解买方视角的价格看起来比较简单——接受消费者理性假说就可以了，即把每个顾客的行为当作值得认真考虑的事情，并抵制消费者常常并不理性的观念。然而，这件看似简单的事情，并不是每一个管理者都能轻易地做到。如若不信，读者不妨考虑一下以下几项交易是否不合理：

(1)用 8 000 美元的代价收藏棒球运动员科布的假牙；



(2)以 5 600 美元的价格取得玛丽莲·梦露与乔·迪马吉奥结婚时穿的吊带袜；

(3)一晚豪掷数万元在酒廊，而所消费的酒水按超市售价计算不过几千元；

(4)为了能尽快享用一种非本地产的水果，让酒店从外地连夜空运调货，为此支付数十倍于水果价值的运费也在所不惜；

……

上述这些行为合理吗？

如果你的答案是肯定的，那么要祝贺你——你已经具备了收益管理者所应具备的一种优秀品质——接受消费者理性假说。

如果你暂时还不能给出肯定的答案，请在心中告诫自己：虽然这些行为我一时无法理解，但并不意味着它们属于非理性的交易。作为一名合格的收益管理者，接受消费者理性假说，是一项基本素养。而那些真诚接受消费者理性假说的管理者，通常对商品的价值有着深刻的理解。

## 二、价值

在马克思主义政治经济学中，价值(Value)是凝结在商品中的无差别的人类劳动。商品价值的高低，既不由生产者决定，也不由购买者决定，而是取决于生产该商品的社会必要劳动时间的长短。从这个意义上说，价值是客观的。而收益管理者所关心的，并非客观尺度的价值，而是买方的感知价值。

通过第一章的学习，我们已经知道，感知价值是顾客对企业提供的产品或服务价值大小的主观判断，是顾客对其感知利益与所付代价进行比较之后的评价，公式如下：

$$感知价值=感知利益-感知利失 \qquad (2\text{-}1)$$

上述公式，我们可称之为“价值公式”。由价值公式可知，感知价值不仅受到顾客感知利益的影响，还与顾客感知到的利失有关。在一项商业交换中，顾客的感知利失则由其付出的经济成本及为达成交易而产生的其他成本共同决定。对于同样一笔支出，高支付能力的群体往往可能拥有更低的“利失感”；对于同样的时间消耗，他们则可能有更强的利失感知。

而理性的消费者在任何一项商业交换中都追求价值的增长。当且仅当顾客的感知价值大于零时，一项商业交换才可能发生。因此，一项商品或服务定价的上限，不是企业因提供该项商品或服务而产生的成本，而是消费者从购买的商品或服务中得到的好处。对酒店消费者来说，这些好处由产品质量（建筑风格、地理位置、楼层位置、房间面积及朝向、家具陈设、床品质量、设施设备、清洁程度等）和服务质量（服务水平、服务响应等）共同决定。

与此同时，同样的产品质量和服务质量带给不同的顾客以不同的感知利益，甚至同样的产品和服务在不同的条件下带给顾客的主观利益也不相同。因此，不同的顾客会赋予相同的产品和服务以不同的感知利益，甚至相同的顾客在不同的条件下也会赋予同一产品及服务以不同的感知利益。因此，顾客的某些看起来不可思议的行为，站在顾客的角度，都是理性的——因为他们确信自己从该项交易中获得了价值的增长。换言之，在该项交易中，顾客确信自己所获得的超过了所付出的。如果不是这样，交易就不会发生。

而实际上，一项交易发生的前提，是交易双方都从中获益。买卖双方中有任何一方不能获益，一项交易就难以发生。而作为卖方在决定是否达成某项交易时，既要考虑买方的感知价值，也要考虑提供该项商品或服务的成本，同时还要考虑竞争对手的反应。



## 第三节　成本与竞争

本节主要介绍酒店成本的构成与分类、成本导向的定价方法及其局限，进而分析酒店成本对客房定价的影响。同时，分析竞争对客房定价的影响、价格竞争的应对、酒店发动降价的条件与风险。

### 一、酒店成本对客房定价的影响

#### （一）成本的构成与分类

##### 1. 酒店成本的构成

从会计核算的角度看，酒店成本包括营业成本和期间费用两部分。

1）营业成本

营业成本是酒店在业务经营过程中为顾客提供各项产品和服务时所发生的各种直接支出和耗费，主要包括直接材料成本和产品进价成本。

2）期间费用

期间费用，则是一定会计周期内发生的与生产经营活动没有直接关系或关系不密切的各项费用，包括营业费用、管理费用和财务费用。其中，营业费用包括运输费、装卸费、包装费、保管费、保险费、燃料费、水电费、展览费、广告宣传费、邮电费、差旅费、洗涤费、清洁卫生费、低值易耗品摊销费、物料消耗费、经营人员工资、职工福利费、工作餐费、服装费及其他营业费用；管理费用包括公司经费、工会经费、职业教育费、劳动保险费、待业保险费、董事会费、外事费、租赁费、咨询费、审计费、诉讼费、排污费、绿化费、土地使用费、土地损失补偿、技术转让费、研究开发费、税金(房产税、土地使用税、车船使用税、印花税等)、燃料费、水电费、固定资产折旧费、修理费、无形资产摊销费、低值易耗品摊销费、开办摊销费、交际应酬费、坏账损失、存货盘亏或损毁、上级管理费及其他管理费用；财务费用包括经营期间发生的净利息支出、汇兑净损失、金融机构手续费、筹资费用等(章勇刚，2018)。

2. 成本费用的分类

为了更好地理解成本费用及其对酒店经营及定价的影响，通常对成本费用作如下区分。

1)固定成本、变动成本与混合成本

根据成本费用与业务量之间的变化关系，可将各项成本费用划分为固定成本(Fixed Costs)、变动成本(Variable Costs)和混合成本(Mixed Costs)。

固定成本是一定时期内、一定经营条件下，不随经营业务量的变化而变化的成本；变动成本是与经营业务量成比例变化的成本；混合成本则介于固定成本与变动成本之间，总额随业务量不成比例地变动。很多时候，为了方便起见，人们习惯于将成本粗略地划分为固定成本和变动成本两部分。



就酒店企业而言，构成固定成本的主要有固定资产折旧、无形资产摊销、保险费用、维护保养费用、利息支出、工资支出、能源消耗等。需要说明的是，严格来讲，酒店工资支出和能源消耗属于混合成本，即它们并非与业务量完全无关。然而，从总体上看，这两项支出中的大部分都与客房销量无关。就工资支出而言，只有临时工、小时工的工资与客房销量密切相关。而能源消耗，被认为更多的是取决于天气状况而不是出租率。炎热潮湿的天气导致酒店更多地使用空调制冷，而寒冷的天气则需要使用更多的能源来取暖，因而酒店80%以上的能源消耗与出租率无关(Forgaces 著，王立等译，2014)。

与出租率相关的变动成本主要包括房间清洁费、布草洗涤费、洗漱及一次性用品费用、水费、通信费等。

2)直接成本与间接成本

直接成本(Direct Costs)是生产某种产品或提供某项服务时支付的直接费用，如原材料、人员工资支出等，它是对象化的成本费用。例如，客房部门的房间清洁、布草洗涤、洗漱及一次性用品费用等都属于直接成本。

间接成本(Indirect Costs)是无法对象化的成本费用，是不与生产过程直接发生关系、服务于生产过程的各项费用。例如，固定资产折旧费、无形资产摊销费、品牌及形象推广费等，都属于间接成本。

3)可控成本与非可控成本

可控成本(Controllable Costs)能为某个责任单位或个人的行为所制约的成本，它的发生能明确归属于某一单位(如楼层、部门、班组等)。

非可控成本(Non-Controllable Costs)则属于责任中心主管人员不能直接控制和调节的,不受该中心生产经营活动和日常管理工作影响的成本。

4)可避免成本

可避免成本(Avoidable Costs)是在某特定的方案下可消除的成本。为了说明可避免成本的概念,试看如下的例子。

某酒店对外出售的床上用品进价 1 200 元/套,售价 1 798 元/套,上年末余下存货 200 套,如以原价销售,预计还需要 24 个月卖完。销售经理建议以 1 398 元/套的折扣价出售,预计这样可以在 6 个月左右售完所有存货。已知该批货品的资金成本率为 7%,销售经理的建议是否合理?

为了分析销售经理的建议是否合理,需要估算削价销售所导致的收入损失和所减少的可避免成本——资金成本的节约,进而将两者进行比较。

$$\text{削价销售的收入损失}=(1\ 798-1\ 398)\times 200=80\ 000(\text{元})$$

$$\text{削价减少的可避免成本}=[1\ 200\times 200\times 7\%\times 2+1\ 200\times 200\times(7\%)^2]-1\ 200\times 200\times 7\%\times\frac{1}{2}=26\ 376(\text{元})$$

显然,削价所造成的收入损失大于减少的可避免成本(资金成本),故单从资金成本节约的角度来看,销售经理的建议并不合理。

除了上述成本概念以外,作为酒店收益管理者,还应掌握如下的成本概念。

(1)联合成本(Joint Costs),这是由多个部门分摊的成本。

(2)增量/边际成本(Incremental/Marginal Costs),这是每增加一个单位的销售时所增加的成本支出,是一个与单位变动成本相近的概念。

(3)标准成本(Standard Costs),是对产品未来成本的理性预期。

(4)机会成本(Opportunity Costs),是获得一项收益时而放弃的、可能取得的另一项收益的大小。

(5)沉没成本(Sunk Costs),是以往发生的、与当前的决策无关的费用。

(二)成本导向的定价方法

1. 成本加成法

成本加成法是按照产品单位成本加上一定比例的利润来确定产品售价的方法。其计算公式为:

$$\text{客房价格}=\frac{\text{单位固定成本}+\text{单位变动成本}}{1-\text{综合税率}}\times(1+\text{加成率}) \tag{2-2}$$

具体可参考如下例子。

某酒店有 300 间客房,客房全年(365 天)固定成本为 3 000 万元,客房单位变动成本为 70 元/间天,综合税率为 6%,平均出租率 65%,则以 15%的加成率计算,该酒店客房的平均售价为:

$$\text{平均客房价格}=\frac{\dfrac{\text{全年固定成本}}{\text{客房数}\times\text{平均出租率}\times 365}+\text{单位变动成本}}{1-\text{综合税率}}\times(1+\text{加成率})$$

$$=\frac{\frac{3\,000\times10^{4}}{300\times65\%\times365}+70}{1-6\%}\times(1+15\%)\approx601(\text{元/间天})$$

成本加成法是一种简便易行的定价方法。然而，采用该方法对酒店客房进行定价具有明显的局限：采用成本加成法定价需要核算客房的单位固定成本，而酒店客房的单位固定成本是随着销量的变化而变化的。销量越高，单位固定成本越低；销量越低，单位固定成本越高。换言之，确定客房单位固定成本的前提是知晓客房的销量。显而易见，客房的销量是与客房的售价密切相关的。在其他条件不变的情况下，价格越高，销量越低；价格越低，销量越高。因此，在价格未定的情况下，销量也是不确定的。而销量不确定，单位固定成本也就不确定，以单位固定成本和单位变动成本为基础进行成本加成定价也就失去了基础。

在实际的工作中，有时不得不依赖该方法。在这种情况下，只能参照行业平均出租率或同地区同类型酒店的整体情况来对客房销量或出租率进行估算。

2. 千分之一法

千分之一法是新开酒店估算客房平均售价的常用方法。该方法将以平均每间客房建造成本的千分之一为客房的定价依据。其计算公式为：

$$\text{客房价格}=\frac{\text{酒店建造总成本}}{\text{酒店客房总数}}\times\frac{1}{1\,000}\tag{2-3}$$

其中，酒店建造总成本包括建筑规划及设计费、建筑材料及施工费、装修及家具采购运输安装费、设施设备的采购运输及安装调试费，以及酒店建设过程中的培训费、劳务费、利息支出等。



具体可参考如下例子。

某度假型酒店建设投资为 2.4 亿元，建有客房 150 间，采用千分之一法计算得到的该酒店客房平均价格水平为：

$$\text{客房价格}=\frac{2.4\times10^{8}}{150}\times\frac{1}{1\,000}=1\,600(\text{元/间天})$$

千分之一法是酒店业常用的一种定价方法，往往被作为新开酒店客房定价的重要参照。然而，该方法的局限，也是显而易见的：该方法只考虑了酒店的建筑成本，而忽略了运营过程中的各项成本；而且，该方法只考虑了酒店客房对前期建筑投资回收的作用，而忽略了餐饮、会议、娱乐等经营活动的贡献。因此，该方法计算出的客房价格只能作为大致的参考，不能作为客房定价的唯一依据。

3. 盈亏平衡法

盈亏平衡法，也可称之为“保本点定价法”，该方法以预计销量和成本费用的估算为基础，计算使得利润水平为零时的客房价格水平，供决策者参考。其计算公式为：

$$\begin{aligned}\text{客房价格}&=\frac{\text{客房总成本}}{\text{客房销量}}=\frac{(\text{固定总成本}+\text{变动总成本})}{\text{客房销量}}\\&=\frac{\text{固定总成本}}{\text{客房销量}}+\text{单位变动成本}\end{aligned}\tag{2-4}$$

如果将税费考虑进来，则式(2-4)变为：

$$\text{客房价格}=\left(\frac{\text{固定总成本}}{\text{客房销量}}+\text{单位变动成本}\right)/(1-\text{综合税率})\tag{2-5}$$

具体可参考如下例子。

某酒店拥有客房 300 间，全年(365 天)固定总成本为 2 420 万元，单位客房的变动成本为 90 元/间天，平均出租率达到 60%时实现盈亏平衡，综合税率按 5%计算，则该酒店实现盈亏平衡的客房价格为：

$$客房价格=\frac{\frac{2\ 420\times10^4}{300\times60\%\times365}+90}{1-5\%}\approx482(元/间天)$$

盈亏平衡分析是酒店经营管理中一种重要的分析工具。然而，和成本加成法一样，采用该方法进行客房定价，具有明显的局限：如前所述，客房的单位固定成本不易确定。酒店客房的单位固定成本随着销量呈反向变化，在销量未定的情况下是无法确定客房的单位固定成本的。而客房销量与定价密切相关。换言之，在不同的价格水平下，实现酒店客房业务盈亏平衡的销量(或出租率)并不相同。可以说，盈亏平衡点(Break-Even Point，BEP)的价格与销量是互为因果的。从理论上讲，计算盈亏平衡时的价格是一个伪命题。在采用该方法计算客房保本价格时，往往也只能参照行业平均出租率或同地区同类型酒店的整体情况，对酒店盈亏平衡点的销量或出租率进行估算。

(三)酒店成本对客房定价的影响

尽管成本导向定价方法在酒店客房定价中存在明显的局限，而且，顾客对酒店的成本往往并不关心，他们所关心的是自己的感知价值，即自己能不能从这项交易中得到价值的增长。然而，作为酒店收益管理者，必须深刻理解酒店成本对于客房定价的重要影响。

第一，成本是酒店客房定价时必须要考虑的因素。因为只关注收入而不关心利润的收益管理者是不合格的，如大量的酒店或其他企业取得了看上去很不错的收入，但是利润表的数据却并不令人满意。产生这种情况的原因是多种多样的，其中一种可能的原因就是定价不合理。比如，以较低的价格取得了可观的销量和收入，但是由于利润率太低导致了糟糕的盈利状况。

第二，成本导向的定价方法给出的价格，可以作为参考，但也仅仅只是参考。如前所述，尽管成本导向的定价方法存在诸多缺陷，但有些情况下不得不依赖它们进行初步的价格核算。根据成本导向的定价方法核算出来的价格，可以作为客房定价的参考，但是不能作为唯一的参照。

第三，边际成本或单位变动成本，是酒店客房定价的关键因素之一，低于边际成本或单位变动成本的定价是不能接受的。如果客房售价低于单位变动成本，则销量越大，亏损越多。当酒店客房定价($P$)高于单位变动成本($C_v$)时，单位固定总成本($C_f$)不变，如图 2-2 所示，随着销量($Q$)的增加，酒店的亏损逐步减小(在横轴下方虚线区域，虚线的高度代表亏损的大小)；超过盈亏平衡点(Break-Even Point，BEP)之后，酒店开始盈利，并且盈利随着销量的增加而增长(在横轴上方的虚线区域，虚线的高度代表盈利的大小)。

## 二、竞争对客房定价的影响

(一)竞争与客房定价

在进行战略定价时，一个需要关注的问题是，酒店是否需要参与价格竞争。了解的相关

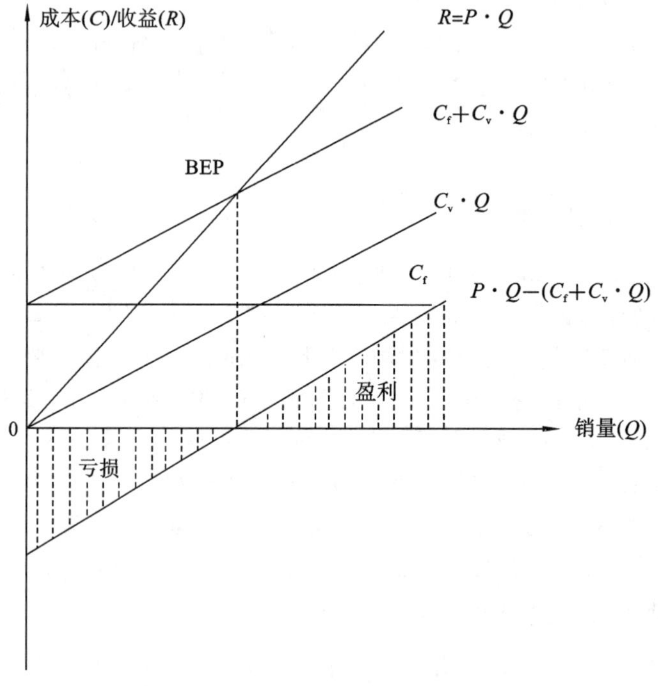


**图 2-2　盈亏平衡分析**



知识越多，收益管理团队越不可能建议酒店采取单一的价格竞争策略。因为任何对手都可能在其需要的任何时间（如情势所迫或为取得更大的市场份额时）将价格降到市场最低。因此，绝大多数酒店都应该使用更具持续性和经济合理性的工具来创造市场需求，而不是竭力成为市场上最低价格的酒店运营商（Forgaces 著，王立等译，2014）。

尽管价格在顾客的购买决策中发挥着重要作用，但它既不是唯一的，也未必是最重要的影响购买决策的因素。研究表明，对入住经济型或中档酒店的商务客人而言，价格是排在建筑类型、地理位置和设施之后的影响因素；对于选择经济型酒店的休闲客人而言，价格的重要性仅次于酒店设施，名列第二（Enz 和 Canina，2005）。与此同时，客人愿意额外支付房费的 10％以获得更好的安全保障；另有 38％的客人愿意额外支付 20％的费用以享受定制服务（Forgaces 著，王立等译，2014）。

（二）价格竞争的应对

如前所述，对于大部分酒店而言，应尽力避免陷入价格竞争。但是，当竞争对手发动降价时，本酒店是否要做出回应，的确是一个需要仔细考虑的问题。一般来说，酒店此时主要考虑两个因素：竞争对手的降价行动是否会威胁到本酒店的市场地位，以及本酒店做出回应应付出多大的成本。对于竞争对手的降价行动，本酒店如何回应，详见图 2-3[①]。

（三）降价的条件与风险

对于那些在产品和服务上独特性不够的酒店而言，很多时候，不得不通过降价来实现经

① 曾国军. 收益管理与定价战略[M]. 北京：中国旅游出版社，2018.

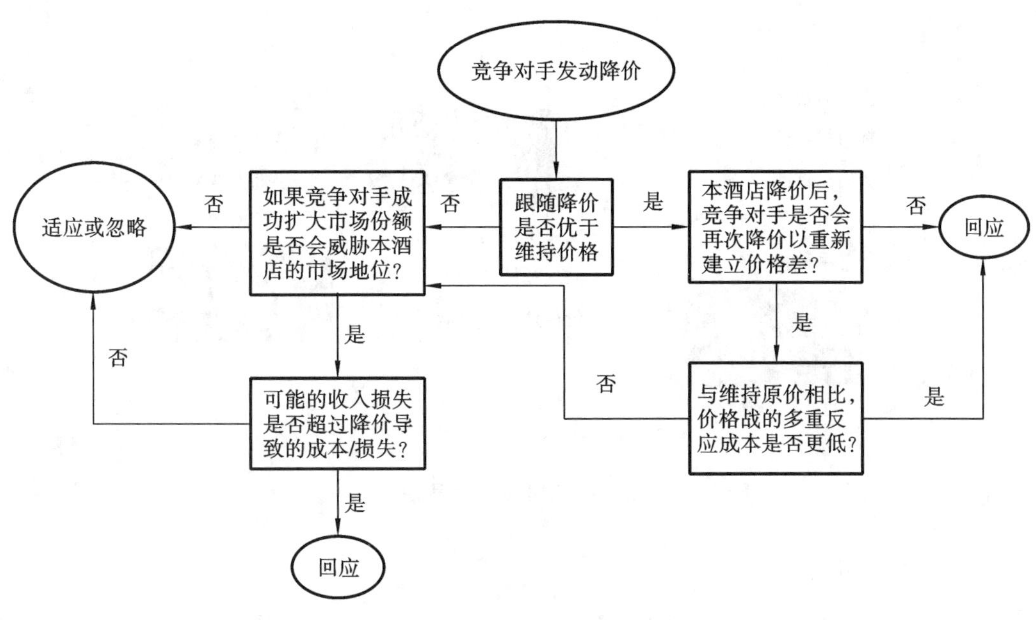


图 2-3　价格竞争的应对

营目标;还有一些酒店,试图通过价格调整来扩大市场份额或提升整体收益。无论出于何种目的,酒店主动发起价格竞争,至少应该满足下列条件之一(曾国军,2018):

(1)酒店已经拥有或者可以通过低价策略实现边际成本优势;

(2)价格的调整不会导致竞争对手做出反应;

(3)低价策略导致的收入损失,可以通过配套产品的利润获得补贴;

(4)价格竞争可以充分扩大市场容量,就算竞争对手跟随降价,全市场的利润仍然增加。

需要特别说明的是,即便符合上述条件,酒店经营者发动降价也须慎之又慎。因为发动降价可能使本酒店暴露在下列风险之中:

一是低质量误区(Low-Quality Trap)。顾客会认为本酒店的产品质量低于售价更高的竞争者的产品质量。

二是脆弱的市场占有率误区(Fragile-Market Trap)。低价的确提高了市场占有率,但是并没有提高顾客忠诚度,奔着低价而来的顾客随时可能转向另一个价格更低的竞争者。

三是浅钱袋误区(Shallow-Pockets Trap)。如果竞争者具有更加丰厚的资金储备,那么他们也可能跟随降价并比本酒店持续更长时间。如果他们采取这样的策略,本酒店将无法实现起初设立的降价目标。

## 第四节　定价的程序

从战略层面来说,酒店客房的定价可以分为三个步骤:初步定价、价格优化和动态定价(见图 2-4)。

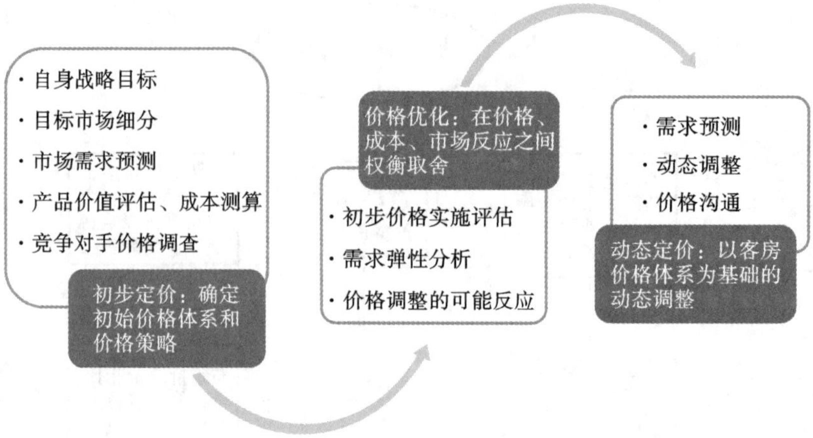

· 自身战略目标
· 目标市场细分
· 市场需求预测
· 产品价值评估、成本测算
· 竞争对手价格调查

初步定价：确定初始价格体系和价格策略

价格优化：在价格、成本、市场反应之间权衡取舍

· 初步价格实施评估
· 需求弹性分析
· 价格调整的可能反应

· 需求预测
· 动态调整
· 价格沟通

动态定价：以客房价格体系为基础的动态调整

**图 2-4　客房定价的程序**

## 一、初步定价

酒店在试营业阶段，就必须确定各类房型的门市价，以及针对不同细分市场的售价和价格政策。这一系列价格可称之为“初始价格体系”，确定初始价格体系的过程可称之为“初步定价”。酒店客房初步定价是一项复杂而重要的工作。在这个过程中，酒店必须明确自身的战略定位和预期目标。同时，要对目标市场进行细分、预测，对各类房型的成本、价值进行评估和核算，并对竞争对手的价格进行调查和比较。进而，综合考虑上述因素，确定本酒店各类房型的门市价(Rack Rates)、针对不同细分市场的售价以及不同条件下的价格调整策略。

在这个过程中，门市价的制定是一项基础而重要的工作。关于如何制定门市价，我们将在第五章进行具体介绍。

## 二、价格优化

为了使酒店能够取得更加满意的收益和利润，在酒店运营一段时间之后，需要对酒店的初始价格体系和价格策略进行评估和调整。通过顾客调查和意见收集、酒店内部经营数据的分析以及与竞争对手的比较等，可以对酒店初始价格和价格政策的合理性进行评估。以前期运营数据为基础，结合需求弹性分析，可以对客房价格体系进行调整。这个过程，可称之为“客房价格优化”。关于客房价格优化的具体内容，我们将在第五章学习。

## 三、动态定价

以客房价格体系为基础(包括初始价格体系和优化的价格体系)，设立阈值点，建立依据需求量开放、关闭价格等级的条件，对市场需求和竞争对手定价进行持续跟踪、监测，酒店就可以建立自己的动态定价日历，并依据市场的实时变化对动态定价日历进行必要的调整。同时，通过多途径、多渠道与市场保持价格沟通。

## 本章小结

1. 战略定价，就是运用数据和洞察力，有效地使要价与买方的价值感知相吻合。

2. 产品，是指市场上任何可以让人注意、获取、使用或能够满足某种消费需求和欲望的东西。无论是有形的物质产品，还是无形的服务，都可以划分为五个不同的层次：核心产品、形式产品、期望产品、延伸产品和潜在产品。构成酒店整体产品的五个层次既相互独立，又彼此关联。核心产品、形式产品、期望产品的质量，与顾客对酒店的满意度密切相关；而延伸产品、潜在产品的实现程度，则在很大程度上决定了酒店产品的吸引力，并影响着顾客的忠诚度。

3. 在收益管理理论中，价格被定义为“一项商业交换中买卖双方所放弃的价值的度量”。作为收益管理者，需要对价格的含义进行全面而深刻的洞察，同时由衷地接受消费者理性假说。

4. 在马克思主义政治经济学中，价值是凝结在商品中的无差别的人类劳动。而收益管理者更加关注买方的感知价值，那是顾客对企业提供的产品或服务价值大小的主观判断，是顾客对其感知利益与所付代价进行比较之后的评价。

5. 理性的消费者在任何一项商业交换中都追求价值的增长，当且仅当顾客的感知价值大于零时，一项商业交换才可能发生。因此，一项商品或服务定价的上限，不是企业因提供该项商品或服务而产生的成本，而是消费者从购买的商品或服务中得到的好处。这些好处，由产品质量和服务质量共同决定。

6. 感知价值不仅受到顾客感知利益的影响，还与顾客感知到的利失有关。在一项商业交换中，顾客的感知利失则由其付出的经济成本及为达成交易而产生的其他成本共同决定。

7. 酒店的成本包括营业成本和期间费用两部分。营业成本是酒店在业务经营过程中为顾客提供各项产品和服务时所发生的各种直接支出和耗费；期间费用，则是一定会计周期内发生的与生产经营活动没有直接关系或关系不密切的各项费用，包括营业费用、管理费用和财务费用。

8. 酒店企业采用的成本导向的定价方法主要包括成本加成法、千分之一法、盈亏平衡法等。应用这些方法进行客房定价，存在着明显的局限。采用这些方法计算得到的价格，可以作为参考，但也仅仅只是参考。

9. 在客房定价时，成本是必须考虑的因素，尤其是要注意到固定成本和变动成本的影响。客房价格的下限是由单位变动成本决定的。

10. 了解的相关知识越多，收益管理团队越不可能建议酒店采取单一的价格竞争策略。当竞争对手发动降价时，本酒店是否要做出回应，此时主要考虑两个因素：竞争对手的降价行动是否会威胁到本酒店的市场地位，以及本酒店做出回应应付出多大的成本。

11. 无论出于何种目的，酒店主动发起价格竞争，至少应该满足下列条件之一：(1)酒店企业已经拥有或者可以通过低价策略实现边际成本优势；(2)价格的调整不会导致竞争对手做出反应；(3)低价策略导致的收入损失，可以通过配套产品的利润获得补贴；(4)价格竞争可以充分扩大市场容量，就算竞争对手跟随降价，全市场的利润仍然增加。即便如此，酒店发动价格竞争可能使本酒店面临如下风险：低质量误区、脆弱的市场占有率误区、浅钱袋误区。

12. 从战略层面来说，酒店客房的定价可以分为三个步骤：初步定价、价格优化和动态定价。

## 核心术语

战略定价(Strategic Pricing)
产品(Product)
价格(Price)
价值(Value)
固定成本(Fixed Costs)
变动成本(Variable Costs)
混合成本(Mixed Costs)
直接成本(Direct Costs)
间接成本(Indirect Costs)
可控成本(Controllable Costs)
非可控成本(Non-controllable Costs)
联合成本(Joint Costs)
增量/边际成本(Incremental/Marginal Costs)
标准成本(Standard Costs)
机会成本(Opportunity Costs)
沉没成本(Sunk Costs)
盈亏平衡点(Break-Even Point,BEP)
低质量误区(Low-Quality Trap)
脆弱的市场占有率误区(Fragile-Market Trap)
浅钱袋误区(Shallow-Pockets Trap)
门市价(Rack Rates)

## 思考练习

1. 举例说明公式“感知价值=感知利益-感知利失”。

2. 成本对定价有何影响?

3. 成本导向的定价方法有哪些?有何局限?

4. 竞争对手降价,本酒店应该降价吗?

5. 哪些情况下,酒店才可以发动降价?

6. 发动降价,可能面临的风险有哪些?

7. 初步定价时应考虑哪些因素?

8. 某酒店有500间客房,客房全年固定成本为6 000万元,客房平均变动成本为60元/间天,综合税率为6%,本地酒店市场平均出租率60%。请以15%的加成率计算该酒店客房的平均售价。

9. 某酒店建设投资为2.7亿元,建有客房450间。请采用千分之一法估算该酒店客房的平均价格。

10. 某酒店有400间客房,全年固定成本2 400万元,客房单位变动成本60元/间天。本地区同类酒店实现盈亏平衡的平均出租率为55%。在不考虑纳税的情况下,请考虑下列问题:

(1)计算该酒店客房盈亏平衡点的价格;

(2)用图示的方式描述酒店盈亏平衡点和成本、收入及盈利情况;

(3)该酒店客房价格的下限是多少?

## 案例分析

### 案例2-1　市场低迷,可以不降价吗?

1981年下半年,经济萧条使物价大幅下降,但银行利率节节攀升,长期借款的利率甚至超过20%。也许是因为大部分航空公司的财务成本太高的缘故,机票的价格没有像大多数商品那样下降,反而在一年之中上涨了32%。在经济萧条和旅行成本上升的双重压力下,大部分公司的公务旅行活动不仅次数变少而且旅行时的餐饮、娱乐支出也在下降。这对整个酒店业而言,无疑是一次严峻的考验。

大部分酒店的做法是削减成本,如降低服务档次、裁员等,从而可以向顾客提供更低的价格。而四季酒店的总经理们得到的指令是:加强控制,绝不妥协。伊萨多·夏普对他们说:“我们的竞争者都在降低标准,而我们要提升标准,并且我们要坚持我们的定价不动摇。”在这位四季酒店的创始人看来,尽管奢侈消费在中层经理和主管人员中已经不再流行,但对于四季酒店的主要顾客——企业高级管理人员而言,可靠、省时的服务在任何时候都是一种必要而非奢侈。在经济萧条的背景下,公司领导者们面临的压力前所未有，因而他们在旅行中比以往更加需要一个舒适的环境来缓解疲劳、释放压力和提高工作效率。

四季酒店没有如大多数酒店那样裁减员工，以削减成本。夏普先生认为，裁员的确可以在短期内削减开支，但收益会因此减少得更多，并且将来需要花费更长的时间来恢复到以前的收益水平。因此，四季酒店的做法是：冻结高级管理人员的薪资，其他员工则可以选择弹性工作制（大部分员工都做出了这样的选择）——每周工作时间由5天减少到4天，这样酒店不需要为减少开支而裁员。员工们觉得公司的决定对所有人都很公平，在经济萧条的寒冬里企业里充满了温暖的团结友爱之情，大家都为一个共同的目标而努力着。

"我不清楚这次经济萧条会持续多久，也不知道它的影响力有多大，"夏普先生在《四季酒店：云端筑梦》(*Four Seasons: The Story of a Business Philosophy*)一书的第十六章"迂回挫折"中写道，"但我意识到旅游业的潜力巨大。"他认为，"旅游业的市场份额将再次攀升。这次经济萧条与其说是一次灾难，不如说是一个机会。"

正是秉持这样的信念，四季酒店在经济衰退时并没有采用降价策略，而是坚持定价不动摇，同时通过内部管理的创新来削减开支，并继续为顾客提供高质量的服务。其结果是，当大部分竞争者都出现了亏损时，四季酒店依然保持盈利。在之后的历次危机中（如1991年海湾战争、2001年"9·11"事件、2003年SARS危机等），四季酒店依然采用了同样的战略和类似的措施，每次都化险为夷，而且在危机之后总能迎来新的发展。



**资料来源** 伊萨多·夏普. 四季酒店：云端筑梦[M]. 赵何娟，译. 海口：南海出版公司，2011.

**问题**：请结合本章所学的知识分析，在危机事件导致的市场低迷期，为何四季酒店坚持不降价却比竞争对手有更好的收益表现。

### 案例 2-2 让我们找个中间立场？

"你说那会很有趣，但我还没发现它会怎样有趣。"达马里奥说。

"嗯，"索菲亚回应说，"这家度假村并不特别。在我工作的很多酒店中在那些掌握成本的经理和负责招徕顾客、使顾客满意的经理之间，总有不间断的冲突。"

"就像马克(Mark)和帕姆(Pam)。"达马里奥插话道。

"是的，就像马克和帕姆。那就是为什么气氛有点活跃的原因。我深信他们内心都有对度假村的极大兴趣，他们只是以各自的角度看待我们面临的挑战。"

巴赛纳度假村最近任命的收益经理达马里奥和度假村总经理索菲亚，正在扼要地复述新成立的战略定价和收益管理委员会第一次会议的内容。索菲亚主持了会议，并告知团队达马里奥在未来会领导团队的工作。

在刚结束的第一次会议中，财务总监马克和销售与市场总监帕姆之间的对话有时十分激烈。马克的主张是需要保持高价，如果酒店要能覆盖成本并给业主适当的利润回报。帕姆则倾向于利用价格为最大化收益的工具,即便那意味着需要降低价格以吸引更多的业务。

“看,”索菲亚继续说,“如果我们要在收益和利润方面做出明显改进,那么酒店的战略定价必须把成本和顾客两方面结合起来。马克、帕姆以及其他所有人必须团结起来。”

“你是说一个折中方案吗?”达马里奥问道。“不,绝不是一个折中方案。”索菲亚回答,“定价的折中方案将意味着我们不能从根本上认可我们的目标或我们提供给客人的价值。那只会导致大量的‘让我们找个中间立场’的定价决策。那是不能接受的。”

“但根据他们在会上所说的,我不能确定我们能找到一个中间立场。”达马里奥说,“我觉得冲突让其他每个人都有点不舒服。”

“现在那可能是真的,”索菲亚回应说,“但他们两人,也许还有别的人,将不得不抛开他们先入为主的观念并意识到时代已经变了。我们需要委员会的每个人理解并认可是什么驱动我们在当前的行业中取得利润。”

“那可能吗?”达马里奥问。

“当然可能。我对你完成此项工作有极大的信心。”索菲亚说。“顺便说一句,在会上感到不舒服将会是我们所有问题中最小的一个,如果我们不快速地向定价调转船头的话。”

“遵命,长官,”达马里奥答道,“照做。”

**资料来源**　David K, Allisha A. Revenue Management for the Hospitality Industry[M]. NYC:Wiley,2010.

**问题:**

(1)假定你是达马里奥,财务总监马克正在私下里与你讨论帕姆在会议上的建议,即由于市场竞争激烈,度假村应该降价以提升确保利润所需的收益。马克的反应可能是怎样的?你认同马克的意见吗?

(2)假如你是达马里奥,销售与市场总监帕姆正在私下里与你讨论马克在会议上的建议,即考虑到度假村面临的极大财务困难,需维持现有价格水平甚至应涨价,且帕姆的部门频繁提供的、标记为对客人免费的额外成本应被削去以保证度假村的盈利。帕姆可能的反应会是什么?你会认同帕姆的意见吗?

(3)假如案例度假村在运营480间客房和相关设施的同时,运营了3个餐厅、1个酒店。除了财务总监和销售与市场总监管理的部门外,度假村的其他哪些部门,你认为应列为达马里奥新成立的委员会的代表?请就每一个应被纳入的部门,说出你的理由。

(4)索菲亚深信“让我们找个中间立场”的定价策略对度假村是有害的。基于你对价格的了解,你认可索菲亚的评价吗?请说明理由。

# 第三章

## 酒店产品差别定价

### 学习目标

◆了解差别定价的含义；

◆理解单一价格策略的不足和差别定价策略的优势，理解差别定价策略的局限；

◆掌握差别定价策略实施的方法和技巧。

◆差别定价策略的优势；

◆差别定价策略的局限；

◆差别定价策略的实施。

通过前面的学习我们已经知道，对于同样的产品或服务不同的买家得到的感知利益并不相同。因此，酒店经营者应该摒弃单一价格策略(Single Price Strategy)，向不同的买家提供不同的价格，以实现酒店收益的最大化，这就是差别定价策略(Differential Pricing Strategy)。本章主要介绍差别定价的含义、优势、局限和酒店差别定价策略实施的方法和技巧。

## 第一节　差别定价的优势

所谓"差别定价"，就是对同一产品或同一产品的不同版本，向不同的顾客收取不同的费用。差别定价策略使得卖方所提供的价格更加贴近各细分市场的感知利益，能够更大化地将买方的消费者剩余转化为企业的收入，从而有助于企业实现收入和利润的最大化。

为了更好地说明差别定价相对于单一价格策略的优势，让我们来看如下的例子。

一家拥有 500 间客房的商务型酒店，在特定时间段内，客房价格($R$)与每日需求量之间的对应关系如表 3-1 所示，每间客房的单位运营成本为 150 元/间天(为了简化分析，忽略房间类型对销量和运营成本的影响)。

表 3-1　不同价格水平下的每日需求量

| 客房价格/(元/间天) | 需求量/间 |
|---|---|
| 900 | 100 |
| 600 | 200 |
| 450 | 300 |
| 320 | 400 |
| 200 | 500 |

作为酒店的收益经理,需要对两种定价策略进行评估:

(1)单一价格策略,$R=450$ 元/间天;

(2)差别定价策略,针对不同市场的价格从高到低分别为:$R_1=900$ 元/间天,$R_2=600$ 元/间天,$R_3=450$ 元/间天,$R_4=320$ 元/间天,$R_5=200$ 元/间天。

## 一、单一价格策略的不足

为了对这两种定价策略进行评估,分别计算两种定价策略下酒店的客房出租率、平均房价、房费收入、单房收益、运营利润和单房毛利(见表 3-2)。



表 3-2　两种定价策略的比较

| 收益指标 | 定价策略 | |
|---|---|---|
| | 单一价格策略 | 差别定价策略 |
| 客房出租率 | 60% | 100% |
| 平均房价/(元/间天) | 450 | 494 |
| 房费收入/元 | 135 000 | 247 000 |
| 单房收益/(元/间天) | 270 | 494 |
| 运营利润/元 | 90 000 | 172 000 |
| 单房毛利/(元/间天) | 180 | 344 |

由表 3-2 可知,从任何一项收益指标来看,单一价格策略都不及差别定价策略。如果调整单一价格策略的具体定价,如将客房价格调整为 900 元/间天或 200 元/间天,情况会不会有变化呢? 为了回答这个问题,不妨将单一价格策略下不同价格水平所对应的收益指标都计算出来(见表 3-3)。

表 3-3　单一价格策略下不同价格水平对应的收益情况

| 收益指标 | 客房价格(元/间天) | | | | |
|---|---|---|---|---|---|
| | 450 | 900 | 600 | 320 | 200 |
| 客房出租率 | 60% | 20% | 40% | 80% | 100% |
| 平均房价/(元/间天) | 450 | 900 | 600 | 320 | 200 |

续表

| 收益指标 | 客房价格(元/间天) | | | | |
|---|---|---|---|---|---|
| | 450 | 900 | 600 | 320 | 200 |
| 房费收入/元 | 135 000 | 90 000 | 120 000 | 128 000 | 100 000 |
| 单房收益/(元/间天) | 270 | 180 | 240 | 256 | 200 |
| 运营利润/元 | 90 000 | 75 000 | 90 000 | 68 000 | 25 000 |
| 单房毛利/(元/间天) | 180 | 150 | 180 | 136 | 50 |

由表 3-3 可知,采用单一价格策略,定价为 900 元/间天时,实现了最高的平均房价,但客房出租率仅有 20%;定价 200 元/间天时,客房出租率达到最大,但平均房价、单房收益和单房毛利均降到最低。在所有 5 种客房价格中,450 元/间天、600 元/间天的客房定价都实现了最大运营利润和单房毛利。然而,它们都低于差别定价策略下的利润水平。

之所以如此,就在于单一价格策略存在自身的固有缺陷:较高的价格水平(如 900 元/间天)可以帮助卖家从每一份销售中取得更高的利润,但是高价往往意味着更低的需求量,因而总体利润水平有限。较低的价格水平(如 200 元/间天)可以帮助卖家实现更大规模的销售,但是更大规模的销售同时也意味着更高的运营成本,因而每一份销售所带来的利润增长非常有限(当客房定价低于平均运营成本时,增加的销售带来的不是利润增长而是扩大的亏损),因而总体利润水平往往也不高。中等价格水平(如 450 元/间天)相对于高价或低价往往能够取得相对更高的收入和利润,但是那依然意味着它放弃了那些愿意出价更高的市场原本可以贡献的更大利润的一部分,同时,还把一些出价较低的顾客拒之门外。



换言之,在单一价格策略下,极高或极低的价格其实并不可取。经过反复的权衡比较,收益管理者往往会选择一个"适中"的价格。但是,无论怎么权衡取舍,这个"适中"的价格也必然意味着要放弃部分低价市场,同时,也必然要放弃高价市场的部分利润。这就是单一价格策略的固有缺陷。为了弥补这种缺陷,就需要借助差别定价策略。

## 二、差别定价策略的优势

差别定价策略的优势就在于,它基于对不同细分市场客户感知利益或感知价值的充分理解,进而推出契合各细分市场的定价,尽可能多地把各细分市场的消费者剩余(Consumer Surplus)转化为企业的收入和利润。

在图 3-1 中,酒店采取单一价格策略所获取的消费者剩余为图形 A 所对应的面积。在图 3-2 中,酒店由于采用了差别定价策略,取得的消费者剩余由 A 扩大到 A+B+C。显然,B+C 就是酒店定价策略调整带来的收益提升。

具体地,在单一价格策略下,原本愿意支付 900 元/间天的 100 名顾客和原本愿意支付 600 元/间天的 100 名顾客,因为只需按 450 元/间天的统一定价支付而不必支付更高的价格,导致酒店损失掉了一部分消费者剩余。这部分被损失掉的消费者剩余,即为图形 B 的面积。同时,在单一价格策略下,原本愿意支付 300 元/间天的 100 名顾客和原本愿意支付 200 元/间天的 100 名顾客,被 450 元/间天的定价挡在了门外,酒店因此而损失掉的消费者剩余为图形 C 的面积。如果将单一价格策略调整为差别定价策略,则图形 B 和图形 C 所对应的

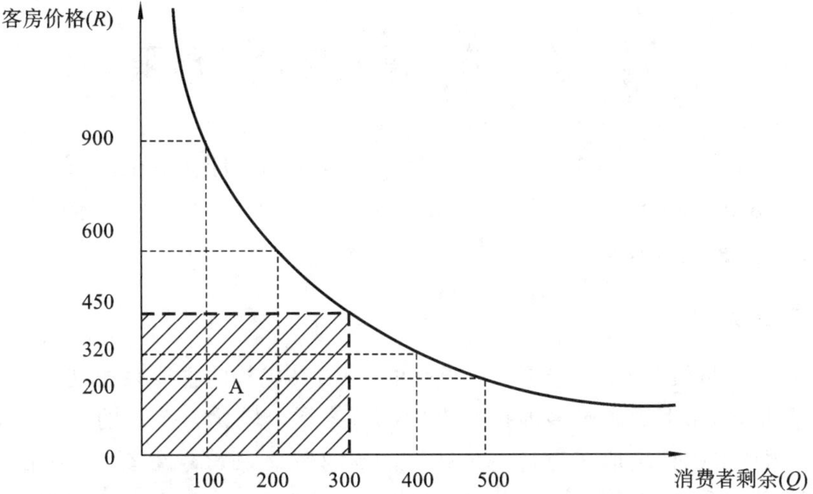


图 3-1　单一价格水平下的消费者剩余（$R=450$ 元/间天）

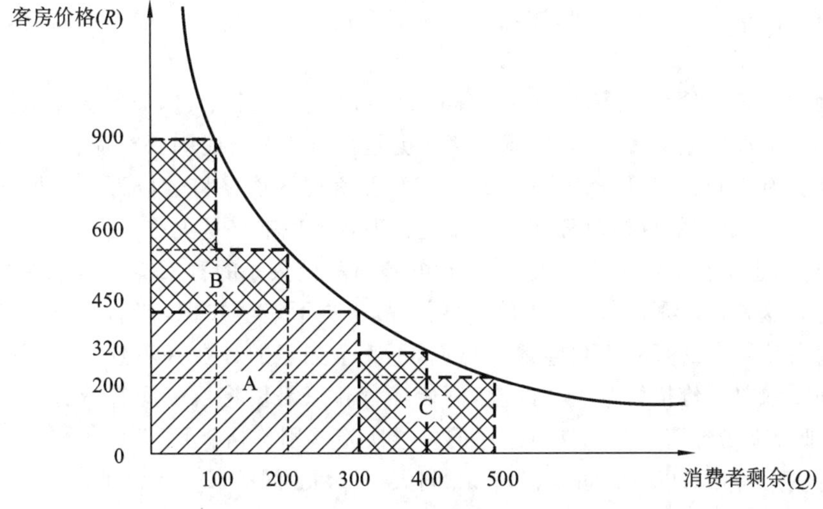


图 3-2　差别定价策略下的消费者剩余（$R=450$ 元/间天）



消费者剩余将转化为酒店的收入。其中，图形 B 对应销量的运营成本已经被包含在图形 A 之中，故图形 B 所对应的收入将全部转化为酒店的运营利润。而图形 C 所对应的收入扣除运营成本之后的余额也将成为酒店运营利润的一部分。

总之，采用差别定价策略，用多样化的价格替代统一的价格，能够把单一价格策略下高价市场损失掉的消费者剩余转化为酒店的利润，同时把原本被拒绝的低价市场需求转化为酒店的收入，从而实现酒店收入和利润的优化。这就是差别定价策略的优势。

尽管差别定价策略具有如此之大的优势，但它实施起来并不容易，因为差别定价策略本身也具有一定的局限性。

## 第二节　差别定价的局限

在酒店业实施差别定价策略，主要的局限包括：不完全知识(Imperfect Knowledge)、自身蚕食(Cannibalization)、套利行为(Arbitrage)的存在和可能引起的法律道德问题(Questions of Legality Ethics)。

### 一、不完全知识

相对于单一价格策略，差别定价拥有显著的优势，其优势的主要来源在于更加契合于买方支付意愿的报价，帮助酒店更多地把买方的消费者剩余转化为企业的收入和利润。从理论上讲，如果酒店能够精确地知道每一位顾客的支付意愿，那么，在图3-2中由纵轴、横轴、图形C右侧边缘竖线和需求曲线所围合的形状中就不会有空白部分——它将被代表消费者剩余的阴影完全填满。在这种情况下，酒店经营者可以自豪地宣称：我们实现了酒店客房收入和利润的最大化。而现实的情况是，没有任何一位酒店经营者或收益管理者可以信心十足地作出这样的宣告。这是因为，按照每一位买家的真实支付意愿报价在酒店业不具有现实可行性。

一方面，"一客一价"意味着同一项产品对应着成百上千个价格，而绝大多数酒店并不只有一项产品——客房类型多种多样，餐厅菜肴更是花样繁多。而同一产品在不同的季节、不同的时段也会有不同的报价。这样一来，酒店需要管理的价格将数以万计。即便有计算机系统的帮助，如此之多的价格对任何一位收益管理者来说都将是灾难。



另一方面，也是我们需要强调的，精确地知道每一位买家的真实支付意愿在技术上也不具有可行性。这就是差别定价面临的第一项挑战——不完全知识，即酒店经营者不可能精确地知道每一位买家的真实支付意愿。然而，不完全知识的存在并不意味着酒店应该放弃差别定价而采取单一价格策略。实际上，酒店经营者只需要将目标顾客划分为若干细分市场，按照各细分市场感知利益和支付意愿的差异实施差别价格就可以了。在表3-1中，仅仅增加了4种客房价格(900元/间天、600元/间天、320元/间天、200元/间天)，图3-2中的阴影面积就已经显著地增加了。而且，增加的图形B所对应的收入，将全部转化为企业的运营利润。由表3-2可知，这项策略使酒店的运营利润由90 000元增长至172 000元，单房毛利由180元/间天上升为344元/间天，增长率高达91.11%。

因此，虽然由于不完全知识的存在，酒店无法精确地知道每一位买家的真实支付意愿，不可能按照"一客一价"的策略去最大化地捕获消费者剩余，但是，针对不同细分市场推出不同的价格，能够显著地提升酒店的收入和利润。

### 二、自身蚕食

自身蚕食是收益管理专家Hayes和Miller提出的概念，它是指因高支付意愿买家隐藏真实的支付意愿，从而以低于真实支付意愿的价格订购客房，导致酒店原本可以捕获的消费者剩余遭到蚕食。这种行为也可以称之为"价格伪装"。

蚕食行为一方面发生在一些专业买家身上。一些专业买家，如专业的会议公司、大公司的活动组织者等，他们长期从事客房及相关产品的采购，拥有丰富的经验和老到的谈判技巧，十分善于隐藏自身的真实支付意愿。

另一方面，蚕食行为也可能发生在普通消费者身上。一些前厅经理或前台接待人员常常遇到一些虚报年龄以取得老年折扣的顾客，抑或是谎报身份以享受会员或团体折扣的买家。当他们的真实身份被识别时，他们往往是能够接受酒店的报价的。而他们之所以隐藏自身的支付意愿，只不过是出于趋利的本能。

为了减少价格伪装对酒店利益的蚕食，酒店收益管理者必须进行合理的市场细分，并设置有效的价格围栏（Rate Fence），防止高价市场的买家伪装成低价买家造成收入和利润流失。

## 三、套利行为

所谓“套利行为”，是指一些买家从酒店低价采购客房，然后以较高的价格转卖给另一个细分市场的顾客，以赚取差价、套取利益的行为。套利行为的一个典型例子是，曾经某一段时间，纽约的一些酒店在销量锐减的情况下把大量的客房库存以极低的价格出售给网络分销商，这些分销商又以一个调高了的但依然很低的价格转卖这些客房，结果导致酒店需要与这些网络分销商争夺完全一样的目标市场。在这种情况下，酒店的需求量并没有因为更低的报价而增加，而原本属于酒店的一部分消费者剩余被转移到了套利者那里。

套利者从酒店低价采购客房，加价后卖给愿意支付更高价格的买家——那原本是酒店实施差别价格的另一个市场。因此，套利行为的存在极大地削弱了差别定价的优势，酒店的收益管理者必须采取有效措施，尽可能地减少套利行为，以捍卫酒店的利益。



## 四、法律道德问题

差别定价面临的首要法律道德问题，是关于“公平性”的质疑——企业何以能够对本质上相同的产品或服务向不同的买家收取不同的费用呢？试想一下，如果你是第一节例子中以600元/间天甚至900元/间天的价格入住酒店的顾客，无意中发现别的顾客支付的价格是450元/间天、320元/间天，甚至200元/间天的时候，你会不会觉得不公平呢？

如果你给出了肯定的答案，不要觉得不好意思，因为大多数人和你的感受是一样的。但是，如果你了解到支付450元/间天的顾客是提前2周预订的，支付320元/间天的是一个会议团队，而支付200元/间天的是享受批量折扣的机组人员，而你是提前一天通过网络预订或是入住当日在前台直接订房入住的顾客，之前产生的那种“被宰”或者说“不公平”的感觉是否有所缓解呢？

大概率地，你还是会给出肯定的答案。之所以如此，是因为你看到了那些支付更低价格的顾客享受低价的合理性或正当理由。而这种合理性或正当理由，正是酒店在向不同群体提供不同价格时，也应一并提供的。如果酒店不能对差别价格给出合理的解释，就必然会遭受公平性方面的质疑。

降低乃至消除差别定价公平性质疑的对策，是为差别价格的实施设置合适的“价格围栏”。借助价格围栏，酒店可以把支付意愿不同的顾客群体加以区分，同时为针对不同群体

的差别价格提供合理的解释。价格围栏可能与时间因素、地理位置、订购数量、支付条件等相关，也可能与产品版本、顾客特征等相关。

在上面的例子中，会议团队可以享受320元/间天的价格，可以认为是与顾客特征相关的价格围栏在起作用。常见的与顾客特征相关的价格围栏，还有针对老年人的特惠价。在酒店客房的销售中，很少有人会认为向老年人提供折扣是不公平的。但是，如果基于顾客的种族、民族或宗教背景等特征进行差别定价，则不仅会被认为是不道德的，而且有可能触犯了法律，需要承担相应的法律后果。

由此可见，为了充分地发挥差别定价策略的优势，收益管理者需要对目标群体进行有效的市场细分，设置合理的价格围栏，克服不完全知识、蚕食行为及套利行为的局限，同时避免因实施差别定价策略而给酒店招致法律道德上的质疑。

## 第三节　差别定价的实施

如前所述，以有效的市场细分为基础，设置合理的价格围栏，才能充分地发挥差别定价策略在酒店客房收益优化中的优势。一般来说，酒店业常用的价格围栏或者说差别价格的制定依据主要包括八大类：顾客特征（Customer Characteristics）、地理位置（Location）、时间因素（Time）、订购数量（Order Quantity）、分销渠道（Distribution Channel）、产品版本（Product Versioning）、打包产品（Packaged Product）和支付条件（Payment Terms），如图3-3所示。



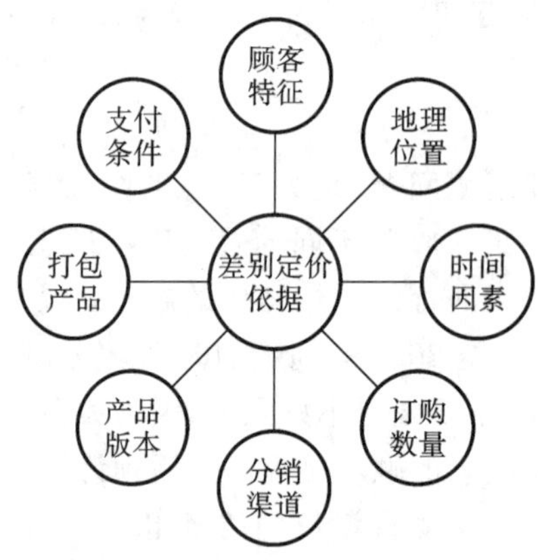


图3-3　差别价格制定依据

### 一、顾客特征

在单一价格策略下，酒店假定所有的顾客都是一样的人——那看起来很公平，但实际上并非如此。一些高价值的顾客，他们在订购客房的同时可能还在餐厅用餐、在康乐中心做SPA，有些顾客每次到本地出差或度假都会选择入住本酒店，这些顾客并不希望自己被酒店当作和其他顾客一样的人。事实上，他们也不应该被当作普通顾客对待。还有一些顾客，不管酒店开价如何，他们总是乐于寻求更低的价格。他们不会成为酒店的忠实顾客，只要下次酒店无法提供同样低价的产品给他们，他们就会转向其他能提供低价的酒店。因此，酒店收益管理者必须将那些高价值的顾客识别出来，并采取有效措施尽可能地让他们成为酒店的忠实顾客。与此同时，很多情况下酒店也不得不向那些偏爱低价的顾客提供产品，尤其是在竞争激烈而需求疲弱的市场。当酒店向部分市场提供低价产品的时候，必须给那些支付高价的顾客以合理的解释，尤其是依据顾客特征实施差别定价。在酒店业，常见的依据顾客特征进行差别定价的行为主要有：针对老年人的优惠价；针对学生的优惠价；针对特定组织成员的优惠价；提供给酒店会员的折扣价；提供给团体客人的折扣价；提供给特殊优待顾客（如退役或现役军人）的优惠价；提供给折扣券持有人的优惠价。

尽管依据顾客特征实施差别定价是一种被广泛使用的策略，但该策略的成功，需要满足以下一些特定的条件。

一是存在准确地将顾客相区分的方法。通常，身份证、工作证、会员证、职业资格证等，都是简便易行的区分手段。在前面所列举的具体做法中，除团体客人外，都可以通过查验证件或凭证对客人身份进行识别和区分。

二是酒店的产品和服务不能轻易在不同买家之间进行转卖。否则，则不可避免地滋生套利行为。而限制转卖的常见手段是实名购买和限制购买数量。在当下中国，根据相关法律法规，入住酒店必须进行实名登记，而预订客房暂未实行实名制。但是，顾客为享受某些优惠政策需要出示证件以表明自身符合优惠条件时，则在事实上执行了预订环节的实名制。而限制优惠价的购买数量，可以通过库存管理来实现。有关客房库存管理的内容，我们将在第五章中学习。



三是所采用的特征是合理的、能为买方所接受的。在前面所列举的、酒店业的常见做法中，针对老年人、学生、退役及现役军人等的优惠价，拥有广泛的认可度。中国拥有浓厚的尊老、拥军氛围，给老年人、军人群体以优待，会得到社会的支持。学生由于没有收入，支付能力有限，给予他们优惠，也能得到大众的认可。而给予会员、特定组织成员的折扣，是基于协议而产生的，从某种程度上说已经形成了商业惯例，几乎不会引起其他顾客的不满。有可能引起他人不满的是折扣券的使用，因此，如何在利用折扣券提升酒店经营绩效的同时尽可能避免引起负面效果，是酒店营销团队和收益管理人员需要共同考虑的问题。

## 二、地理位置

基于地理位置差异进行的差别定价通常从两个方面入手：卖方地理位置的差异和买方地理位置的不同。相同品牌、相同规格的罐装饮料，在机场、风景名胜区内的售价往往高于其在社区商店或超市中的价格；而某一质量等级的客房，在一、二线城市的售价也往往高于三、四线城市相同等级客房的价格。当然，后者的价格差别，可以当作是基于地理位置的差别定价，也可以被认为是产品本身的差异引起的，因为就酒店产品而言，地理位置本身就是质量的一部分。因此，基于地理位置差异的客房产品差别定价，主要从第二个方面——买方地理位置的差异来考察。

以酒店顾客地理位置差异来进行差别定价的典型例子是滑雪度假村的季票（Hayes 和 Miller，2010）。这种季票一次性支付费用，不限次数使用。与购买日票的成本相比，季票非常省钱。通常情况下，每年夏末到滑雪季开始之前售票，要求使用者当面购买，一人限购一张，限本人使用。显然，季票的目标顾客是本地居民，而且，这一针对本地居民的差别价格策略设计得十分巧妙，至少有三大好处。

第一，滑雪季到来之前当面购买的限制，使得季票的买家几乎只可能是本地人。对于外地人来说，购票本身所需的交通成本、时间成本太高了。本地人不仅拥有购买季票的地利之便，而且他们本身也不大可能在旺季支付全价来购买滑雪产品。因此，这一购票政策不需要以明示的方式限制买家的身份，就排除了外地客人购买季票的可能性。

第二，持有季票的本地买家会倾向于避开滑雪高峰时段，在淡季使用不限次数的滑雪机会。作为本地人，他们能够容易地观察到滑雪场的平旺变化，从容地选择在淡季进入滑雪场。这样一来，宝贵的旺季容量留给了愿意支付全价的外地客人，使得滑雪场有机会在旺季取得更高的收入和利润。

第三，由于季票是不限次数使用的，季票的持有人总是倾向于在淡季多次使用它。虽然这并不能给滑雪度假村带来额外的门票或住宿收入，但是这些本地客人的到来，还是会使滑雪度假村增加一些收入——可能来自食品、饮料的消费，或是滑雪装备的租赁、购买，或是滑雪教练费用等。这样一来，这些原本被全价排除在外的本地客人，通过高频消费为滑雪度假村贡献了一笔额外的收入。

综上，这一定价策略，将不愿意支付全价的本地买家和外地客人区分开来，并且将旺季容量尽可能多地分配给愿意支付全价的外地买家，而本地客人因为在淡季的高频消费也为滑雪度假村贡献了可观的收益。



类似地，一些城市的商务型酒店在周末推出钟点房、周末特价等，在很大程度上也是为了吸引本地客人，以增加低需求时段的收益。

## 三、时间因素

通过时间围栏来设置差别价格，是包括酒店业在内的服务行业最常见的差别定价方法。在第一章中，我们已经了解到，借助“二分策略”，美国航空公司反败为胜，成功地击退了一度占据上风的竞争者人民捷运的进攻。在“二分策略”中，将支付全价机票的商务客人与支付折扣票价的休闲度假客人相区分的，正是时间因素——享受折扣价的条件是提前 2 周以上预订，并且在目的地度过周六的晚上。此外，在航空业，为大多数人所偏爱的时段（午后或傍晚）的航班通常定价较高，而早上 7:00 以前起飞的或晚上 12:00 以后到达的航班往往给予较大的折扣。类似地，电影院的午场价往往提供高额折扣，知名连锁餐厅海底捞给予下午 3:00—5:00、晚上 7:00—9:00 用餐的客人以一定的折扣，美容美发厅、养生馆等往往在一周中的需求低谷日开展特惠日活动……

在酒店业，通过时间围栏来进行差别定价就更普遍了。酒店业因时间差异的差别定价可以分为两大类：一类是基于预订或购买时间的差异而进行的；另一类是因消费或住宿时间的差异进行的。由于基于时间差异实施差别价格在酒店业如此普遍而重要，往往被作为一种与差别定价并行的价格策略来对待，这便是动态定价。关于动态定价，我们将在第五章中进行更加深入的学习。

## 四、订购数量

按照采购数量的差异进行差别定价(通常体现为数量折扣),是最易于为买家所接受的差别定价方式。数量折扣的形式多种多样:给予增加的购买以折扣(如"第二件半价")、一次性采购的数量达到一定规模给予相应的折扣(如"2 件九折""3 件八折""5 件七折")、特定时段的采购量达到一定规模给予相应的折扣(如按照年订房总量所达到的规模等级分别享受相应的折扣)等,都是常见的数量折扣形式。

从卖方的角度看,实行数量折扣至少有三大好处(Hayes 和 Miller,2010)。

第一,可以给大量采购的买家以回馈,保证酒店大客户群体的稳定性。对于酒店企业而言,大客户是客房销量和企业收入的"基本盘",维护大客户群体的稳定性,是酒店客房销量和企业经营业绩的基本保证。

第二,可以激励顾客更多地购买。数量折扣的实施,降低了单位产品的价格,"买得越多越划算"的心理促使买家更多地采购产品。从卖方的角度看,尽管单位产品的售价降低了,但只要售价高于单位变动成本,卖方总是能从增加的销售中受益。

第三,可以降低单位产品的销售和服务成本。一个显而易见的道理是,单个客户的销售和服务成本不会随着采购数量的上升而成比例地增加,这使得大批量采购的顾客的单位成本要比小额采购的买家更低。因此,大客户越多,平均销售和服务成本就越低。

尽管实施数量折扣具有如此明显的好处,但是,酒店经营者在设计和使用数量折扣时必须慎之又慎。如果数量折扣使用不当,不仅不能提高企业的收入和利润,反而有可能使企业蒙受损失。因此,酒店经营者在设计和使用数量折扣时,必须格外注意以下事项。

一是适当控制提供给批量采购买家的产品总量,确保酒店有足够的库存提供给高价值的市场。尽管大客户是酒店销量和收入的基本保障,其单位销售和服务成本也低于小额买家,但是由于他们享受的是折扣价格,酒店从单位产品销售中实现的利润相对有限。因此,酒店的收益管理者必须知晓:保有一定数量的批量买家,有助于弥补酒店的固定成本,但过于庞大的大客户群体则未必有益于酒店收入和利润的增长。为愿意支付更高价格的市场保留足够的库存,并尽可能地将这部分库存变现,从某种程度上说,才是提升酒店客房收入和利润的关键。

二是科学核定单位产品的变动成本或运营成本,确保每一份新增的销售都是有利可图的。回顾我们在第二章中学过的知识,客房价格的下限是其单位变动成本:只有当客房价格高于单位变动成本或平均变动成本时,新增的销售在经济上才是可行的。一般而言,客房产品的售价应高于平均运营成本(Average Operating Cost,这是一个与平均变动成本相近的概念,但其范围较平均变动成本更大一些),否则,新增的销售不仅不能获利,甚至不能弥补酒店运营支出,使酒店蒙受损失。因此,酒店的收益管理者和销售团队,必须十分熟悉酒店的各类成本的构成情况和变化规律,进而科学核定客房及相关产品的平均变动成本/平均运营成本,确保酒店与大客户达成的每一项交易在经济上具有合理性。

三是合理设计数量折扣策略,避免策略失误使酒店蒙受损失。数量折扣策略失误的一个典型例子是向顾客免费开放、只对饮料收费的喜剧俱乐部(Hayes 和 Miller,2010)。喜剧俱乐部免费入场,然后将娱乐成本包括在所售的饮料中。显然,俱乐部的酒水饮料售价不仅

高于社区商店或超市，也高于同类的、收取入场费的娱乐场所。由于不收取入场费，它的确能吸引大量观众的到来。但是，大量购买酒水饮料的买家会越来越少。因为这些买家发现，自己买得越多就越不划算。在他们看来，超出平均购买量的支出，是对那些少买或不买酒水饮料的顾客的补贴。正是由于有大量采购买家的补贴，这些少买或不买酒水饮料的顾客才能以极低的成本甚或是免费地享受俱乐部的娱乐服务。久而久之，高价值的大量采购买家就会流向其他俱乐部，而免费开放的俱乐部最后只剩下那些少买或不买酒水饮料的顾客。

数量折扣策略的失误，也容易发生在与一些精明的批量采购买家讨价还价的过程中。如若不信，可以看看本章“思考练习”的第 12 题。面对刘先生这样的买家，酒店经营者必须保持敏锐的洞察力，同时采用科学的方法进行精确的核算，否则，与买家达成的批量折扣协议就有可能使酒店潜在利益遭受损失。

## 五、分销渠道

基于分销渠道的不同实施差别价格，是酒店产品差别定价的又一重要途径。酒店的销售渠道分为直接渠道和间接渠道两大类。常见的直接渠道包括酒店销售部，酒店官方网站、官方微博、官方微信及订房小程序，电话、传真、电子邮件预订以及酒店前台直订等。酒店的间接渠道则主要有传统旅行社、在线代理商、第三方网站、会议公司等。

基于分销渠道差异实施差别价格的理论基础在于一些客户对特定渠道有着特殊的偏爱。换言之，客户偏爱某一渠道，是因为该渠道能带给他(她)额外的价值。例如，同为在线代理商，携程和美团旅行分别得到不同客户的偏爱。大体而言，成立于 1999 年的携程，拥有更多的优质客户——他们年龄稍长，拥有较高的经济收入和社会地位。而创办于 2010 年的美团旅行，则拥有更多的年轻客户——他们初入职场，或为在校大学生，相对有限的收入使得他们对价格更为敏感，更有可能偏爱经济型酒店，美团所签约的庞大的经济型酒店供应商群体，为他们提供了丰富的选择。尽管一些携程用户有可能在“高性价比”的诱惑下转向美团旅行，但是，仍然有一大批携程用户对美团旅行及其他在线代理商视而不见，坚定地继续在携程上预订客房，那并不是因为携程提供的价格比其他 OTA 便宜，而有可能只是因为想省去新账户注册、管理的麻烦，或者仅仅只是因为“习惯”——美团旅行诞生的时候，携程的首批客人已经拥有 10 余年的携程订房经历了。这种“习惯”也好，省去新账号注册、管理的麻烦也罢，对于这些携程的忠实用户而言，就是携程带给他们的价值的一部分。

渠道带给酒店顾客价值的另一个典型例子是，一对准备在酒店度过结婚二十周年纪念日的夫妇，放弃了便捷的网络或电话预订途径，坚持开车到几家知名的本地酒店挨个询价、查看客房及其特色，然后，从中选择一家在前台进行预订。显然，前台直订并不能给这对夫妇带来时间或经济上的节省，但对他们有着重要的价值——这使得他们有机会确认产品的质量和特色，有更大的可能性度过一个圆满的结婚二十周年纪念日。

基于渠道的差别定价和渠道管理，是酒店收益管理的重要组成部分，涉及的内容也比较多，因此，我们将在第六章对这部分内容进行更加全面、深入的学习。

## 六、产品版本

基于产品版本的差别定价，是指通过改变产品或服务的形式进而提供差别价格的实践活动。将产品版本作为价格围栏进行差别定价，是很多行业的通行做法。例如，加油站针对不同型号的汽油收取不同的价格——不同型号的汽油成本差异极小，而售价差异是成本差异的数倍甚至更多。之所以如此，是因为开高级车的顾客，即高版本汽油的买家，对汽油价格更不敏感。在酒店业，基于产品版本的差别定价更为普遍。面积大小相同、房间布局及设施质量一致的“高级大床房”和“标准大床房”向客人收取不同的价格，而将这两种客房相区分的也许是楼层，也许是朝向，也许是由于它们处于同一楼层同一侧的不同位置。显然，楼层、朝向、位置的不同，并不会引起建筑成本或设施成本的变动，但是，会带给顾客感知利益上的变化，因而也就有了差别定价的基础。

因此，基于产品版本差异对酒店产品进行差别定价的第一个好处是，定义或推出不同的产品版本，只需付出极小的成本代价，却能通过高版本产品的价格提升为酒店带来额外收益。例如，酒店根据朝向的不同，将套房划分为标准套房（南北向）、日出套房（东向）、日落套房（西向），或者根据窗外景观的不同，将客房划分为海景房、山景房、江景房、庭院景观房等，都可以起到这样的作用。

基于产品版本差别定价的第二个好处是，给顾客以更多的选择。就绝大多数开好车的顾客而言，任何时候都必须加 98 号汽油，无论 95 号、92 号汽油便宜多少都不在考虑之列。对他们而言，开最好的车，就应该加最好的油。而对于另一些顾客而言，95 号或 92 号汽油就已经足够好了，没有必要进行额外的支付来为一台低档或中档汽车加满高辛烷值的汽油（汽油辛烷值越高，抗爆性越好、品质越高）。试想，如果加油站或者说炼油厂对汽油产品不加以区分，只提供一种版本的汽油，有可能导致的结果是：要么开豪华汽车的顾客加不到满意的汽油，要么开中、低档车的顾客因为缺乏低版本汽油供应而不得不增加额外的支付，要么前两种现象同时存在。类似地，在酒店业，如果不对房间版本加以区分，一名钟情落日余晖的顾客可能入住东向的客房，偏爱庭院景观的顾客可能因入住城景房不得不面对窗外的人流、车流，而需要更高性价比的青年学生再也享受不到“标准客房”或“特价房”带给他们的便利了。

此外，基于产品版本的差别定价，为酒店零成本或低成本地回馈忠实顾客提供了一种途径。很多酒店提供给会员客户的一项福利便是“免费的客房升级”，即在酒店库存允许的情况下，为会员客户免费升级到更高版本的房型。提供这项福利，不会使酒店额外增加多少成本，但是会明显地提升顾客的感知利益，从而巩固这些优质客户的忠诚度。这一措施的另外一个好处是，一些会员客户因免费升级政策尝试了更高版本客房的好处后，在下次订购客房时，会主动订购更高级别的客房，从而为酒店贡献更多的房费收入。

简而言之，产品版本差别定价能带给酒店诸多好处。而该策略能够取得成功的一个前提条件是，不同版本的产品或服务的质量差异能为买家所识别。在酒店业，常见的进行产品版本差异化的方法有以下几种。

第一，增加特征。例如，能观赏湖景、江景、山景或海景的客房，相对于标准客房而言，都具备一些增加的特征；带阳台的房间、视野更加开阔的高楼层房间等，也都包括了一些其他房间不具备的特征；而行政楼层的客房，除了楼层位置本身的差别外，还包括了别的楼层的客房不能享受的服务。

第二，减少特征。当酒店需要采取降价策略的时候，为避免使原有的顾客感到不公平，需要减少现有产品的部分特征，使新的产品版本与新的报价相匹配。例如，当一对预算有限而又强烈希望在某家高档酒店举办婚礼的新人提出一个低于酒店婚礼套餐正常价格的报价时，酒店可通过减少部分项目使套餐内容与客户的报价相匹配。这样，酒店在成人之美的同时，又不至于使那些以全价预订婚礼套餐的客人觉得不公平。

需要注意的是，无论采用哪种方式来进行产品版本的差异化，酒店都应向客人提供包含多项选择的菜单，让客人自己来定义"好""更好"和"最好"。这不仅增加了客人买到称心产品的机会，而且能有效地提升酒店的收入和利润。而作为收益管理者，无须担心当酒店提供多个产品版本时，只有价格最低的产品会被客人选择。只要酒店提供的不同版本的产品之间具有明显的差别，这种担心就是多余的。因为一项交易发生的前提是，交易双方都从中获得价值的增长。站在买方的角度，促使他们做出购买决策的，不只是低价，而是产品带给自身的感知利益超过自己将付的价格。

### 七、打包产品

当顾客一次购买多项产品或服务时，酒店以低于各单项产品价格之和的打包价格出售时，顾客可以节省开支，而酒店因为售出了更多的产品和服务也取得了更高的收益。在餐饮业，"可乐＋鸡翅＋汉堡(或薯条)""油条＋豆浆＋鸡蛋"的组合价格往往低于三项产品之和。在酒店业，"客房＋景区门票/温泉票""客房＋接送机服务"往往也能为客人节省部分花费。打包的另一个好处是，它有助于客人节省购买决策的时间——那实际上也节约了酒店销售时间。



提供打包产品时，酒店需要注意的是，应该清楚地说明套餐所包含的项目和与此相关的限制。

### 八、支付条件

支付条件作为差别定价的依据，其价格围栏主要从两个方面考虑：一是"如何付"，二是"何时付"。前者与支付方式有关，后者与支付时间有关。就支付方式而言，酒店顾客可能采用的方式有现金、信用卡、借记卡、支票、银行转账，以及在我国当下非常流行的微信、支付宝等。就支付时间而言，可能的情形有先支付后消费，先消费后支付，部分提前支付、部分消费后支付等。

无论是支付方式，还是支付时间，它们都会显著地影响到酒店的成本和所承受风险的大小。

支付方式对成本的影响体现在，顾客刷卡或采用微信、支付宝支付时，酒店需要按一定比例向发卡单位或支付平台交纳手续费。尽管手续费比例看起来不高，但是，积少成多之后对酒店而言也是一笔不菲的开支。而当顾客采用其他方式(如现金、银行转账等)支付时，这笔被节省的开支就成为酒店净利润的一部分。而支付时间对酒店运营成本产生影响的原因，则是由于资金具有时间价值。顾客提早支付，酒店可更多地享有资金的时间价值；顾客延后支付，则意味着酒店损失了一部分资金的时间价值。

除了对成本的影响之外，支付方式、支付时间的差别也影响着酒店或顾客所承受的风险。与现金支付相关的风险是假币所导致的资金损失；当酒店接受刷卡支付时，则需要承担可能的与信用卡公司的纠纷导致的损失；当酒店接受支票时（支票在西方仍然是一种常见的支付方式，但在我国很少有人使用），则要防范空头支票的风险。综合来看，银行转账是一种对酒店来说风险较小的支付方式，但常常很少为个人买家所使用。

与支付时间相关的风险是双向的，即承受风险的一方有可能是提供服务的酒店，也有可能是顾客。当顾客提前支付时，酒店不需要承担任何风险，顾客承担了全部的风险——到店无房或服务不达标。当顾客被允许延后支付时，则酒店需要做好承担风险的思想准备——主要的风险因素就是可能会遭遇支付抵制（Payment Resistance）。无数的经验表明，当先体验后付款时，更高比例的抱怨就出现了。之所以如此，是因为没有人真正地喜欢付款（Hayes 和 Miller，2010）。当允许延后支付的时候，一小部分顾客总是找出各种各样的不该付账的理由。显然，如果酒店不能消除这种风险，酒店的成本就会上升。

尽管支付方式和支付时间都对酒店的成本和风险产生影响，但较少有酒店对支付方式的差异实施差别定价。大部分酒店总是倾向于不加区别地提供多种支付方式供顾客选择。而基于支付时间的差别定价较为普遍，通行的做法是给予提前支付的买家以折扣，以鼓励更多的买家提前支付。这既是一种促销手段，同时也能降低企业的成本和风险。

综上，我们已经学习了基于八种不同价格围栏的酒店产品差别定价策略。其中，基于时间的差别定价（又称之为"动态定价"）和与渠道相关的价格策略我们还将在第五章、第六章中进行更加具体的讨论。全面地掌握这些定价策略并结合酒店经营的实际进行有效的运用，是提升酒店收入和利润的重要途径。

## 本章小结

1. 差别定价，就是对同一产品或同一产品略有不同的版本，向不同的买家收取不同的费用。

2. 在单一价格策略下，即便选择一个"适中"的价格也必然意味着要放弃部分低价市场，同时，也必然要放弃高价市场的部分利润。这就是单一价格策略的固有缺陷。

3. 采用差别定价策略，用多样化的价格替代统一的价格，能够把单一价格策略下高价市场损失掉的消费者剩余转化为酒店的利润，同时把原本被拒绝的低价市场需求转化为酒店的收入，从而实现酒店收入和利润的最大化。这就是差别定价策略的优势。

4. 差别定价的局限，在于不完全知识、自身蚕食、套利行为的存在和可能引起的法律道德问题。

5. 差别定价策略，可以依据顾客特征、地理位置、时间因素、订购数量、分销渠道、产品版本、打包产品和支付条件的差异而实施。其中，依据时间差异进行的差别定价，可称之为"动态定价"。

## 核心术语

单一价格策略(Single Price Strategy)
差别定价策略(Differential Pricing Strategy)
消费者剩余(Consumer Surplus)
不完全知识(Imperfect Knowledge)
自身蚕食(Cannibalization)
套利行为(Arbitrage)
法律道德问题(Questions of Legality Ethics)
价格围栏(Rate Fence)
顾客特征(Customer Characteristics)
地理位置(Location)
时间因素(Time)
订购数量(Order Quantity)
分销渠道(Distribution Channel)
产品版本(Product Versioning)
打包产品(Packaged Product)
支付条件(Payment Terms)
平均运营成本(Average Operating Cost)
支付抵制(Payment Resistance)

## 思考练习

1. 单一价格策略有何缺陷?
2. 差别定价策略有何优势?
3. 差别定价策略的局限体现在哪些方面?
4. 依据顾客特征差别定价需要哪些条件?
5. 执行数量折扣对卖方有哪些好处?
6. 使用数量折扣进行差别定价时有哪些注意事项?
7. 基于产品版本的差别定价对酒店而言有哪些好处?
8. 依据产品版本进行差别定价有哪些具体方法?
9. 什么是打包产品? 打包销售有哪些好处?
10. 依据支付条件进行差别定价有何理论依据?
11. 王小姐是一家拥有400间客房的全服务酒店的团队销售经理,赵小姐是前厅经理。她们正在和酒店总经理蔡先生一起讨论酒店收益决策。一周后的周六晚,酒店还有180间客房没有售出。王小姐说:“如果允许,采用218元/间的合同价格,我能全部售完。”

赵小姐说:“不用那么大幅降价吧,稍稍降一点,降到318元吧,降40元。”

“降40元,能卖出多少?”蔡先生问。

“120间应该没有问题。”赵小姐回答。

“那还有60间空房,这会影响我们的收益的。”王小姐说。

**问题:**

(1)如果该酒店客房的平均变动成本是70元/间天。你认为谁的方案更好?

(2)如果这是一家经济型酒店,你的立场是否会改变?为什么?

12.张先生是一家酒店的销售总监。刘先生是该酒店的客户,他每个月要为公司的职员、客户采购至多1 000间的客房。刘先生向张总监提出,应该把采购价格调整一下,把原来320元/间天的固定价格调整为如表3-4所示的变动价格,以后每月结账时,依据月采购量定价。采购量越大,价格越低。

**表3-4 刘先生的要价方案**

| 采购量/间 | 结算价格/(元/间天) |
|---|---|
| 100以内 | 360 |
| 101～200 | 320 |
| 201～400 | 280 |
| 401～600 | 240 |
| 601～1 000 | 210 |

**问题:**

(1)计算月采购量250间、350间、401间时酒店的收益。

(2)酒店客房的平均运营成本为130元/间天,计算月采购量250间、350间、401间时酒店获得的经营利润。

(3)如果你是张先生,你会接受刘先生的方案吗?

## 案例分析

### 案例3-1 电视机旁的米花糖

“我房间电视机旁边有一袋米花糖和一瓶水。”丹·弗勒德说。他刚住进最佳西方酒店,就给前台打电话了。接电话的是值班经理西比尔。

“这有什么问题吗?”西比尔问。

“嗯,”弗勒德说,“我是‘优倍客’的成员,通常我的入住经历都是完美的。”

“那就是为何我们成为在80个国家的4 200多家酒店中跻身世界上最大的酒店品牌之一的一个原因。”西比尔回应道。

“是的，我知道。”弗勒德回答说，“那也是我加入你们‘优倍客’计划的部分原因。我了解关于航空里程、免费客源、礼品卡的相关政策，但我现在要告诉你的是，有人遗落了一袋米花糖和一瓶水在电视机旁边的柜子上。”

“那是我们放的，先生。”西比尔说。

“欢迎入住我们酒店。哦，如果你想要的话，我们还可以提供巧克力曲奇。”

**问题：**

(1)当市场上存在两个以同样价格出售的产品时，其中一个卖家向常客提供奖励计划，那就会使得另一个卖家的产品被认为价格卖高了。一些个体酒店经营者，像西比尔所在的酒店一样，他们提供的比公司或特许经营授权方要求的要多。结果是常常超出顾客的预期。酒店还有哪些零成本或低成本的利益可以提供给会员呢？

(2)你认为弗勒德先生在未来会怎么看待这家最佳西方酒店？如果附近地区有数家最佳西方酒店，你认为他下次再来该地区的时候，还会选择这家酒店吗？

(3)客户回馈计划不仅鼓励客人成为回头客，而且也让酒店了解顾客的姓名、住址等信息。酒店的收益管理者可以采用哪些途径将相关节事、促销活动告知给最佳顾客呢？



## 案例3-2　锦江之星联合梦百合，打造“零压房”

“零压房”是锦江之星与零压床品研究开发公司梦百合联合推出的新款房型，是针对商务、旅游客人打造的旨在提升其睡眠质量的客房类型。该房型自2018年推出以来，到2019年8月前，已经覆盖到300余家锦江之星旗下门店。

锦江之星“零压房”为客人配置了整套的零压床垫、零压枕头，并采用非温感零压棉——零压棉具有独特的慢回弹性，被人体压下去的部分弹起速度远远低于乳胶垫。因此，当客人躺在床垫上时，会有一种被包裹的感觉，全身十分舒适放松。研究表明，零压床品的使用，能减少客人在睡眠中的翻身次数，有助于客人塑造正确的睡姿，从而有效地缓解旅途疲劳，使深度睡眠时长增加23.33%。锦江之星微信预订App显示，在北京市设有“零压房”的门店，“零压房”售价比同类房型的售价高出10～200元(见表3-5)。

**表3-5　锦江之星部分门店“零压房”与同类房型价格(2019年11月4日—2019年11月6日)**

单位：元/间天

| 门店 | 零压房房型 | 挂牌价 | 售价 | 同类客房房型 | 挂牌价 | 售价 | 挂牌价差额 | 售价差额 |
|---|---|---|---|---|---|---|---|---|
| 北京奥体中心店 | 零压商务房A | 549 | 522 | 商务房A | 529 | 503 | 20 | 19 |
| | 零压标准房A | 549 | 522 | 标准房A | 529 | 503 | 20 | 19 |
| 北京珠市口店 | 零压商务房A | 559 | 531 | 商务房A | 379 | 360 | 180 | 171 |
| 北京五棵松店 | 零压商务房B | 519 | 493 | 商务房B | 479 | 455 | 40 | 38 |

续表

| 门店 | 零压房房型 | 挂牌价 | 售价 | 同类客房房型 | 挂牌价 | 售价 | 挂牌价差额 | 售价差额 |
|---|---|---|---|---|---|---|---|---|
| 品尚北京密云开发区酒店 | 零压商务房 A | 339 | 237 | 商务房 A | 249 | 199 | 90 | 38 |
| | 零压标准房 A | 339 | 237 | 标准房 A | 259 | 207 | 80 | 30 |
| 北京广安门店 | 零压商务房 A | 349 | 332 | 商务房 A | 319 | 303 | 30 | 29 |

注：锦江之星微信预订 App，数据采集时间为 2019 年 10 月 20 日。

2019 年 6 月，锦江之星和梦百合联合推出了“好睡眠，带回家”主题促销活动：

(1)2019 年 6 月 7 日至 8 月 30 日，凡锦江之星住店客人都可以折扣价 398 元购买原价 598 元的锦江之星“零压房”同款梦百合高低记忆对枕；

(2)2019 年 7 月 1 日至 12 月 31 日，客人在锦江之星旗下酒店累计住满 10 晚“零压房”，可免费获得一个价值 169 元的梦百合随心气感枕。

公开报道显示，该活动启动一个月内，锦江之星旗下多家门店销售额大幅上涨，部分门店销售额增长幅度达到 145%。

**问题：**

(1)案例中的锦江之星采用了哪些差别定价策略？

(2)锦江之星所采取的差别定价策略效果如何？

(3)锦江之星面对的客源市场主要包括哪些群体？还可以实施哪些差别定价策略？



## 案例 3-3　有必要给富裕的老年人以折扣吗？

“如果人人应当付得起我们的正常价格，那就是老年人了。”有 480 间房的巴塞纳度假村的客房经理阿德里安说，“你是我们的收益经理，你不看经济形势吗？如今的人们越老越有钱，不是越老越穷。再加上战后婴儿期出生的人开始步入 60 岁，他们将比上一代更有钱。我所说的就是，我认为这个套餐给老人折扣就是‘有钱不赚’”。

阿德里安正在度假村的餐厅里与收益经理达马里奥喝咖啡。他们在讨论达马里奥在上次战略定价与收益管理咨询委员会会议提出的一个想法。本来，达马里奥与酒店的销售与市场部门一起做出了一项针对活跃的老年旅行者的“工作日”套餐。

阿德里安不认为那是一个好主意。

“他们入住的时候我就在前台，”阿德里安接着说，“那些人确实有钱。”

“你说得对，”达马里奥说，“老年旅游者通常是我们的目标市场上最富有的群体。”

“那为什么要给他们特殊折扣？”阿德里安问。

“因为我们有空的房间。”达马里奥答道。“老年人有钱，但他们还有一些对我们更重要的东西。他们有时间。”

“时间？”阿德里安说。

“是的，时间。他们工作了一辈子，用了很长的时间存钱，所以他们有更多的可支配收入，即便在最近经济下滑之后，那也是事实。且他们中的大部分人喜欢旅行。当然，老年人也喜欢折扣。每个群体都如此，那也包括那些有钱的老年人。但老年人能够在最后一刻才预订我们的房间，他们可以改变他们的旅行计划。他们没有需要照看的未成年人，不用担心接小孩放学，给孩子请假。他们结束工作的时间没有限制，因为他们已经不工作了，永久的。周末旅行很不错，但工作日旅行对他们中的大部分人来说也是一样的好。他们有选择的自由。让我问你，我们酒店利用率最低的是什么时候?”达马里奥说。

“工作日，”阿德里安回答，“大部分周末我们的预订都是很扎实的。你知道的。”

“好，我们什么时候需要日期灵活的旅行者呢?”达马里奥问。

“工作日。”阿德里安慢慢地说，“现在我明白了。”

**资料来源** David K, Allisha A. Revenue Management for the Hospitality Industry[M]. NYC: Wiley, 2010.

**问题:**

(1)假定达马里奥成功地把为老年人设计的工作日折扣套餐“推销”给收益管理咨询委员会的其他成员。你建议他建立哪些具体的“围栏”，以使酒店从这个计划中最优化其收益?

(2)假定酒店也接待当前支付全价的老年游客。一些人是周末到访，另一些是工作日来。酒店可以采取哪些具体的措施，以确保那些付全价的客人感觉到他们花在巴塞纳的每一美分都是值得的?

(3)假定你是达马里奥，有哪些具体的价格差异化技巧你可以应用在这个独特的折扣计划中？请说明你的原因。

# 第四章

## 酒店市场细分与需求预测

### 学习目标

◆了解酒店市场细分的原则与意义，掌握酒店主要的细分市场类型及特点；

◆了解酒店市场需求预测涉及的数据及其获取方法；

◆掌握主要的市场需求预测方法；

◆理解预测准确性的含义，掌握预测准确性的评估指标。

### 重点难点

◆酒店主要的细分市场类型；

◆酒店市场需求预测的方法；

◆预测的准确性及其评估指标。

通过前面的学习，我们已经知道，市场细分和需求预测是各种收益管理策略制定、实施的基础。本章将对酒店客源市场细分的概念、原则、意义和细分市场的类别等进行分析，并对酒店客房需求预测所涉及的数据、方法以及预测准确性的衡量方法进行介绍。

## 第一节　酒店市场细分

由于酒店业面临的是一个庞大的异质市场，任何一家酒店都很难同时满足所有顾客的千差万别的需求。为了获取更有利的市场地位、更高的收益与利润，酒店必须进行市场细分，以便针对各细分市场的特点，推出相应的产品，制定差异化的价格。

### 一、酒店市场细分的概念与原则

市场细分(Market Segmentation)，是指依据某种相对固定的特征，将整个市场划分为不同的、具有相对统一特征的小市场(蒋丁新，2016)。显然，市场细分的过程，是从广阔而复杂

的客源市场中，根据顾客的消费偏好、购买习惯、行为模式、地域分布等因素的差异，识别出本酒店产品或服务的潜在购买群体，并以此作为酒店营销组合、收益管理策略制定的依据。市场细分的本质，是将酒店的潜在顾客按需求特征的差异性和相似性进行分类，使得同一细分市场内部具有相对一致的特征，而不同的细分市场之间则存在着明显的差别。

为使酒店市场细分的结果能够切实地为酒店营销及收益管理活动起到帮助作用，在进行市场细分的过程中，应遵循下述原则。

一是可衡量性原则。即细分出来的市场，其顾客规模及相关消费行为，可以用一些指标进行相对准确的衡量。例如，如果某酒店将商务散客作为一个独立的子市场，那么，酒店应该能够提供该市场的顾客数量、平均房价、人均入住天数、人均消费金额以及消费偏好等数据。这样，酒店可以通过对这些数据的记录、归纳和分析，开展针对性的收益提升策略。又如，某酒店拟将亲子客人作为一个独立的细分市场，那么，酒店必须找到衡量该市场规模、消费偏好、平均房价、停留时间、消费金额的办法。否则，该市场不宜作为一个独立的子市场。

二是可进入性原则。该原则要求所划分出来的细分市场是酒店的产品和服务有机会进入的。换言之，酒店在细分市场时，须考虑自身的条件是否与该市场的需求相匹配。例如，远离市中心且缺乏会议设施的小型度假酒店，将商务散客或会议团队作为拟开拓的细分市场，很有可能事与愿违，得不偿失。

三是稳定性原则。该原则要求被划分出来的细分市场在一定的时间周期内具有相对稳定的规模，能够为酒店带来持续的收入和利润。例如，参加一次性节事活动的客人，往往不具备使酒店长期获利的可能，不会被酒店作为一个独立的子市场。



四是获利性原则。即被划分出来的子市场应当具备一定的规模或容量，足以使酒店获利。例如，一家位于某水乡小镇上的经济型酒店，将会议团队作为一个独立的子市场，可能不具备太大的意义。因为该酒店过去三年的数据显示：酒店的团体客人中，90%以上为旅游团队；会议团队在酒店整体客源中的比重不足3%，对酒店整体收入的贡献也非常低。因此，在内外部环境没有实质变化的情况下，试图将该市场作为一个独立的子市场进行开拓，可能会事倍功半，收效甚微。

## 二、酒店市场细分的意义

如前所述，酒店划分出来的细分市场，应当是可衡量、可触及的群体，且它具备稳定的规模、足够的购买力，能为酒店带来持续的盈利。如果酒店依据上述原则和标准进行有效的市场细分，其对酒店经营管理和收益优化的意义是不言而喻的。

### （一）有效的市场细分是差别定价的基础

在第三章中，我们已经了解到，酒店客房产品的差别定价可以依据顾客特征、地理位置、时间因素、订购数量、分销渠道、产品版本、打包产品、支付条件等方面的差异而进行。其中，顾客特征、订购数量、分销渠道、产品版本等均与市场细分密切相关。例如，某些酒店根据自身的条件和顾客特征，将老年群体或特定组织会员（如美国汽车协会会员）作为单独的子市场进行差别定价。又如，几乎所有的酒店都会依据订购数量的不同，将客人划分为散客和团体。在团体客人中，又依据其动机或来源渠道的差别，进一步细分为会议团队、旅游团队等。针对会议团队与旅游团队、商务散客与旅游散客需求偏好和支付能力的不同，大多数酒店会提供不同版本的同一类型客房供他们选择,同时收取差异化的价格。

(二)有效的市场细分为酒店优化客源结构提升收益提供了条件

例如,某酒店拥有可用客房400间,如果这400间客房在4个细分市场:协议散客(700元/间天)、非协议散客(800元/间天)、会议团队(600元/间天)、旅游团队(500元/间天)中平均分配,则酒店每天可能取得的最大客房收益为26万元。如果酒店能适当调整客源结构,提高非协议散客和会议团队的比重,则酒店每天可能取得的最大收益将高于26万元。但是,如果酒店没有进行市场细分或细分市场选择不当,则通过客源结构优化来提升客房收益则无从谈起。

(三)有效的市场细分能够帮助酒店提升运营效率

表4-1是某酒店过去一年中前三名细分市场月度产出数据。由该表中的数据不难看出,这是一家商务型酒店,因为协议散客在主要的细分市场中占据了绝对优势的地位。这说明,作为一家商务型酒店,它在维护酒店市场的"基本仓"——协议客户方面,做得是不错的。但是,与协议散客相比,酒店商务团队销量偏低。这说明,该酒店的协议散客愿意前来住宿而不愿意来开会。如果酒店能够找到他们不愿意来开会的原因并采取针对性的应对措施,商务团队的销量有可能大幅提高,酒店的收入和利润也有可能因此而提升。此外,通过该表格还可以看出,酒店的网络预订散客虽然在所有细分市场中位列第二,但与协议散客相比,其比重依然是比较低的。而网络预订散客通常会支付更高的价格。如果能够采取有效的网络渠道优化措施来提升该市场的销量,则酒店客房整体收益也有可能得到明显的提升。由此可见,以有效的市场细分为基础,对酒店运营管理的过程进行科学分析,可以帮助酒店提高运营效率。

**表4-1　某酒店过去一年中前三名细分市场月度产出数据**　　单位:间

| 细分市场 | 月份 | | | | | | | | | | | | |
|---|---|---|---|---|---|---|---|---|---|---|---|---|---|
| | 1月 | 2月 | 3月 | 4月 | 5月 | 6月 | 7月 | 8月 | 9月 | 10月 | 11月 | 12月 | 合计 |
| 协议散客 | 1 798 | 1 549 | 2 329 | 1 519 | 1 705 | 1 912 | 1 867 | 1 914 | 1 908 | 2 377 | 2 775 | 2 299 | 23 952 |
| 网络预订散客 | 614 | 726 | 807 | 776 | 626 | 633 | 511 | 699 | 567 | 1 001 | 804 | 554 | 8 318 |
| 商务团队 | 233 | 257 | 1 588 | 103 | 171 | 72 | 97 | 182 | 405 | 460 | 1 329 | 715 | 5 612 |

## 三、酒店细分市场的类别

在市场营销学中,常常按照人口统计学特征(包括年龄、性别、教育背景、职业、收入水平等)、心理特点(如内向中心型、外向中心型、混合中心型)、地理分布等对顾客群体进行市场细分。在酒店业中,按照上述特征进行市场细分,很可能不符合前面提到的市场细分原则。例如,按个性心理特征对顾客进行市场细分,可能对某些旅游产品的开发者来说具有积极的意义,但对大部分酒店而言几乎没有太大的意义。就酒店业而言,进行市场细分主要采用的依据是消费行为特征的差异,重点考虑的问题包括:客人为什么来这里——是休闲度假还是商务公务需要?规模有多大——是团体客人还是散客?客人最看重的利益是什么——是注重便捷高效服务的商务团队，还是注重性价比的旅游团队？客人对酒店的忠诚度如何——是会员还是一般散客？

基于对上述问题的考虑，酒店通常以规模差异为依据将顾客划分为散客和团体客人两个主要的细分市场，进而以出行动机、有无协议及渠道来源等差异，将散客和团体客人进一步划分为若干个子市场。

(一)散客

散客(Individual Guests)是指一次性订房数量规模较小(通常为5间(套)以下)的客人。如果按照入住时间的长短，可将客人细分为长住型散客、连住型散客、一日散客和钟点房散客。长住型散客是指那些一次入住时间达到一定天数(一般为30天，也有些酒店以10天为基准)的客人，由于入住时间长，酒店通常给予他们较大的房价优惠。连住型散客，是一次入住时间达到2天且未达到长住标准的客人。而一日散客是酒店接待最多的散客类型，他们仅在酒店停留一晚，前一天下午入住第二天上午退房。钟点房散客，是指停留时间仅为数小时的客人，他们入住酒店的原因通常为午休、等候飞机或火车、短暂会客等。一般来说，大中型城市火车站周边酒店钟点房销量较高。由于大量出售钟点房，一间客房在一天之中可以实现多次销售，以至于一些酒店的平均入住率可以超过100%。对于这些酒店而言，钟点房散客是其客房收入的重要来源。

从收益管理的角度来看，按照顾客来源或预订渠道的差别，对散客市场进行进一步细分，具有更大的实际价值。通常，酒店的散客市场可以被进一步细分为上门散客、会员散客、电子直销渠道散客、协议散客、OTA散客、旅行社散客等。



1. 上门散客

上门散客，是既没有与酒店签订订房协议，又没有提前预订而直接到酒店前台询价、购买、入住的客人。他们可能是酒店的回头客，也有可能是刚好路过酒店的有住宿需求的客人。在电话、互联网没有普及的时代，上门散客是大多数酒店散客的主要来源。随着电话、互联网、智能手机等现代通信工具的普及和发展，上门散客在酒店散客市场中的比重已大大降低，但对一些位于城市中央商务区的酒店而言，上门散客依然占有较大的比重。一般来说，上门散客愿意以较高价格来购买酒店的产品，是酒店极有价值的市场之一。

2. 会员散客

会员散客是酒店各类会员卡的持有人，他们通过在酒店前台办理会员卡或在酒店官网注册成为酒店的会员客户，依据会员卡等级的不同享受一定的房价折扣及会员服务。会员散客具有较高的忠诚度，重复购买率高，是酒店客源市场的重要组成部分。一些大型经济型连锁集团约80%的客源来自会员散客(祖长生，2016)。

3. 电子直销渠道散客

电子直销渠道散客是酒店会员以外的，通过酒店或酒店集团的官网、微信微博应用小程序或酒店在第三方网站上开设的自营店铺等电子直销渠道预订客房的客人。

4. 协议散客

协议散客是指与酒店销售部签订固定或浮动价格协议，依据协议向酒店采购客房的客人，通常包括以下几类。

(1)公司协议散客。这类客人来自某个公司、协会、民间团体或非政府组织,这些公司或组织与酒店签订协议,每年为酒店输送一定量的客源,但具体的入住时间不确定。客人按照协议约定的价格和结算方法支付房费。通常,协议价低于酒店门市价或最优可用房价。一些酒店会要求协议单位提前预付全额或部分款项,以便享受折扣价格;一些酒店则允许协议单位的客人在入住时支付房费或者按月/季/年统一结算费用。

(2)政府协议散客。这部分客人来自政府机关、事业单位或军队,依据所在单位与酒店事先签订的协议享受折扣价。通常,受到政府采购价的限制,政府协议价格往往低于公司协议散客支付的价格。

(3)长住型散客。大部分情况下,人们无论是出差还是旅游休闲,在一个目的地停留的时间都不会太长,在一家酒店住宿的时间常在数日之内。然而,也有一类客人,由于搬迁、工作或其他原因,需要在酒店住宿较长时间(通常来讲,达到 30 天即为长住客),他们通过与酒店签订长住协议,按照协议价支付房费。由于一次入住的时间长,长住客往往享受比公司协议散客、政府协议散客更低的协议价格。

5. OTA 散客

OTA 指在线旅游代理商(Online Travel Agency)。影响力较大的在线旅游代理商有携程、艺龙、美团、飞猪、同程、缤客(Booking. com)、猫头鹰(Trip Advisor)等。对于单体酒店而言,OTA 散客往往在其散客市场中占有较大的比重。因此,酒店对一些大型 OTA 平台往往有较大的依赖性,因为它们为酒店输送了大量的客源,是酒店取得收益的重要途径。

6. 旅行社散客

这类客人来自传统旅行社,由旅行社推介而来或由旅行社代订客房。房费可以在订房时付给旅行社,也可以在入住时付给酒店,事后,酒店与旅行社进行结算,向旅行社支付一定比例或一定金额的佣金。

(二)团体客人

团体客人(Group Guests)是由一定数量的客人(通常为 10 人及以上)构成的订房量达到一定规模(通常为 5 间及以上)的社会群体。团体客人可能来自相同的组织或地域,也可能是由于相同的原因聚集到一起的、来自不同的组织及地域的客人。作为与散客市场相并列的一个细分市场,团体客人市场还可进一步划分为若干子市场。一般地,可将酒店的团体市场划分为旅游团体、商务团体、会议团体、民航团体等次级细分市场(祖长生,2016)。这种划分是综合考虑了顾客的动机、偏好等行为因素和渠道来源之后的结果。兼顾顾客购买行为和渠道来源的团体市场细分,有助于酒店的差别定价、库存管理、客源结构优化等收益管理策略的实施,是一种兼顾科学性与实用性的市场细分方式。

尽管团体客人支付的客房价格往往低于散客市场,但由于它具有一次采购量大、综合消费能力强以及客源输送的潜力大等优点而受到酒店经营者的重视。尤其是对会议型、度假型酒店而言,团体客人是其酒店客房销量和收入来源中不可替代的重要组成部分。当然,团体客人市场可能存在需求分布不均、季节性明显等特点,有时也会给酒店的经营管理和收益优化带来一定的挑战。

1. 旅游团体

旅游团体是由旅游观光、休闲度假为主要目的的客人组成的消费团体,是酒店团体客源的重要组成部分。作为酒店团体市场的子市场，旅游团体具有以下特点。

(1)组成团体的顾客具有相近的出行动机，即以旅游观光、休闲放松为目的。

(2)旅游团体的成员采用了相同的购买方式，即以团购的方式向旅游代理商或旅游批发商采购旅游产品，而非直接向酒店预订客房。

(3)同一旅游团体的成员往往经由同一旅游代理商或旅游批发商的安排统一入住酒店，同一团队的成员有可能来自同一单位或同一地域(经由组团社安排的团队往往如此)，也有可能来自五湖四海(在目的地经由地接社组织成团的团队往往来自不同的区域)。

(4)旅游团体往往对酒店的价格折扣拥有较高的期待，一方面是因为旅游团体成员相对而言属于对价格比较敏感的群体，他们往往比较看重所购产品的性价比；另一方面，为旅游团体向酒店采购客房的中间商也需要酒店给予较大的折扣，以便他们可以从中获利。因此，酒店给予旅游团体的价格折扣往往力度较大，给予旅游团体的报价往往低于商务团体或会议团体。

2. 商务团体

商务团体是指以商务考察、洽谈、培训及交流学习为目的的团体客人。作为一个独立的细分市场，它具有以下特点。

(1)组成商务团体的客人具有相同的出行动机，即为参加商务活动而非旅游度假。

(2)商务团体的组织者往往为政府部门、企业单位或行业协会，而非旅游中间商。

(3)商务团体对价格的敏感程度相对较低，其所能接受的客房价格往往高于旅游团体。



(4)商务团体往往拥有比旅游团体更高的综合消费能力。除客房之外，他们还可能在餐厅、酒吧及其他部门产生消费，给酒店贡献较多的额外收入。

(5)商务团体常常采用提前预付或离店现付的结算方式，结账及时，为酒店贡献即时的现金流。

3. 会议团体

会议团体是指前来酒店所在地参加会议、会展的团体客人。会议团体与商务团体有一些类似的特点，如价格敏感性较低、综合消费能力强等。因此，一些酒店常常把这两类客人划分为一个细分市场，统称为商务会议团体或会议团体。也有一些酒店从这两类团体的差别出发，将它们划分为两个不同的子市场。相对而言，会议团体比商务团体有着更高的价格承受能力和综合消费能力。除了客房、餐厅之外，会议团体还可能会租用酒店的会议室、宴会厅、多功能厅及康体娱乐设施，为酒店贡献可观的综合收入。在一些商务型、会议型或综合型酒店，会议团体带给酒店的非客房收入远高于客房收入。另外，从顾客来源上看，会议团体可能来自政府部门、企事业单位、行业协会等单位，也可能来自会议公司、奖励旅游公司等代理机构。

4. 民航团体

民航团体的成员由两类客人构成：一类是机组人员；另一类为由于航班取消、延误需要航空公司安排住宿的滞留乘客。在酒店各类团体顾客中，民航团体的价格往往是最低的。但是，由于民航团体可以为酒店带来长期、稳定的收入，因此也是某些酒店维持基本出租率和营收的一个重要细分市场。另外，由于一些航班是在深夜抵达，机组人员在到店后往往需要餐厅、酒吧等提供餐饮或送餐服务；因航班取消、延误而滞留的乘客到店时间通常也比较晚，一般地，航空公司需要向酒店预订餐食提供给滞留乘客。因此，尽管民航团体支付的房价较低，但是由于能向酒店输送稳定而可观的客源，带给酒店持续而可观的房费收入和额外收入，是一些酒店（尤其是一些机场酒店）团体市场的重要组成部分。

综上所述，我们依据顾客规模的差异将酒店主要的客源市场划分为散客和团体客人两个类别，进而又将这两类市场划分为若干子市场。在划分子市场时，我们主要考虑了不同顾客群的消费行为特点（如出行动机、价格敏感性、综合消费能力等）和渠道来源。之所以如此，主要是考虑到这样的市场细分更有利于酒店经营者实施差别定价、容量控制、客源结构优化等收益优化策略。当然，这种划分方式也不是绝对的。酒店可根据自身的实际情况，对上述市场细分方案进行增删调整。例如，对一些酒店而言，民航团体所占比重很小，不足以成为一个独立的子市场，酒店可将其合并到商务团体中。又如，对某些酒店而言，体育、宗教或教育团体占有较大的比重，将这些团体单独划分为一个子市场，则有利于酒店为其提供更具有针对性的服务并实施更加有效的收益优化策略。

表 4-2 是某酒店的客源市场细分方案。由表格可知，该酒店将客源市场划分为散客和团体两个大类。其中，散客市场又进一步划分为非协议散客、协议散客、旅行社散客三个子市场，团队市场则进一步划分为商务团体、旅游团体和机组三个子市场。

**表 4-2　某酒店客源市场细分方案**

| 一级划分 | 二级划分 | 三级划分 |
|---|---|---|
| 散客 | 非协议散客 | |
| | 协议散客 | 政府协议散客/公司协议散客/长住型散客 |
| | 旅行社散客 | |
| 团体 | 商务团体 | 公司团体/政府团体 |
| | 旅游团体 | 非系列旅游团体/系列旅游团体 |
| | 机组 | |

## 第二节　预测的数据

准确的市场需求预测，不仅是酒店高效运营的基础，而且也为酒店经营者制定和实施有效的客房定价、库存分配及渠道优化策略提供了必不可少的依据。为做出准确有用的市场需求预测，酒店经营者离不开对内外部数据的收集、整理、分析。其中，内部数据包括历史数据、当前数据和未来数据三个类别；外部数据，主要包括影响未来市场需求的重大事件和竞争对手的数据。

### 一、内部数据

#### （一）历史数据

历史数据（Historical Data），是用以描述已经发生的事项的数据，是实际的结果数据。

主要包括：每日预订数/间夜数(Number of Reservations/Room Nights Booked per Day)；每日拒绝的预订数/间夜数(Number of Reservations/Room Nights Denied per Day)；每日取消数(Number of Daily Reservation Cancellations per Day)；取消的总间夜数(Total Number of Room Nights Cancelled)；入住数/抵达数(Check-Ins/Arrivals)；退房数/离店数(Check-Outs/Departures)；应到未到数(No-Shows)；上门散客数(Walk-Ins)；已实现的平均房价(ADR Achieved)；已实现的出租率(Occupancy Achieved)；平均每房住客数(Average Number of Guests per Room)；平均住店天数(Average Length of Guests Stay)。

为何历史数据对酒店收益管理者来说如此重要呢？为了回答这个问题，假定你是一家拥有 300 间客房的酒店的收益经理，你正面临着如下问题：

(1)酒店销售部建议接受一个政府部门提出的以 600 元/间天的价格预订下周四晚上的客房 50 间，你赞成吗？

(2)一家代理商想要以 600 元/间天的价格预订 3 周后周一晚上的客房 100 间，你能否接受？

显然，在缺乏数据支撑的情况下，你很难就上述问题作出回答。作为一位负责任的收益管理者，在回答上述问题之前，你需要查看相关数据，尤其是所在酒店近期的运营数据。了解酒店过去 8 周主要运营指标的平均值(见表 4-3)后，你可以对上述预订请求进行评估。



**表 4-3 某酒店过去 8 周主要业绩指标的平均值**

| 指标 | 时间 | | | | | | |
|---|---|---|---|---|---|---|---|
| | 周一 | 周二 | 周三 | 周四 | 周五 | 周六 | 周日 |
| 平均出租率 | 89% | 92% | 79% | 68% | 46% | 51% | 30% |
| 平均房价/(元/间天) | 948 | 1 128 | 888 | 828 | 930 | 954 | 774 |
| 单房收益/(元/间天) | 844 | 1 038 | 702 | 563 | 428 | 487 | 232 |

一般地，在缺乏酒店客房平均变动成本或平均运营成本的情况下，酒店收益经理会按如下步骤来评估新的预订请求：

(1)计算拒绝这项新的预订请求时，酒店在未来特定时间段可能取得的总收益或单房收益；

(2)计算接受这项新的预订请求时，酒店在该时段内可能取得的总收益或单房收益；

(3)比较拒绝预订与接受预订这两个决策方案下，酒店可能取得的总收益或单房收益，进而作出决策。

在这个过程中，收益管理者需要对未来特定时段内可能取得的收益进行评估。因为未来的收益数据不能凭空产生，它只能由过去的数据来推测。例如，可以根据过去 8 周周四的平均出租率 68%、平均房价 828 元/间天、单房收益 563 元/间天，分别作为下周四客房出租率、平均房价和单房收益的预测值，对“以 600 元/间天的价格预订下周四晚上的客房 50 间”这一预订请求进行评估。

同样地，可以取过去 8 周周一的平均出租率 89%、平均房价 948 元/间天、单房收益 844 元/间天，分别作为 3 周后周一客房出租率、平均房价和单房收益的预测值，作为“以 600 元/间天的价格预订 3 周后周一晚上的客房 100 间”这一预订请求的评估提供参考。当然，用过去 8 周周一的平均值，作为 3 周以后的周一的预测值，可能不够准确。为了得到更加准确的预测值，可以采用别的预测方法。但是，无论采用何种预测方法，都离不开历史数据的支撑。因为预测遵循的一条重要逻辑，就是利用经济发展的连贯性特征，由历史和当下的信息去推知未来（冯文权，2008）。

除了平均出租率、平均房价、单房收益等业绩指标，预订取消数对酒店经营者而言也具有重要的参考价值。

表 4-4、表 4-5 是一家拥有 450 间客房的全服务酒店过去 4 周的散客和团队预订取消统计报表（过去 4 周客房平均出租率为 60%）。通过观察表中的数据，我们不仅知道散客取消数远高于团队，而且还能发现散客取消与团队取消的分布规律，甚至还可以进一步查询相关数据计算预订取消数占预订总数的比重，从而为未来的需求预测和收益优化策略的制定提供参考。

**表 4-4　某酒店过去 4 周散客预订取消统计报表**　　单位：间

| 日期 | 周一 | | 周二 | | 周三 | | 周四 | | 周五 | | 周六 | | 周日 | |
|---|---|---|---|---|---|---|---|---|---|---|---|---|---|---|
| | 总计 | 提前1天 | 总计 | 提前1天 | 总计 | 提前1天 | 总计 | 提前1天 | 总计 | 提前1天 | 总计 | 提前1天 | 总计 | 提前1天 |
| 12 月 29 日—1 月 5 日 | 17 | 16 | 16 | 13 | 9 | 9 | 14 | 13 | 30 | 30 | 32 | 26 | 14 | 14 |
| 1 月 6 日—1 月 12 日 | 24 | 19 | 22 | 18 | 16 | 11 | 21 | 17 | 29 | 20 | 22 | 21 | 14 | 13 |
| 1 月 13 日—1 月 19 日 | 20 | 20 | 15 | 12 | 20 | 19 | 0 | 0 | 25 | 18 | 32 | 16 | 18 | 16 |
| 1 月 20 日—1 月 26 日 | 8 | 8 | 12 | 10 | 16 | 15 | 14 | 13 | 14 | 12 | 11 | 10 | 9 | 7 |
| 平均值 | 17 | 16 | 16 | 13 | 15 | 14 | 12 | 11 | 25 | 20 | 24 | 18 | 14 | 13 |

**表 4-5　某酒店过去 4 周团队预订取消统计报表**　　单位：间

| 日期 | 周一 | 周二 | 周三 | 周四 | 周五 | 周六 | 周日 |
|---|---|---|---|---|---|---|---|
| 12 月 29 日—1 月 5 日 | 0 | 1 | 0 | 0 | 5 | 16 | 5 |
| 1 月 6 日—1 月 12 日 | 1 | 0 | 6 | 0 | 15 | 2 | 28 |
| 1 月 13 日—1 月 19 日 | 9 | 1 | 9 | 0 | 6 | 2 | 8 |
| 1 月 20 日—1 月 26 日 | 1 | 1 | 2 | 1 | 0 | 0 | 0 |
| 平均值 | 3 | 1 | 4 | 0 | 7 | 5 | 10 |

### （二）当前数据

当前数据（Current Data），是描述当前正在发生的事项的数据，主要从以下报告中获取：占用房和可用房报告（Occupancy and Availability Reports）、团队客房进度报告（Group Rooms Pace Reporting）和非客房收益进度报告（Non-rooms Revenue Pace Reporting）。

#### 1. 占用房和可用房报告

如表 4-6 所示[①]，占用房和可用房报告呈现的是当前（20XX 年 5 月 1 日）某酒店拥有的、

① David K，Allisha A. Revenue Management for the Hospitality Industry[M]. NYC：Wiley，2010.

未来一段时间内(20XX 年 6 月 2 日—15 日)客房占用情况和可售客房数。每天的可用客房数(Rooms Available)除了 6 月 8 日—10 日因为有 20 间客房将翻新不能出售外,其余各天的可用客房数都是 1 400 间;预订客房数(Rooms Reserved),是 5 月 1 日那天持有的 6 月 2 日—6 月 15 日的预订数;保留客房数(Rooms Blocked),即为有预订意向的团队客人保留的房间数;总在手数(Total Held),是每天预订客房数与保留客房数之和;总在手数占当日可用客房数的比例即为当前出租率(Current Occupancy);而可用客房数与总在手数之差,则为当前可售客房数(Available for Sale)。

由于大多数酒店通常不接受一年以后的预订,所以,酒店收益管理团队通常只需要监测大约 52 周(365 天)的当前数据。并且,很多时候,未来 52 周中时间较远的日期的在手预订数据会很小。然而,优秀的收益管理者依然会对未来日期的所有当前数据进行仔细而有规律的监测,以避免在定价或其他收益管理策略上出现大的失误。

**表 4-6 某酒店占用房和可用房报告**

| 报告时段:20XX 年 6 月 2 日—15 日 | | | | | | | |
|---|---|---|---|---|---|---|---|
| 报告日期:20XX 年 5 月 1 日 | | | | | | | |
| 日期 | 星期 | 可用客房数/间 | 预订客房数/间 | 保留客房数/间 | 总在手数/间 | 当前出租率 | 可售客房数/间 |
| 6 月 2 日 | 周一 | 1 400 | 825 | 60 | 885 | 63.2% | 515 |
| 6 月 3 日 | 周二 | 1 400 | 715 | 250 | 965 | 68.9% | 435 |
| 6 月 4 日 | 周三 | 1 400 | 610 | 210 | 820 | 58.6% | 580 |
| 6 月 5 日 | 周四 | 1 400 | 800 | 700 | 1 500 | 107.1% | −100 |
| 6 月 6 日 | 周五 | 1 400 | 475 | 1 100 | 1 575 | 112.5% | −175 |
| 6 月 7 日 | 周六 | 1 400 | 450 | 650 | 1 100 | 78.6% | 300 |
| 6 月 8 日 | 周日 | 1 380 | 275 | 125 | 400 | 29.0% | 980 |
| 6 月 9 日 | 周一 | 1 380 | 925 | 0 | 925 | 67.0% | 455 |
| 6 月 10 日 | 周二 | 1 380 | 850 | 250 | 1 100 | 79.7% | 280 |
| 6 月 11 日 | 周三 | 1 400 | 725 | 400 | 1 125 | 80.4% | 275 |
| 6 月 12 日 | 周四 | 1 400 | 875 | 400 | 1 275 | 91.1% | 125 |
| 6 月 13 日 | 周五 | 1 400 | 550 | 50 | 600 | 42.9% | 800 |
| 6 月 14 日 | 周六 | 1 400 | 500 | 50 | 550 | 39.3% | 850 |
| 6 月 15 日 | 周日 | 1 400 | 325 | 75 | 400 | 28.6% | 1 000 |
| 合计 | | 19 540 | 8 900 | 4 320 | 13 220 | 67.7% | 6 320 |

2. 团队客房进度报告

表 4-7 是部分酒店(品牌)能够接受的未来客房预订天数(周数)。在这些品牌中,雅高(Accor)能接受的预订时间是最长的,达 57 周(399 天),其余大部分在一年左右。通常情况下,无论是为了休闲度假,还是公务商务旅行,散客很少会需要提前那么久预订。需要提前

一年或半年进行预订的，往往是团体客人。譬如，有一些行业协会每年定期举办年会或一些专业会议。一些协会提前一两年甚至更早就确定了年会或相关会议的主题及地点，在本年度的会议结束后即着手准备下一年度的会议，而确定场地预订客房即是其中一项重要准备工作。还有一些大型的展会、体育赛事的组织者，也会早早地为参加者预订或锁定客房。

**表 4-7　部分酒店(品牌)能够接受的未来客房预订天数(周数)**

| 酒店(品牌) | 能够接受的未来客房预订天数 |
| --- | --- |
| 最佳西方 | 350 天(50 周) |
| 洲际 | 350 天(50 周) |
| 万豪 | 350 天(50 周) |
| 精选国际 | 364 天(52 周) |
| 希尔顿 | 364 天(52 周) |
| 雅高 | 404 天(约 58 周) |
| 温德姆 | 因具体酒店(品牌)而异，一般在 180 天(约 26 周)到 364 天(52 周)之间 |

表 4-8 显示的是在当前日期(20XX 年 12 日 31 日)未来 12 个月(20XY 年 1—12 月)团队客房的销售情况[①]。

其中，“今年本月销量”“今年累计销量”分别显示的是报告当月(20XX 年 12 月)新增团队销量和截止到报告日期(20XX 年 12 月 31 日)的累计团队销量，它们都属于当前数据；“去年同期销量”“去年同期累计销量”分别为去年同期的新增团队销量和累计团队销量，属于提供给经营者用来进行比较分析的历史数据。



关于团队客房进度报告，需要注意的一点是，通常情况下，酒店管理系统(Property Management System，PMS)只会记录一年以内的预订情况，因而那些提前一年以上的预订或锁房信息需要酒店收益管理人员汇编到团队客房进度报告中并定期地进行更新(当然，酒店的销售团队也会保留与此相关的数据和文件)。

**表 4-8　团队客房进度报告**　　单位：间

| 报告时段：20XY 年(第二年)1 月—12 月 | | | | |
| --- | --- | --- | --- | --- |
| 报告日期：20XX 年 12 月 31 日 | | | | |
| 月份 | 今年本月销量 | 今年累计销量 | 去年同期销量 | 去年同期累计销量 |
| 1 月 | 180 | 1 090 | 70 | 120 |
| 2 月 | 800 | 2 350 | 580 | 1 980 |
| 3 月 | 990 | 3 670 | 1 160 | 3 760 |
| 4 月 | 625 | 3 100 | 860 | 3 090 |
| 5 月 | 660 | 1 860 | 930 | 1 820 |

① David K，Allisha A. Revenue Management for the Hospitality Industry[M]. NYC：Wiley，2010.

续表

| 月份 | 今年本月销量 | 今年累计销量 | 去年同期销量 | 去年同期累计销量 |
|---|---|---|---|---|
| 6 月 | 180 | 1 430 | 580 | 1 170 |
| 7 月 | 11 800 | 22 600 | 8 920 | 19 740 |
| 8 月 | 1 980 | 18 700 | 1 845 | 16 450 |
| 9 月 | 1 480 | 15 400 | 1 380 | 22 340 |
| 10 月 | 1 280 | 9 010 | 1 260 | 10 450 |
| 11 月 | 1 750 | 9 790 | 1 940 | 9 580 |
| 12 月 | 1 170 | 17 670 | 1 380 | 15 500 |
| 合计 | 22 895 | 106 670 | 20 905 | 106 000 |

3. 非客房收益进度报告

除了客房之外，酒店经营者还需要关注非客房收益的进度。非客房收益（Non-Rooms Revenue）是酒店取得的客房出租收入以外的其他收入，其主要来源有餐饮、康乐、会议等，具体的来源和构成因酒店的设施、服务及位置的差异而有所不同。

表 4-9 是一家高档酒店的餐饮收入报告。报告日期为 20XX 年 1 月 20 日，报告内容为餐饮部（中餐厅、西餐厅、点心屋、大堂吧、宴会厅等）本月获得的收入及其构成情况。报告同时提供了本月预算数和去年本月的相关数据。通过该报告，酒店经营者不仅可以全面地掌握餐饮部本月经营收入，而且可以了解本部门月度预算完成进度，对部门经营策略进行评估，为后续经营策略优化提供依据。



**表 4-9　酒店餐饮收入报告**　　单位：元

| 报告日期：20XX 年 1 月 20 日 | | | | |
|---|---|---|---|---|
| 部门 | 项目 | 本月实际 | 本月预算 | 去年本月 |
| 中餐厅 1 | 食品 | 764 456.00 | 1 050 000.00 | 1 086 890.35 |
| | 酒水 | 129 768.00 | 204 536.00 | 2 211 632.45 |
| | 其他 | 12 654.00 | 18 042.00 | 17 071.00 |
| | 部门小计 | 906 878.00 | 1 272 578.00 | 3 315 593.80 |
| 中餐厅 2 | 食品 | 826 123.60 | 1 038 627.00 | 1 129 886.55 |
| | 酒水 | 73 820.00 | 147 570.00 | 142 924.95 |
| | 其他 | 15 046.00 | 15 035.00 | 18 604.00 |
| | 部门小计 | 914 989.60 | 1 201 232.00 | 1 291 415.50 |
| 西餐厅 | 食品 | 1 075 856.80 | 1 348 297.00 | 1 364 884.70 |
| | 酒水 | 15 741.00 | 21 414.00 | 17 773.00 |
| | 其他 | 8 167.30 | 11 018.00 | 12 067.08 |
| | 部门小计 | 1 099 765.10 | 1 380 729.00 | 1 394 724.78 |

续表

| 部门 | 项目 | 本月实际 | 本月预算 | 去年本月 |
|---|---|---|---|---|
| 点心屋 | 食品 | 2 954.00 | 7 496.00 | 7 396.00 |
| | 酒水 | 0.00 | 0.00 | 0.00 |
| | 其他 | 0.00 | 0.00 | 0.00 |
| | 部门小计 | 2 954.00 | 7 496.00 | 7 396.00 |
| 大堂吧 | 食品 | 1 720.00 | 58 860.00 | 58 860.00 |
| | 酒水 | 75 248.00 | 26 750.00 | 27 040.00 |
| | 场租 | 0.00 | 0.00 | 0.00 |
| | 其他 | 6 088.00 | 21 400.00 | 22 337.00 |
| | 部门小计 | 83 056.00 | 107 010.00 | 108 237.00 |
| 宴会厅 | 食品 | 1 608 278.00 | 2 191 609.00 | 2 536 897.69 |
| | 酒水 | 182 389.00 | 270 743.00 | 289 497.00 |
| | 场租 | 249 100.00 | 553 880.00 | 482 410.00 |
| | 其他 | 214 394.00 | 228 057.00 | 226 926.20 |
| | 部门小计 | 2 254 161.00 | 3 244 289.00 | 3 535 730.89 |
| 各部门合计 | 食品收入合计 | 4 279 388.40 | 5 694 889.00 | 6 184 815.29 |
| | 酒水合计 | 476 966.00 | 671 013.00 | 2 688 867.40 |
| | 场租合计 | 249 100.00 | 553 880.00 | 482 410.00 |
| | 其他收入合计 | 256 349.30 | 293 552.00 | 297 005.28 |
| | 餐饮收入总计 | 5 261 803.70 | 7 213 334.00 | 9 653 097.97 |



表 4-10 是酒店康乐及其他收入报告。报告显示了康乐部本月获得的收入及收入构成情况，报告同时提供了商场、停车场、商务中心的月度收入数据。同样地，本月预算数及去年本月的收入数据，也被作为参照指标列在报告中。

**表 4-10　酒店康乐及其他收入报告**

单位：元

报告日期：20XX 年 1 月 31 日

| 项目 | | 本月实际 | 预算 | 去年本月 |
|---|---|---|---|---|
| 康乐 | 酒水 | 32 431.00 | 3 500.00 | 9 605.00 |
| | 消费卡 | 12 896.00 | 90 300.00 | 128 455.00 |
| | 场租 | 64 053.00 | 0.00 | 103 549.00 |
| | 自营包厢 | 30 243.00 | 0.00 | 91 284.00 |
| | 外包场租 | 195 801.00 | 194 350.00 | 195 215.60 |
| | 商品 | 5 867.00 | 8 800.00 | 5 546.00 |
| | 其他 | 1 346.00 | 7 700.00 | 64 932.00 |
| | 康乐小计 | 342 637.00 | 304 650.00 | 598 586.60 |

续表

| 项目 | 本月实际 | 预算 | 去年本月 |
|---|---|---|---|
| 商场 | 27 291.35 | 43 000.00 | 45 810.00 |
| 停车场 | 16 075.00 | 10 000.00 | 23 380.00 |
| 商务中心 | 3 588.00 | 16 000.00 | 24 506.30 |
| 收入合计 | 389 591.35 | 373 650.00 | 692 282.90 |

（三）未来数据

未来数据（Future Date），是用以描述未来将发生的事项的数据，即预测数据。一般地，根据预测周期的差异，酒店预测数据分为短期（7天以内）、中期（1周至3个月）、长期（3个月以上）三种类型。根据预测内容的差异，可将预测数据分为以下三类。

1. 无限制市场需求

无限制市场需求（Unlimited Demand），是指在没有任何限制条件的情况下，市场对酒店产品（即客房）的总需求量。它由已确认的需求量、潜在需求量及消失的需求量共同决定。已确认的需求量，由酒店售出客房数（确认的预订数）来衡量。潜在需求量无法精确衡量，由后悔的需求（Regrets）、被拒绝的需求（Denials）共同测度。

其中，后悔的需求是指由于酒店客房的价格超出客人的出价而未能出售的客房数。“后悔”的意思是，酒店因定价过高把客人“吓跑了”，事后酒店可能因此而后悔。在网络预订越来越普及的时段，客人通过OTA或其他电子渠道预订时，不会经历讨价还价的过程，而是直接将那些要价高于预期的客房淘汰掉，因此，对于这部分“后悔的需求”酒店是很难测量的。但是，通过酒店销售部、订房中心电话或面谈方式订房的客人中，由于价格原因被酒店拒绝的客人，酒店可以做好相关记录和统计分析。

被拒绝的需求是指除价格以外的原因被酒店拒绝的预订数。如客人只住一晚，而酒店只接受两晚以上的预订，或者酒店要求预付房费，而客人希望到店支付。同样地，当客人使用电子渠道时，这部分需求难以测度。消失的需求量，由应到未到数（No-Shows）和预订取消数（Cancellations）两部分构成。应到未到，是指客人订房以后既未取消，也未前来入住。

综上，酒店客房的无限制市场需求可由以下公式计算：

$$\text{无限制市场需求} = \text{售出客房数} + \text{后悔的需求量} + \text{被拒绝的需求量} - \text{应到未到数} - \text{预订取消数} \tag{4-1}$$

需要说明的是，一些酒店由于采用了超额预订策略，可能导致入住日有些客人无房可住，即酒店需要安排部分客人到别的酒店入住，这部分需求属于超售（Oversales），用转客数（Walks）来衡量。当酒店用历史数据进行需求预测时，转客数通常不被包含在售出客房数之中，故上式应调整为：

$$\text{无限制市场需求} = \text{售出客房数} + \text{后悔的需求量} + \text{被拒绝的需求量} - \text{应到未到数} - \text{预订取消数} + \text{转客数/超售} \tag{4-2}$$

确定无限制市场需求，对酒店来说具有重要的意义。因为酒店只有弄清了未来市场的需求量有多大，才能制定出最优的收益优化策略，找到最合适的时机和渠道，以最合适的价格把产品出售给最有价值的市场。

无限制市场需求预测，通常每天至少要做一次。如果酒店采用了收益管理系统，系统就会依据人工设置的参数自动地进行预测，预测的范围一般为当天到未来1周、未来4周，甚至3个月。

2. 客房预订量/出租率

一般来说，对未来的客房预订量和出租率，至少要做1天、2天、7天、14天、21天、28天和30天的预测。表4-11是某酒店客房销售周预测情况，它给出了下一周每日客房的预测销量数据。

**表4-11　某酒店客房销售周预测情况**

报告日期：20XX年9月29日

| 日期 | | 可供出租的房数/间 | 预测团队销量/间 | 预测散客销量/间 | 预测客房总销量/间 | 预测客房出租率 |
|---|---|---|---|---|---|---|
| 20XX年10月6日 | 星期一 | 450 | 30 | 251 | 281 | 62.44% |
| 20XX年10月7日 | 星期二 | 450 | 0 | 165 | 165 | 36.67% |
| 20XX年10月8日 | 星期三 | 450 | 0 | 182 | 182 | 40.44% |
| 20XX年10月9日 | 星期四 | 450 | 0 | 178 | 178 | 39.56% |
| 20XX年10月10日 | 星期五 | 450 | 20 | 225 | 245 | 54.44% |
| 20XX年10月11日 | 星期六 | 450 | 20 | 231 | 251 | 55.78% |
| 20XX年10月12日 | 星期日 | 450 | 0 | 189 | 189 | 42.00% |

3. 客房售价及收益

客房售价的预测，通常包括平均房价（ADR）、最优可用房价（BAR）的预测。有些酒店只预测所有客房的平均价格，有些酒店会做分房型或分渠道的价格预测。

一旦确定客房预订量和客房售价的预测值，则客房收益以及单房收益的预测值也就确定了。一般来说，对客房售价、收益、单房收益的预测，至少要做到30天。

表4-12是某酒店提前一周给出的客房销售日预测情况，表中给出了客房预订数、出租率，以及平均房价、客房收益及单房收益的预测值[①]。

**表4-12　某酒店客房销售日预测情况**

| 预测日期：6月1日，星期一<br>报告日期：5月25日，星期一 | |
|---|---|
| 可用客房数/Total Rooms Available | 300 |
| (减去)坏房数/ Out-of-Order Rooms | −0 |
| **净可用客房/Net Availability** | **300** |

① David K，Allisha A. Revenue Management for the Hospitality Industry[M]. NYC：Wiley，2010.

续表

| | |
|---|---|
| 在店客房数/Stayovers | 40 |
| (加上)预订数(抵达数)/Reservations(Arrivals) | +150 |
| **售出客房数/Rooms Sold** | **190** |
| 预测调整/Forecasted Adjustments: | |
| (减去)应到未到数/No-Shows | −15 |
| (减去)提前退房/Early Departures | −5 |
| (加上)延住客房数/Overstays | +10 |
| **调整后的预测总销量/Total Forecasted Sold after Adjustments** | **180** |
| 售出客房/Rooms Sold: 180 | |
| 出租率/OCC/(%):(180/300)60% | |
| 可用客房/Rooms Available:120 | |
| 平均房价预测值/Forecast@ADR= $ 185.00 | |
| 客房收益预测值/Forecast Room Revenue: $ 33 330.00 | |
| 单房收益预测值/Rev PAR Forecast: $ 111.00 | |

以下是某酒店未来2个月的预测情况,给出了不同价格类型的客房未来2个月的销售量预测(见表4-13)、平均房价预测(见表4-14)和客房收益预测(见表4-15、表4-16)。同时,也给出了去年同期的实际值和当年本月的预算数。这样,随着时间的推移,将本月完成数补充到表格中,可以进行比较分析,为酒店经营者的策略调整提供依据。



**表 4-13　某酒店未来 2 个月客房销售量预测**　　单位:间

| 价格类型及代码 | | 10月 | | | | 11月 | | | |
|---|---|---|---|---|---|---|---|---|---|
| 价格类型 | 代码 | 每日预测 | 月累计预测 | 去年实际 | 预算 | 每日预测 | 月累计预测 | 去年实际 | 预算 |
| 门市价 | DISC | 33 | 1 000 | 1 309 | 1 100 | 43 | 1 300 | 1 078 | 900 |
| 会员价 | MEM | 50 | 1 550 | 1 608 | 1 550 | 45 | 1 350 | 1 591 | 1 750 |
| 特殊散客 | SPEC | 7 | 230 | 158 | 0 | 6 | 180 | 140 | 0 |
| 集团协议 | COPR | 0 | 10 | 27 | 30 | 1 | 20 | 25 | 30 |
| 本地协议 | COLC | 67 | 2 080 | 2 097 | 1 600 | 68 | 2 050 | 2 066 | 2 100 |
| 政府散客 | GMDT | 1 | 30 | 79 | 30 | 1 | 35 | 49 | 50 |
| 长住客 | LSG | 7 | 210 | 166 | 200 | 7 | 210 | 126 | 200 |
| 旅行社散客 | TAWS | 3 | 90 | 99 | 60 | 3 | 85 | 36 | 60 |
| 周末包价 | WEPK | 0 | 0 | 3 | 0 | 0 | 0 | 0 | 0 |
| 季节性包价 | SEPK | 8 | 260 | 16 | 0 | 9 | 270 | 39 | 0 |
| 其他包价 | OTPK | 5 | 150 | 77 | 200 | 5 | 150 | 22 | 50 |
| 集团内同行 | HTLNC | 3 | 90 | 58 | 60 | 1 | 40 | 68 | 60 |
| 员工价 | STAF | 0 | 10 | 15 | 0 | 0 | 5 | 7 | 0 |

续表

| 价格类型及代码 | | 10 月 | | | | 11 月 | | | |
|---|---|---|---|---|---|---|---|---|---|
| 公司会议 | COMT | 119 | 3 700 | 3 127 | 3 300 | 107 | 3 200 | 3 029 | 3 600 |
| 政府团队 | GMDG | 0 | 0 | 0 | 0 | 0 | 0 | 0 | 0 |
| 展销会 | EXBT | 0 | 0 | 0 | 0 | 0 | 0 | 0 | 0 |
| 其他团队 | OTHG | 0 | 0 | 0 | 0 | 0 | 0 | 0 | 0 |
| 旅游团 | TRG | 1 | 30 | 56 | 100 | 1 | 35 | 26 | 100 |
| 免费房 | COMP | 0 | 0 | 28 | 0 | 0 | 0 | 14 | 0 |
| 合计 | TOTAL | 304 | 9 440 | 8 923 | 8 230 | 297 | 8 930 | 8 316 | 8 900 |
| 客房出租率(OCC) | | 68% | 68% | 63.96% | 59% | 66% | 66% | 61.60% | 66% |

**表 4-14　某酒店未来 2 个月平均房价预测**　　单位:元/间天

| 价格类型及代码 | | 10 月 | | | | 11 月 | | | |
|---|---|---|---|---|---|---|---|---|---|
| 价格类型 | 代码 | 每日预测 | 月累计预测 | 去年实际 | 预算 | 每日预测 | 月累计预测 | 去年实际 | 预算 |
| 门市价 | DISC | 820 | 820 | 843.81 | 900 | 820 | 820 | 849.29 | 900 |
| 会员价 | MEM | 830 | 830 | 828.99 | 830 | 840 | 840 | 819.20 | 790 |
| 特殊散客 | SPEC | 520 | 520 | 520.06 | 0 | 550 | 550 | 544.38 | 0 |
| 集团协议 | COPR | 640 | 640 | 654.08 | 650 | 620 | 620 | 455.00 | 650 |
| 本地协议 | COLC | 740 | 740 | 701.89 | 680 | 740 | 740 | 706.11 | 660 |
| 政府散客 | GMDT | 600 | 600 | 673.02 | 600 | 600 | 600 | 712.08 | 600 |
| 长住客 | LSG | 550 | 550 | 582.99 | 560 | 550 | 550 | 580.91 | 560 |
| 旅行社散客 | TAWS | 700 | 700 | 679.95 | 650 | 650 | 650 | 760.77 | 650 |
| 周末包价 | WEPK | 0 | 0 | 0.00 | 0 | 0 | 0 | 0.00 | 0 |
| 季节性包价 | SEPK | 480 | 480 | 592.89 | 0 | 510 | 510 | 505.07 | 0 |
| 其他包价 | OTPK | 600 | 600 | 567.87 | 500 | 700 | 700 | 488.01 | 500 |
| 集团内同行 | HTLNC | 500 | 500 | 548.01 | 500 | 450 | 450 | 540.87 | 450 |
| 员工价 | STAF | 420 | 420 | 256.07 | 0 | 0 | 0 | 397.35 | 0 |
| 公司会议 | COMT | 410 | 410 | 427.28 | 480 | 410 | 410 | 486.67 | 500 |
| 政府团队 | GMDG | 0 | 0 | 0.00 | 0 | 0 | 0 | 0.00 | 0 |
| 展销会 | EXBT | 0 | 0 | 0.00 | 0 | 0 | 0 | 0.00 | 0 |
| 其他团队 | OTHG | 0 | 0 | 0.00 | 0 | 0 | 0 | 0.00 | 0 |
| 旅游团 | TRG | 0 | 0 | 511.02 | 480 | 0 | 450 | 522.94 | 480 |
| 免费房 | COMP | 0 | 0 | 0.00 | 0 | 0 | 0 | 0.00 | 0 |
| 合计 | TOTAL | 610 | 610 | 636.57 | 646 | 627 | 628 | 656.38 | 638 |

表 4-15 某酒店未来 2 个月客房收益预测(一) 单位:元

| 价格类型及代码 | | 10 月 | | | | 11 月 | | | |
|---|---|---|---|---|---|---|---|---|---|
| 价格类型 | 代码 | 每日预测 | 月累计预测 | 去年实际 | 预算 | 每日预测 | 月累计预测 | 去年实际 | 预算 |
| 门市价 | DISC | 27 060 | 820 000 | 1 104 547.29 | 990 000 | 35 260 | 1 066 000 | 915 534.62 | 810 000 |
| 会员价 | MEM | 41 500 | 1 286 500 | 1 333 015.92 | 1 286 500 | 37 800 | 1 134 000 | 1 303 347.20 | 1 382 500 |
| 特殊散客 | SPEC | 3 640 | 119 600 | 82 169.48 | 0 | 3 300 | 99 000 | 76 213.20 | 0 |
| 集团协议 | COPR | 0 | 6 400 | 17 660.16 | 19 500 | 620 | 12 400 | 11 375.00 | 19 500 |
| 本地协议 | COLC | 49 580 | 1 539 200 | 1 471 863.33 | 1 088 000 | 50 320 | 1 517 000 | 1 458 823.26 | 1 386 000 |
| 政府散客 | GMDT | 600 | 18 000 | 53 168.58 | 18 000 | 600 | 21 000 | 34 891.92 | 30 000 |
| 长住客 | LSG | 3 850 | 115 500 | 96 776.34 | 112 000 | 3 850 | 115 500 | 73 194.66 | 112 000 |
| 旅行社散客 | TAWS | 2 100 | 63 000 | 67 315.05 | 39 000 | 1 950 | 55 250 | 27 387.72 | 39 000 |
| 周末包价 | WEPK | 0 | 0 | 0.00 | 0 | 0 | 0 | 0.00 | 0 |
| 季节性包价 | SEPK | 3 840 | 124 800 | 9 486.24 | 0 | 4 590 | 137 700 | 19 697.73 | 0 |
| 其他包价 | OTPK | 3 000 | 90 000 | 43 725.99 | 100 000 | 3 500 | 105 000 | 10 736.22 | 25 000 |
| 集团内同行 | HTLNC | 1 500 | 45 000 | 31 784.58 | 30 000 | 450 | 18 000 | 36 779.16 | 27 000 |
| 员工价 | STAF | 0 | 4 200 | 3 841.05 | 0 | 0 | 0 | 2 781.45 | 0 |
| 公司会议 | COMT | 48 790 | 1 517 000 | 1 336 104.56 | 158 4000 | 43 870 | 1 312 000 | 1 474 123.43 | 1 800 000 |
| 政府团队 | GMDG | 0 | 0 | 0.00 | 0 | 0 | 0 | 0.00 | 0 |
| 展销会 | EXBT | 0 | 0 | 0.00 | 0 | 0 | 0 | 0.00 | 0 |
| 其他团队 | OTHG | 0 | 0 | 0.00 | 0 | 0 | 0 | 0.00 | 0 |
| 旅游团 | TRG | 0 | 0 | 28 617.12 | 48 000 | 0 | 15 750 | 13 596.44 | 48 000 |
| 免费房 | COMP | 0 | 0 | 0.00 | 0 | 0 | 0 | 0.00 | 0 |
| 合计 | TOTAL | 185 460 | 5 749 200 | 5 680 075.69 | 5 315 000 | 186 110 | 5 608 600 | 5 458 482.01 | 5 679 000 |
| 单房收益 | | 412 | 412 | 417.07 | 381 | 414 | 415 | 404.33 | 421 |

表 4-16 某酒店未来 2 个月客房收益预测(二) 单位:元

| 具体条目 | 10 月 | | | | 11 月 | | | |
|---|---|---|---|---|---|---|---|---|
| | 每日预测 | 月累计预测 | 去年实际 | 预算 | 每日预测 | 月累计预测 | 去年实际 | 预算 |
| MINI 吧 | — | 36 000 | 47 285.00 | 36 000 | — | 36 000 | 55 122.00 | 36 000 |
| 场租 | — | 32 000 | 43 878.60 | 32 000 | — | 32 000 | 43 806.90 | 32 000 |
| 其他 | — | 90 000 | 12 400.10 | 90 000 | — | 90 000 | 29 936.45 | 90 000 |
| 客房总收益 | 185 460 | 5 907 200 | 5 783 639.39 | 5 473 000 | 186 110 | 5 766 600 | 5 587 347.36 | 5 837 000 |

综上,我们已经较为详细地了解了酒店需求预测中涉及的三类内部数据,即历史数据、当前数据和未来数据。准确地理解这些数据的含义,对酒店客房需求预测而言至关重要。除了内部数据,一些外部数据对于酒店收益管理者而言,也具有十分重要的意义。

## 二、外部数据

酒店收益管理人员最常关注的外部数据有两种：一是影响未来市场需求的重大事件的数据；二是竞争对手的数据。

### （一）影响未来市场需求的重大事件的数据

常见的影响酒店未来市场需求的重大事件包括：经济形势的强与弱；酒店服务项目的增与减；竞争酒店的开与关；可预见因素，如计划中的事件、道路建设、季节性等；不可预见因素，如非计划中的事件、临时道路建设、极端天气、疫病流行、自然灾害等。

### （二）竞争对手的数据

显而易见，竞争酒店的定价及促销策略会对本酒店的需求产生重要影响。因此，了解、记录竞争对手的定价及相关策略，也是酒店数据收集工作的重要内容。当前，酒店收益管理者很容易从公开渠道（如竞争对手官网、OTA 等）获取竞争对手的相关信息。

表 4-17、表 4-18 是国内某知名品牌酒店记录的未来 4 周竞争对手的客房定价及客房促销信息。

**表 4-17　未来 4 周竞争对手客房定价**　　单位：元/间天

| 日期 | | A 酒店 | | B 酒店 | | C 酒店 | |
|---|---|---|---|---|---|---|---|
| | | 豪华客房 | | 高级客房 | | 高级客房 | |
| | | BAR | 最低价 | BAR | 最低价 | BAR | 最低价 |
| 10 月 27 日 | 星期一 | 1 024 | 922(限时特惠) | 978 | 978(携程标准价) | 735 | 626(A2M2W0)满 |
| 10 月 28 日 | 星期二 | 1 024 | 922(限时特惠) | 978 | 978(携程标准价) | 792 | 674(A2M2W0) |
| 10 月 29 日 | 星期三 | — | 922(限时特惠) | 978 | 880(A3W0) | 792 | 674(A2M2W0) |
| 10 月 30 日 | 星期四 | 1 541 | 1 387(限时特惠) | 978 满 | 880(A3W0)满 | 792 | 674(A2M2W0) |
| 10 月 31 日 | 星期五 | 1 541 满 | 1 387(限时特惠)满 | 1 208 满 | 1 208(携程标准价)满 | 735 | 589(A2M2W0) |
| 11 月 1 日 | 星期六 | 1 139 满 | 1 025(限时特惠)满 | 1 438 满 | 1 438(携程标准价)满 | 735 | 589(A2M2W0) |
| 11 月 2 日 | 星期日 | 1 024 满 | 922(限时特惠)满 | 978 | 880(A3W0) | 735 | 589(A2M2W0) |
| 11 月 3 日 | 星期一 | 1 196 满 | 1 077(限时特惠)满 | 978 | 880(A3W0) | 735 | 626(A2M2W0) |
| 11 月 4 日 | 星期二 | 1 081 | 973(限时特惠) | 978 满 | 978(携程标准价)满 | 792 | 674(A2M2W0) |
| 11 月 5 日 | 星期三 | 1 081 满 | 973(限时特惠)满 | 978 满 | 978(携程标准价)满 | 792 | 674(A2M2W0) |

续表

| 日期 | | A 酒店 | | B 酒店 | | C 酒店 | |
|---|---|---|---|---|---|---|---|
| | | 豪华客房 | | 高级客房 | | 高级客房 | |
| | | BAR | 最低价 | BAR | 最低价 | BAR | 最低价 |
| 11 月 6 日 | 星期四 | 1 081 | 973(限时特惠) | 978 满 | 978(携程标准价)满 | 735 | 626(A2M2W0) |
| 11 月 7 日 | 星期五 | 1 196 满 | 1 077(限时特惠)满 | 1 093 满 | 1 093(携程标准价)满 | 735 | 589(A2M2W0) |
| 11 月 8 日 | 星期六 | 1 196 满 | 1 077(限时特惠)满 | 1 093 满 | 983(A3W0)满 | 735 | 589(A2M2W0) |
| 11 月 9 日 | 星期日 | 1 196 满 | 1 077(限时特惠)满 | 978 | 831(A14W0) | 735 | 589(A2M2W0) |
| 11 月 10 日 | 星期一 | 1 024 | 819(A15W0) | 978 | 831(A14W0) | 735 | 626(A2M2W0) |
| 11 月 11 日 | 星期二 | 1 024 | 819(A15W0) | 978 | 831(A14W0) | 735 | 626(A2M2W0) |
| 11 月 12 日 | 星期三 | 1 024 | 819(A15W0) | 978 | 831(A14W0) | 735 | 626(A2M2W0) |
| 11 月 13 日 | 星期四 | 1 024 满 | 819(A15W0)满 | 978 | 831(A14W0) | 735 | 626(A2M2W0) |
| 11 月 14 日 | 星期五 | 1 139 满 | 911(A15W0)满 | 1 093 | 929(A14W0) | 735 | 589(A2M2W0) |
| 11 月 15 日 | 星期六 | 1 139 满 | 911(A15W0)满 | 1 093 | 929(A14W0) | 735 | 589(A2M2W0) |
| 11 月 16 日 | 星期日 | 1 024 | 819(A15W0) | 978 | 831(A14W0) | 735 | 589(A2M2W0) |
| 11 月 17 日 | 星期一 | 1 024 | 819(A15W0) | 978 | 831(A14W0) | 735 | 626(A2M2W0) |
| 11 月 18 日 | 星期二 | 1 024 | 819(A15W0) | 978 | 831(A14W0) | 735 | 626(A2M2W0) |
| 11 月 19 日 | 星期三 | 1 024 | 819(A15W0) | 978 | 831(A14W0) | 735 | 626(A2M2W0) |
| 11 月 20 日 | 星期四 | 1 024 | 819(A15W0) | 978 | 831(A14W0) | 735 | 626(A2M2W0) |
| 11 月 21 日 | 星期五 | 1 139 | 911(A15W0) | 1 093 | 929(A14W0) | 735 | 589(A2M2W0) |
| 11 月 22 日 | 星期六 | 1 139 | 911(A15W0) | 1 093 | 929(A14W0) | 735 | 589(A2M2W0) |
| 11 月 23 日 | 星期日 | 1 024 | 819(A15W0)满 | 978 | 831(A14W0) | 735 | 589(A2M2W0) |

注:“满”表示“满房”。

表 4-18　未来 4 周竞争对手客房促销信息

| 酒店 | 渠道 | 促销名称 | 售卖时间 | 促销内容 |
| --- | --- | --- | --- | --- |
| A | 携程 | 限时特惠 | 10 月 27 日—11 月 9 日 | 豪华房 922 元，豪华池景房 1 077 元，会所房 1 543 元，套房 1 853 元，名仕套房 2 164 元，豪华池畔房 2 371元<br>（以上均是该时段最低价，不同日期有所浮动，期间有满房订的则无此价格） |
| | | 畅想休闲 | 10 月 27 日—11 月 9 日 | 豪华房 1 288 元，豪华池景房 1 438 元，会所房 1 888元，名仕套房 2 488 元，豪华池畔房 2 688 元（周五、周六涨 200 元）<br>此期间预订入住，每房可免费享用 MINI 吧，另仅需额外支付人民币 172 元即可享受加床服务一次（原价 345 元，预订时需提前告知）。另每房首晚入住赠送 1 份“炫吧”索非特双人下午茶 |
| | | 珍馐百味 | 10 月 27 日—11 月 9 日 | 豪华房 1 598 元，池景房 1 948 元，会所房 2 398 元，名仕套房 2 998 元，豪华池畔房 3 198 元（周五、周六涨 100 元）<br>预订入住酒店，每房赠送 2 份 VIE 全天候餐厅自助晚餐和 1 份 12 岁以下儿童自助晚餐，另额外支付人民币 172 元即可享受加床服务一次（原价 345 元，预订时需提前告知），免费享受 2 小时酒店娱乐设施（包括乒乓球、桌球） |
| | | 尽享美食 | 10 月 27 日—11 月 9 日 | 豪华房 1 168 元，豪华池景房 1 340 元，名仕套房 2 548元<br>此期间预订入住，每房赠送 1 份 12 岁以下儿童自助早餐，另仅需额外支付人民币 172 元即可享受加床服务一次（原价 345 元，预订时需提前告知） |
| | | （内宾）品味佘山 | 10 月 27 日—11 月 9 日 | 别墅 6 888 元<br>此期间入住，每房可独享铭酒廊欢乐时光待遇（最多 6 位），赠送 VIE 全天候餐厅自助早餐（最多 6 位），所有客房均配备高端品牌沐浴用品，免费享受当日提前入住以及延迟退房（视酒店房态而定）。另即日起至 8 月 31 日，每房可免费使用 MINI 吧 |
| B | 携程 | 提前 3 天预订 | 每天 | 高级房 880 元，园景房 1 087 元，湖景房 1 242 元 |
| | | 提前 7 天预订 | 每天 | 高级房 948 元，园景房 1 132 元，湖景房 1 270 元 |

续表

| 酒店 | 渠道 | 促销名称 | 售卖时间 | 促销内容 |
| --- | --- | --- | --- | --- |
| C | 携程 | 老上海风情 | 周五至周日 | 高级房 788 元<br>此期间预订入住，每房每晚赠送两张车墩影视基地门票和 2 张麦希电影院门票，每房首晚可获赠欢迎饮料(按入住登记人数赠送，最多 2 杯) |
| | | 悠游月湖 | 周五至周日 | 高级房 788 元<br>此期间预订入住，每房每晚赠送 2 张月湖雕塑公园门票和 2 张麦希电影院门票，每房首晚获赠欢迎饮料(按入住登记人数赠送，最多 2 杯) |
| | | 辰山兰之魅 | 周五至周日 | 高级房 788 元<br>此期间预订入住，每房每晚赠送 2 张辰山植物园门票和 2 张麦希电影院门票，每房首晚获赠欢迎饮料(按入住登记人数赠送，最多 2 杯) |

## 第三节　预测的方法



### 一、预测方法概览

酒店市场需求预测的方法多种多样。根据预测方法的严谨程度，可以分为非正式预测和正式预测两大类。

#### (一)非正式预测方法

非正式预测是以直觉或主观判断为依据进行预测的方法。用这种方法进行预测的结果常常容易出现两种极端——要么很准确，要么与实际情况偏差很大。因此，使用非正式预测方法进行客房需求预测，存在很大的风险。

#### (二)正式预测方法

与非正式预测相反，正式预测是以深入的市场调查与全面的意见征集或充分的数据收集、科学的预测模型为基础的，是更具科学性、严谨性的预测方法。由于以足够的数据资料为支持，且预测过程更加客观严谨，正式预测的结果通常比非正式预测更加可靠。当然，由于影响客源市场的因素很多，所收集的数据资料也不可能完全理想，且参与预测的人或使用的预测模型也不可能面面俱到，所以，正式预测的结果依然会与现实之间存在一定的偏差。尽管如此，酒店收益管理者还是应该采用正式预测替代非正式预测来进行客房需求预测。

正式预测方法包括定性预测、定量预测，以及新近兴起的大数据预测方法。

定性预测是指通过社会调查，采用已有的历史资料和现实资料，结合人们的经验加以综合分析，进而对预测的对象、内容做出判断，其本质是以市场调研为基础的判断分析法(祖长生，2021)。该方法适合在缺乏量化数据或分析过程中存在难以量化的因素时使用。例如，兴建酒店前的投资规划，可行性分析所涉及的市场需求预测，只能以市场调研和区域同行的数据为依据，通过专家的经验和分析进行定性判断。又如，新开业的酒店，没有历史运营数据，客房需求预测也往往需要借助定性的预测方法。

常用的定性预测方法有市场调查法、集合意见法、德尔菲法、类比法等。

定量预测法是以历史数据、当前数据为基础，借助数理统计原理，通过运用数学公式、建立数学模型，对预测指标进行量化推断的方法。在酒店客房需求预测中，常见的定量预测方法有因果预测、时间序列预测、基于预订进度的预测等方法。

大数据预测是大数据最核心的应用。神经网络、专家系统、信念网络、机器学习等，都是与大数据预测相关的方法。当确切的关系未知时，大数据预测具有很大的优势。但是，由于多重共线性、过拟合、偏差方差困境等的存在，大数据预测方法可能落入“拟合陷阱”——它们完美地解释了现在，但不能预测未来。此外，大数据预测也还面临着一些伦理困境，如结果预判挑战自由、信息披露挑战尊严、信息垄断挑战公平及固化标签挑战正义等。

上述这些方法（见表 4-19），有其各自的优势和局限，酒店收益管理者应根据自身的实际和需要来选择合适的方法。

**表 4-19　预测方法概览**

<table>
<tr><td rowspan="12">需求预测方法</td><td rowspan="4">定性预测</td><td colspan="2">市场调查法</td></tr>
<tr><td colspan="2">集合意见法</td></tr>
<tr><td colspan="2">德尔菲法</td></tr>
<tr><td colspan="2">类比法</td></tr>
<tr><td rowspan="7">定量预测</td><td>因果预测</td><td>如回归分析法，常用于餐厅用餐人数预测</td></tr>
<tr><td rowspan="4">时间序列预测</td><td>简单平均法</td></tr>
<tr><td>加权平均法</td></tr>
<tr><td>移动平均法（一次移动平均法、二次移动平均法）</td></tr>
<tr><td>指数平滑法（一次指数平滑法、二次指数平滑法）</td></tr>
<tr><td rowspan="2">基于预订进度的预测</td><td>加法预测</td></tr>
<tr><td>乘法预测</td></tr>
<tr><td>大数据预测</td><td colspan="2">神经网络、专家系统、信念网络、机器学习等</td></tr>
</table>

（三）预测方法的选择原则

一般而言，酒店市场需求预测方法的选择可从以下三个方面来综合考虑（祖长生，2016）。

一是要考虑预测方法与预测指标的适应性。不同性质的预测指标，与其对应的预测方法可能不同。例如，酒店餐厅的需求量通常受到客房预订量的影响，因此，以客房预订量为自变量，采用因果预测法来预测酒店餐厅的需求具有合理性；反之，则不然。

二是要考虑预测方法与预测周期的匹配度。按照时间长短，可将预测周期分为短期、中期和长期。即便是同一个预测指标，预测周期不同，适用的方法往往也不同。例如，客房需求量的短期预测，可采用移动平均法、基于预订进度的加法或乘法预测等。客房需求量的长期预测，二次移动平均法、二次指数平滑法、回归分析法、类比法等往往具有较好的预测效果。

三是要考虑预测方法的可行性。随着预测技术的发展，预测方法层出不穷，然而，并不是所用方法越新或者模型越复杂，预测结果就越准确。一些复杂的模型，对数据的要求往往比较高。如果不能提供符合要求的数据，采用复杂模型预测出的结果未必能达到相应的精度要求，甚至有可能得出完全错误的预测结果。如果那些简单易行的方法也能得到符合精度要求的预测结果，酒店收益管理者不妨以这些方法的结果作为决策的参考。这样，收益管理者可以把预测环节节省下来的时间，用于决策方案的制定、优选和执行，从而提高整个收益管理工作的效率。当然，如果酒店已经采用了先进的收益管理系统来进行预测，收益管理者的预测工作会轻松很多。不管怎样，对于收益管理者而言，掌握酒店需求预测的常用方法还是非常必要的。即便是在采用收益管理系统进行辅助决策的情况下，酒店收益管理者也有必要了解系统运行的内在逻辑。否则，收益管理者可能沦为软件的工具，背离了软件为管理者服务的初衷。

## 二、定性预测法

### （一）市场调查法

市场调查法是酒店企业常用的预测方法之一，主要用于酒店市场需求的中长期预测，通常由收益管理团队或市场与销售团队来完成，其主要步骤如下（祖长生，2021）。

确定预测指标。确定预测指标即根据工作目标和需要，确定市场预测的主要指标，如客房需求量、销售价格、市场份额、客房收益等。



确定调查内容。确定调查内容即围绕之前所确定的预测指标，开展相关的市场调查。例如，如果预测指标是客房需求量，那么调查的内容可能包括经济发展趋势、消费者购买能力及消费意愿变化趋势、酒店品牌影响力、顾客满意度、区域竞争对手分布格局及其变化、主要竞争对手的客房销量等。如果预测指标是客房销售价格，那么调查的内容可能包括本酒店及主要竞争酒店的品牌影响力、地理位置、酒店设施设备和风格差异、客房产品类型及特征，主要竞争对手的客房价格，以及市场环境信息等。总之，应选择与预测指标高度相关的市场要素来确定调查内容。

设计调查方案。调查内容确定之后，便可设计调查方案，调查方案的内容主要包括：调查人员、调查问卷或调查问题提纲、调查对象、进度安排、经费预算等。

实施调查方案。实施调查方案即按照调查方案的设计实施市场调查，汇总调查数据或资料。

进行需求预测。进行需求预测即对调查所取得的数据资料进行深入分析，进而给出相应指标的初步预测值或取值范围。

确定预测结果。在取得相关指标的初步预测值或取值范围后，需要通过收益管理会议对初步预测结果进行讨论和评估，综合参会人员的意见后，确定相关指标的最终预测结果。

市场调查法的优点是，将调查所取得的数据与酒店经营管理人员的经验相结合所得到的最终预测值往往具有较高的准确性。其不足之处在于，调查方案设计实施和预测本身都需要耗费较多的时间。如果将该方法用于短期预测往往会使预测值落后于实际而失去预测价值。而且，预测本身也要耗费一定的经济资源。因此，时间成本和经济成本相对较高的市场调查法，往往用于酒店建设之前的投资规划阶段或酒店运营阶段的中长期预测。

（二）集合意见法

集合意见法是一种综合考虑酒店中高层管理人员和市场销售人员的意见，借助他们的实践经验和分析判断，对相关指标进行预测的方法。由于该方法综合了酒店不同岗位人员的意见，分析事物的角度更为多元，对预测内容的考虑比较全面，常被酒店企业用于中长期指标的预测，其主要步骤如下：

资料发放。组织者向参加预测的人员提供历史数据和相关资料，说明预测的目的、指标及时间范围。

分头预测。每位预测人员根据个人经验和专业知识，结合组织者所提供的历史数据，就预测指标进行分析，分别提交预测结果。

结果汇总。组织者对每位预测人员的预测结果进行归纳、整理，并分别计算预测指标的期望值。

计算综合预测值。对所有预测人员的期望值进行综合计算，确定综合预测值。综合预测值的计算，可采用算术平均法、加权平均法或中位数法。

确定最终预测值。将综合预测值及其预测过程提交酒店收益管理委员会讨论，必要时进行相应调整，确定预测指标的最终预测值。

综合意见法的完整过程可参见下述示例。

某酒店有客房 200 间。3 月 15 日，酒店收益管理部计划采用综合意见法预测当年 6 月的客房销量。收益经理向总经理、收益总监、市场与销售总监，以及前厅部、客房部、财务部的 3 位经理和销售部的 6 位销售人员提供了相关资料和历史数据，请他们给出 6 月份酒店客房销量预测值。要求在 3 月 18 日之前给出高、中、低三种预测结果取值及其出现的概率。3 天后，收益经理收到的 12 位预测人员的反馈结果如表 4-20 所示。

**表 4-20　12 位预测人员的反馈结果汇总**

| 预测人员 | | 高 | | 中 | | 低 | | 期望值/间 |
|---|---|---|---|---|---|---|---|---|
| | | 预测值/间 | 概率/（%） | 预测值/间 | 概率/（%） | 预测值/间 | 概率/（%） | |
| 高管 | 总经理 | 5 100 | 30 | 4 800 | 50 | 4 520 | 20 | 4 834 |
| | 收益总监 | 5 280 | 20 | 4 980 | 60 | 4 800 | 20 | 5 004 |
| | 市场与销售总监 | 5 160 | 30 | 4 860 | 60 | 4 680 | 10 | 4 932 |
| 部门经理 | 前厅经理 | 5 160 | 10 | 4 860 | 70 | 4 500 | 20 | 4 818 |
| | 客房经理 | 5 100 | 20 | 4 800 | 50 | 4 680 | 30 | 4 824 |
| | 财务经理 | 5 220 | 30 | 4 980 | 60 | 4 800 | 10 | 5 034 |
| 销售人员 | A | 4 920 | 20 | 4 800 | 60 | 4 680 | 20 | 4 800 |
| | B | 4 980 | 30 | 4 860 | 50 | 4 800 | 20 | 4 884 |
| | C | 4 800 | 10 | 4 680 | 70 | 4 380 | 20 | 4 632 |
| | D | 4 740 | 10 | 4 620 | 60 | 4 380 | 30 | 4 560 |
| | E | 4 680 | 30 | 4 500 | 50 | 4 320 | 20 | 4 518 |
| | F | 4 860 | 20 | 4 680 | 60 | 4 500 | 20 | 4 680 |

收益经理根据 12 位预测人员反馈的预测结果及其对应的概率，计算得到每位预测人员 6 月客房销量的期望预测值(见表 4-21)。

**表 4-21　综合预测值的计算**

| 预测人员 | | 期望预测值/间 | 组内权重及本组预测值 | | 组间权重及综合预测值 | |
|---|---|---|---|---|---|---|
| | | | 组内权重 | 预测值/间 | 组间权重 | 预测值/间 |
| 高管 | 总经理 | 4 834 | 0.4 | 4 914 | 0.5 | 4 834 |
| | 收益总监 | 5 004 | 0.3 | | | |
| | 市场销售总监 | 4 932 | 0.3 | | | |
| 部门经理 | 前厅经理 | 4 818 | 0.5 | 4 863 | 0.25 | |
| | 客房经理 | 4 824 | 0.3 | | | |
| | 财务经理 | 5 034 | 0.2 | | | |
| 销售人员 | A | 4 800 | 0.2 | 4 647 | 0.25 | |
| | B | 4 884 | 0.1 | | | |
| | C | 4 632 | 0.1 | | | |
| | D | 4 560 | 0.2 | | | |
| | E | 4 518 | 0.3 | | | |
| | F | 4 680 | 0.1 | | | |



收益经理根据之前的收益管理会议确定的 12 位预测人员组内权重，计算得到 3 个组别的预测值分别为 4 914 间、4 863 间和 4 647 间。进而根据 3 个组别的组间权重计算得出的综合预测值为 4 834 间。

最后，需要将综合预测值提交酒店收益管理会议讨论，进而确定最终的预测值。

(三)德尔菲法

德尔菲法(Delphi Method)，也称"专家调查法"，是在 20 世纪 40 年代由赫尔默(Helmer)和戈登(Gordon)首创的一种反馈匿名函询法。起初，它产生于科技领域，后来逐渐应用于任何领域的预测(如军事预测、人口预测、需求预测等)。同时，它还可以用于评价、决策以及管理沟通等。采用德尔菲法进行预测时，将所要预测的问题征得专家的意见之后，要进行整理、归纳、统计，再匿名反馈给各专家，再次征求意见，再集中，再反馈，直至得到一致的意见。因此，在采用德尔菲法进行预测时，始终有两方面的人在活动：一是预测的组织者，二是被遴选出来的专家。德尔菲法的工作流程大致可以分为四个步骤。

开放式的首轮调研。组织者向专家发放开放式的调查表，收到专家反馈后汇总整理专家调查表，归并同类事件，排除次要事件，用准确术语提出一个预测事件一览表，并作为第二步的调查表发给专家。

评价式的第二轮调研。专家对第二轮调查表所列的每个事件进行评价，并反馈给组织者。组织者收到反馈后，统计处理第二步专家意见，整理出第三张调查表。

重审式的第三轮调研。专家收到第三张调查表，对对立意见进行评价，也可以修正自己的观点并叙述相应的理由。组织者回收专家们的新评论和新争论，总结专家观点，形成第四张调查表。

复核式的第四轮调研。收到第四张调查表后，专家再次评价和权衡，作出新的预测。组织者回收第四张调查表后，归纳总结各种意见的理由以及争论点……如此循环往复，直至达成一致。

值得注意的是，并不是所有的预测都要经过四步。有的时候可能在第二步就达到统一，而不必进行之后的步骤；有的时候可能在第四步结束后专家的意见都未能达到统一。

德尔菲法取得成功，需要一些前提条件：一是要避免专家们面对面的集体讨论，以保持专家意见独立性；二是所遴选的专家应该对预测事项和行业情况比较熟悉；三是组织者对德尔菲法的工作流程非常熟悉。

由于德尔菲法能充分发挥各位专家的作用，集思广益，因而预测结果的准确性往往较高。其不足之处是：耗费的时间长，投入的人力成本高；少数人的正确意见可能被忽视；组织者主观影响的存在，可能导致预测的结果偏离实际。

(四)类比法

类比法(Analogy Method)，又称作“比较类推法”，是将预测对象与其同类事物或该对象的历史状态进行比较分析，按照发展规律一致性原则，来推断预测对象未来一段时间内的发展趋势和可能水平。

类比法有多种呈现形式，如由点推算点，由点类推面、由局部推断整体、由已有产品推断类似的未知产品等。一般地，类比对象之间的共同特征越多，类推结果的准确性就越强。在酒店经营管理活动中，类比法常被应用于对未来某段时间内的客房需求量或平均房价进行预测。

例如，某酒店有客房 150 间，已知前三年 6 月份第二个周三的客房销量分别为 96 间、104 间和 94 间，则可用类比法来推算本年 6 月第二个周三的客房销量。首先，可计算出前三年 6 月第二个周三的平均客房销量：(96＋104＋94)/3＝98(间)。同时，酒店收益管理团队通过相关渠道得知，6 月中旬将有一个大型的家具博览会在本地举行，届时全市酒店市场的需求量会增加 10％。考虑到本酒店距展会场馆适中，收益管理团队预计届时本酒店的市场需求也会相应增加 10％。因此，通过类比法可得到本酒店当年 6 月第二个周三的客房销量预测值为 98×(1＋10％)＝108(间)。

一般而言，采用类比法进行酒店客房需求和售价的预测，具有简单易行、结果直观明了等优点。但由于类比法往往是基于少量的数据进行的，预测过程中考虑的因素也相对较少，因而预测结果的准确性有限，故常用于对预测准确性要求没那么严格的中长期预测，而较少用于近期指标的预测。

## 三、因果预测法

因果预测法(Causal Forecasting Method)，又称为“因果分析”，它是利用变量之间因果关系来进行预测的量化分析方法。在酒店需求预测中，常用的因果分析法包括简单线性回归、多元线性回归及非线性回归分析等。其中，多元线性回归和非线性回归分析应用的数学模型和计算过程较为复杂，通常作为酒店收益管理系统的内置工具使用，较少被收益管理团队作为人工分析方法使用。简单线性回归分析的原理和计算过程较为简便，运用得当的话，

也具有较高的预测准确性。下面,就简单线性回归的原理和过程进行简要介绍。

简单线性回归,即一元线性回归分析。当因变量与自变量之间的因果关系呈现出线性变化时,就可以通过历史数据构造因变量与自变量的回归方程,进而通过将自变量的取值输入方程得到因变量的预测值。其主要步骤如下:

确认两个变量之间的因果关系。收益管理者要通过定性分析、逻辑推理确认两个变量之间存在着因果关系。例如,某酒店管理团队发现,酒店的餐厅收入与客房出租率之间存在正向相关关系。即客房出租率越高,餐厅收入就越高。经过进一步分析发现,酒店餐厅早餐收入的90%来自住店客人,正餐收入的50%来自住店客人,故酒店餐厅收入与客房销售情况(可用客房出租率来衡量)之间存在着很强的因果关系。

初步确认两个变量之间的线性关系。酒店收益管理者可收集两个变量的历史数据,借助相关软件,如Excel、SPSS、Eviews制作散点图,观察散点图上点的分布情况,初步判断两个变量之间的因果关系是否以线性方式呈现。如果两者线性相关,则可以采用简单线性回归的方法来预测。

构造回归方程。当两个变量之间存在线性相关关系时,可借助相关软件构造回归方程:

$$y=a+bx \tag{4-3}$$

式(4-3)中:$y$为因变量,$x$为自变量,$a$为线性回归方程的截距,$b$为线性回归方程的回归系数(即直线的斜率)。

拟合回归方程。借助相关软件,对回归方程$y=a+bx$的参数进行拟合,并得到决定系数$R^2$。决定系数$R^2$也称作“拟合优度”,其值大小表明了回归方程的拟合程度。例如,$R^2=0.8360$,则表明在所构造的回归方程中,因变量83.60%的变化可以通过自变量得到解释。显然,$R^2$越接近于1,回归方程的拟合优度越高。换言之,$R^2$越接近于1,因变量与自变量之间的线性相关程度越高,越适合采用线性回归方程拟合;$R^2$越接近于0,因变量与自变量之间的线性相关程度越低,越不适合采用线性回归方程进行拟合。

进行预测。当所构造的一元线性回归方程具有较好的拟合度时,即可用其进行预测。将未来某期的自变量取值输入回归方程,即可得到对应的因变量的预测值。

表4-22是某酒店过去10年的广告费用投入和营业收入情况。酒店收益管理团队发现,在过去10年中,酒店营业收入和广告费用都是逐年增加的,因而推断:营业收入的增加与广告费用投入有着密切关联。因为正常来讲,增加广告费用投入是有助于提升营业收入的。于是,他们试图构建酒店营业收入与广告费用投入之间的线性回归模型,通过该模型来预测下一年度的营业收入。

**表4-22 某酒店过去10年的广告费用投入与营业收入**

| 时间 | 广告费用/万元 | 营业收入/万元 |
|---|---|---|
| 第1年 | 28 | 3 925 |
| 第2年 | 32 | 4 210 |
| 第3年 | 34 | 4 700 |
| 第4年 | 41 | 4 987 |
| 第5年 | 50 | 5 238 |

续表

| 时间 | 广告费用/万元 | 营业收入/万元 |
|---|---|---|
| 第 6 年 | 58 | 5 569 |
| 第 7 年 | 51 | 5 168 |
| 第 8 年 | 56 | 5 598 |
| 第 9 年 | 54 | 5 647 |
| 第 10 年 | 58 | 5 726 |
| 第 11 年 | 60 | ? |

在确认营业收入与广告费用的因果关系之后，他们将过去 10 年的数据输入 Excel 表中，制作散点图(见图 4-1)，发现营业收入与广告费用组成的点在平面上呈线性分布，进而通过“添加趋势线”操作得到简单线性回归结果(见图 4-2)。回归结果显示：营业收入 $y$ 与广告费用 $x$ 呈线性相关关系，直线的截距为 2 636.6，斜率为 52.818；方程的决定系数 $R^2=0.935\ 7$。由于方程具有很高的拟合优度，用该模型来预测下一年度的营业收入预计会有较高的可靠性。将第 11 年的广告费用 60 万元作为自变量代入方程，计算得到第 11 年营业收入预测值为 5 806 万元。

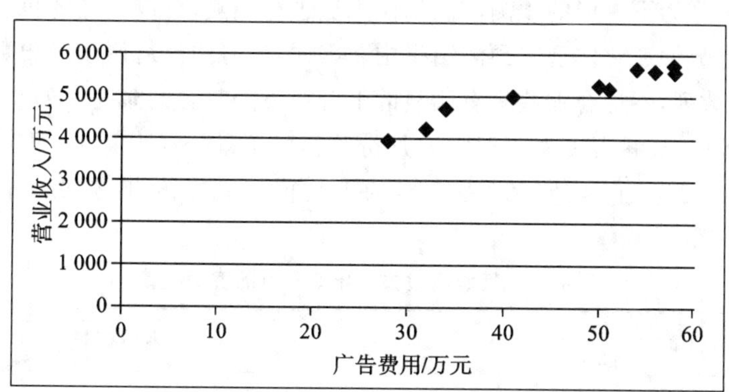


**图 4-1 Excel 生成的散点图**

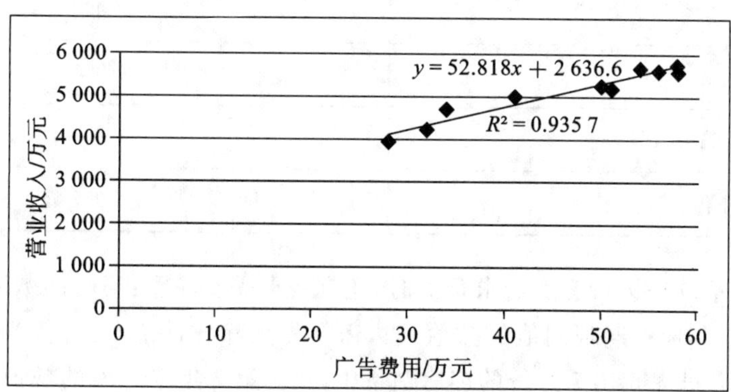


**图 4-2 Excel 输出的简单线性回归结果**

## 四、时间序列预测法

时间序列预测法，是将某个统计指标的数值按时间先后顺序排列成时间序列（也可称作“时间数列”），依据时间序列所反映出来的发展过程、方向或趋势，来推断未来一定时期内该统计指标可能达到的水平。其前提假设是，事物过去的变化规律或趋势会延续到未来，因而可以借由历史数据来计算推断预测值。

在时间序列中，历史数据的变化分为多种类型：趋势性变化，即随着时间的推移呈现出一种较为缓慢的上升或下降变动趋势；周期性变化，即随着自然季节的变动呈现出规律性变化；随机性变化，即无规律的变化，但是这种无规律的变化是表现在个体上的，整体上仍然可能呈现出稳定的趋势变化。

在酒店市场需求预测中，应充分考虑上述变动因素，选择合适的方法，以减小预测的误差。具体地，在客房需求预测中，可选用的方法有简单平均法、加权平均法、移动平均法、指数平滑法等。

### （一）简单平均法

简单平均法（Simple Average Method）就是把预测指标过去各期的观测值相加后取平均值，用该平均值作为下一期的预测值。用该方法进行预测，可以消除随机变化对预测值的影响，但无法将趋势性变化体现在预测结果中。因此，该方法只适用于历史数据呈现出一种平稳特征的时间数列，不适合那些具有明显的上升或下降趋势的时间序列。



如表 4-23 所示，某酒店过去 5 年中 5 月份的客房销量分别为 4 034 间、3 998 间、4 090 间、4 203 间、4 067 间。于是计算过去 5 年的平均值得到第 6 年客房销量的预测值约为 4 078间。

**表 4-23　某酒店过去 5 年 5 月份的客房销量**

| 时间 | 客房销量/间 |
|---|---|
| 第 1 年 5 月 | 4 034 |
| 第 2 年 5 月 | 3 998 |
| 第 3 年 5 月 | 4 090 |
| 第 4 年 5 月 | 4 203 |
| 第 5 年 5 月 | 4 067 |

在采用简单平均法进行客房需求预测时，还有一点需要注意：当时间数列中存在异常值（明显大于或小于其他各期观测值的数值）时，需要先剔除异常值，再计算平均数。例如，在表 4-24 中，某酒店过去 5 年 7 月份的客房销量中，过去第 2 年 7 月份的数值（2 093 间）明显低于其余各期，应作为异常值剔除。剔除异常值后，得到第 6 年 7 月份的客房销量预测值为 5 069 间。

表 4-24　某酒店过去 5 年 7 月份的客房销量

| 时间 | 客房销量/间 |
|---|---|
| 第 1 年 7 月 | 5 124 |
| 第 2 年 7 月 | 2 093 |
| 第 3 年 7 月 | 4 887 |
| 第 4 年 7 月 | 5 033 |
| 第 5 年 7 月 | 5 230 |

异常值的出现,通常是由一些不具有重复性的历史事件(如地震、动乱、经济危机等或重大节事)引起的。由于类似事件在未来发生的概率较低,通常需要把这些事件引起的异常历史数据剔除,再进行时间序列预测。

(二)加权平均法

加权平均法(Weighted Average Method)在酒店市场需求预测中有两种应用形式:一种是给以往各期的历史数据赋权重,进而计算以往各期的加权平均数,将计算得到的加权平均数作为指标预测值;另一种是给长期预测结果和短期预测结果赋权重来计算综合平均值。下面对这两种方法分别进行介绍。

1. 加权平均法:给历史数据赋权重

在预测中,我们把收集到的以往各期的历史数据称为"观测值",每个观测值对未来的预测结果都会有影响。一般而言,距离预测期越近的观测值对预测值的影响越大,距离预测期越远的观测值对预测值的影响越小。换言之,采用加权平均法进行预测,意味着认可这样一个前提:未来与历史之间存在着相似性,且与较近的历史相似性高于与较远的历史的相似性。因此,应赋予较近的历史观测值以较大的权重,而赋予较远的历史观测值以较小的权重。这样计算出来的加权平均值将更有可能接近于未来的真实情况。例如,已知某酒店过去 5 年 5 月份的客房销售量如表 4-25 所示,给过去 5 年 5 月份的客房销量观测值分别赋予权重 0.05、0.10、0.15、0.20、0.50,则第 6 年 5 月份的客房销量预测值为:

$$4\,034\times0.05+3\,998\times0.10+4\,090\times0.15+4\,203\times0.20+4\,067\times0.50=4\,089(\text{间})$$

表 4-25　给历史数据赋权重

| 时间 | 客房销量/间 | 权重 |
|---|---|---|
| 第 1 年 5 月 | 4 034 | 0.05 |
| 第 2 年 5 月 | 3 998 | 0.10 |
| 第 3 年 5 月 | 4 090 | 0.15 |
| 第 4 年 5 月 | 4 203 | 0.20 |
| 第 5 年 5 月 | 4 067 | 0.50 |
| 第 6 年 5 月 | ? | |

显然,权重的分配对预测结果的影响很大,且目前尚无统一的科学方法来确定各期权重

的取值。因此，在采用该方法进行预测时，酒店收益管理者需要对所在酒店预测工作实践进行及时的总结、分析和调整，从而找到最适合本酒店的权重配置。

2.加权平均法：给长短期预测结果赋权重

该方法在预测时同时考虑长期预测值和短期预测值对未来结果的影响，分别赋予它们不同的权重，进而计算综合预测值。一般地，距离入住日期越近，会赋予短期预测方法得到的预测值以较大的权重；反之，距离入住日期越远，则赋予长期预测方法得到的结果以较大的权重。表 4-26 即是一个权重分配表[①]。但它并不一定适合于所有的酒店。适合本酒店的权重分配，需要收益管理者在实际工作中进行摸索、验证。

**表 4-26　给长期、短期预测结果赋权重**

| 距离入住日的天数 | 短期预测结果的比重 | 长期预测结果的比重 |
|---|---|---|
| 56 | 0.05 | 0.95 |
| 42 | 0.20 | 0.80 |
| 28 | 0.50 | 0.50 |
| 21 | 0.60 | 0.40 |
| 14 | 0.80 | 0.20 |
| 7 | 0.85 | 0.15 |
| 3 | 0.95 | 0.05 |
| 1 | 1.00 | 0.00 |



表 4-27 显示的是某酒店过去 5 年 5 月份第 3 个星期五的客房销售量。由这些数据不难得到过去 5 年 5 月份第 3 个星期五的客房销量平均值为 234 间。则 234 间是采用简单平均法得到的第 6 年 5 月份第 3 个星期五客房销量的长期预测值。

**表 4-27　某酒店过去 5 年 5 月第 3 个星期五的销售量**

| 距离入住日的年数 | 客房销量/间 |
|---|---|
| 5 | 230 |
| 4 | 220 |
| 3 | 252 |
| 2 | 236 |
| 1 | 232 |
| 平均值 | 234 |

表 4-28 则显示了依据预订进度预测得到的距离入住日 56 天至 1 天时今年 5 月份第 3 个星期五的客房销量预测值（基于预订进度的预测方法将在下一小节中介绍）。

① 胡质健.收益管理——有效实现饭店收入最大化[M].北京：旅游教育出版社，2009.

表 4-28　依据预订进度预测得到的今年 5 月第 3 个星期五的销售量

| 距离入住日的天数 | 短期预测值/间 |
|---|---|
| 56 | 240 |
| 42 | 244 |
| 28 | 258 |
| 21 | 277 |
| 14 | 278 |
| 7 | 290 |
| 3 | 290 |
| 1 | 288 |

如果酒店的收益管理者采用表 4-29 的权重配置，在距离入住日 56 天至 1 天这段时间内的不同时点进行预测，可以得到各时点的预测值分别为 234 间、236 间、246 间、260 间、269 间、282 间、287 间、288 间。

表 4-29　综合预测值的计算

| 距离入住日的天数 | 长期预测值及其权重 | | 短期预测值及其权重 | | 综合预测值/间 |
|---|---|---|---|---|---|
| | 预测值/间 | 权重 | 预测值/间 | 权重 | |
| 56 | 234 | 0.95 | 240 | 0.05 | 234×0.95+240×0.05=234 |
| 42 | | 0.80 | 244 | 0.20 | 234×0.8+244×0.2=236 |
| 28 | | 0.50 | 258 | 0.50 | 234×0.5+258×0.5=246 |
| 21 | | 0.40 | 277 | 0.60 | 234×0.4+277×0.6=260 |
| 14 | | 0.20 | 278 | 0.80 | 234×0.2+278×0.8=269 |
| 7 | | 0.15 | 290 | 0.85 | 234×0.15+290×0.85=282 |
| 3 | | 0.05 | 290 | 0.95 | 234×0.05+290×0.95=287 |
| 1 | | 0.00 | 288 | 1.00 | 234×0.00+288×1=288 |

（三）移动平均法

移动平均法（Moving Average Method），是按时间序列将观测值由远及近排列，并按一定的跨越期来计算平均值的预测方法。它通过采用越来越近的新数据，不断修改平均值作为预测值，从而尽量消除随机性的影响，减少偏差，得出反映变化趋势的预测值，包括一次移动平均法和二次移动平均法。

1. 一次移动平均法

一次移动平均值的计算公式如下：

$$Z_{t+1}=M_t^{(1)}=\frac{Y_t+Y_{t-1}+Y_{t-2}+\cdots+Y_{t-n+1}}{n} \tag{4-4}$$

式(4-4)中，$Z_{t+1}$表示第 $t+1$ 期（即下一期）的预测值，$M_t^{(1)}$表示第 $t$ 期的一次移动平均值，$Y_t$、$Y_{t-1}$、$Y_{t-2}\cdots Y_{t-n+1}$表示过去 $n$ 期的观测值（即实际值）。

让我们通过一个例子来说明一次移动平均值的计算过程。表 4-30 是某酒店过去 10 周周三的客房销量，现需要预测第 11 周周三的客房销量。

**表 4-30　某酒店过去 10 周周三的客房销量**

| 观察期 | 观测值/间 |
|---|---|
| 1 | 281 |
| 2 | 277 |
| 3 | 265 |
| 4 | 278 |
| 5 | 266 |
| 6 | 258 |
| 7 | 274 |
| 8 | 290 |
| 9 | 266 |
| 10 | 279 |

如果用过去 5 期的观测值来进行预测的话，则第 11 周周三客房销量的预测值为：

$$Z_{11}=M_{10}^{(1)}=\frac{Y_{10}+Y_9+Y_8+Y_7+Y_6}{5}=\frac{279+266+290+274+258}{5}\approx 273(\text{间})$$



如果第 11 周周三实际销售的客房数为 268 间，则第 12 周周三的客房销量预测值为：

$$Z_{12}=M_{11}^{(1)}=\frac{Y_{11}+Y_{10}+Y_9+Y_8+Y_7}{5}=\frac{268+279+266+290+274}{5}\approx 275(\text{间})$$

如果第 12 周周三实际销售的客房数为 285 间，则第 13 周周三的客房销量预测值为：

$$Z_{13}=M_{12}^{(1)}=\frac{Y_{12}+Y_{11}+Y_{10}+Y_9+Y_8}{5}=\frac{285+268+279+266+290}{5}=278(\text{间})$$

由此可知，在计算一次移动平均值时，每次都需要使用不断更新的数据，用最近的观测值取代最远的观测值，通过计算距离预测期最近的 $n$ 个观测值的平均值得到不断更新的一次移动平均数。在上例中，$n$ 的取值为 5，因而每次计算都采用距离预测期最近的 5 个观测值。在实际工作中，收益管理者可以根据需要来确定 $n$ 的取值。

2. 二次移动平均法

二次移动平均法，是对一次移动平均数进行第二次移动平均，再以一次移动平均值和二次移动平均值为基础建立预测模型来计算预测值的方法。它既适用于趋势叠加随机波动的时间序列预测，也适用于存在季节变动现象的预测。二次移动平均法的预测值由一系列公式计算得出：

$$Z_{t+T}=a_t+b_tT \tag{4-5}$$

$$a_t=2M_t^{(1)}-M_t^{(2)} \tag{4-6}$$

$$b_t=\frac{2}{n-1}(M_t^{(1)}-M_t^{(2)}) \tag{4-7}$$

$$M_t^{(1)}=\frac{Y_t+Y_{t-1}+Y_{t-2}+\cdots+Y_{t-n+1}}{n} \tag{4-8}$$

$$M_t^{(2)}=\frac{M_t^{(1)}+M_{t-1}^{(1)}+M_{t-2}^{(1)}+\cdots+M_{t-n+1}^{(1)}}{n} \tag{4-9}$$

在上面的公式中：

(1)$M_t^{(2)}$为二次移动平均数，通过对一次移动平均数$M_t^{(1)}$计算移动平均值得出；

(2)$T$是未来需要预测的期数，$Z_{t+T}$是对第$t+T$期的预测值，由截距$a_t$和斜率$b_t$共同决定；

(3)截距$a_t$是第$t$期的基础值，由第$t$期的一次移动平均值和二次移动平均值共同决定；

(4)斜率$b_t$，由观测值的个数$n$和第$t$期的一次移动平均值、二次移动平均值共同决定。

为了直观地说明二次移动平均法的计算过程，让我们一起来分析如下的例子。

表4-31是某酒店过去9年非房费收入的观测值，现需要预测未来3年的非房费收入。

**表4-31　某酒店过去9年非房费收入的观测值**

| 观察期($t$) | 观测值($Y_t$)/间 |
|---|---|
| 1 | 1 420 |
| 2 | 1 450 |
| 3 | 1 460 |
| 4 | 1 490 |
| 5 | 1 510 |
| 6 | 1 480 |
| 7 | 1 530 |
| 8 | 1 550 |
| 9 | 1 580 |

酒店收益管理团队对数据进行分析后发现，酒店的非房费收入在过去9年中存在明显的上升趋势，于是决定采用二次移动平均法来进行预测(见表4-32)。

第一步，先计算各期的一次移动平均值$M_t^{(1)}$和二次移动平均值$M_t^{(2)}$。

第二步，根据第9期的一次移动平均值和二次移动平均值，计算截距$a_9$和斜率$b_9$。

第三步，计算未来3期的非房费收入预测值：

$$Z_{10}=a_9+b_9\times 1=1\ 560+17=1\ 577(\text{万元})$$

$$Z_{11}=a_9+b_9\times 2=1\ 560+17\times 2=1\ 594(\text{万元})$$

$$Z_{10}=a_9+b_9\times 3=1\ 560+17\times 3=1\ 611(\text{万元})$$

**表4-32　二次移动平均法计算过程数据(n=4)**

| 观察期($t$) | 观测值($Y_t$) | $M_t^{(1)}$ | $M_t^{(2)}$ | $a_t$ | $b_t$ | $Z_{t+T}$ |
|---|---|---|---|---|---|---|
| 1 | 1 420 | — | — | — | — | — |
| 2 | 1 450 | — | — | — | — | — |
| 3 | 1 460 | — | — | — | — | — |
| 4 | 1 490 | 1 455 | — | — | — | — |

续表

| 观察期($t$) | 观测值($Y_t$) | $M_t^{(1)}$ | $M_t^{(2)}$ | $a_t$ | $b_t$ | $Z_{t+T}$ |
| --- | --- | --- | --- | --- | --- | --- |
| 5 | 1 510 | 1 478 | — | — | — | — |
| 6 | 1 480 | 1 485 | — | — | — | — |
| 7 | 1 530 | 1 503 | 1 480 | — | — | — |
| 8 | 1 550 | 1 518 | 1 496 | — | — | — |
| 9 | 1 580 | 1 535 | 1 510 | 1 560 | 17 | — |
| 10 | — | — | — | — | — | 1 577 |
| 11 | — | — | — | — | — | 1 594 |
| 12 | — | — | — | — | — | 1 611 |

作为一种便捷而有效的预测手段，移动平均法非常适合作为酒店收益管理者在人工预测时使用。不管是一次移动平均法还是二次移动平均法，都考虑了随机波动和趋势性变化的影响，都适用于趋势叠加波动的时间数列。所不同的是，一次移动平均法仅能预测下一期的取值，而二次移动平均法则可以预测未来一期到多期的数值。

需要注意的是，在使用二次移动平均法时，预测模型中直线的截距 $a_t$ 和斜率 $b_t$，是随着期数 $t$ 的推移而不断变动的。也就是说，预测模型中的直线是随着时间的推移不断变化的。因此，尽管该方法可以预测未来多期的数值，还是应该随着时间的变化来更新预测模型，尽可能采用最新的数据来进行预测，以便得到更加可靠的预测结果。



### (四)指数平滑法

指数平滑法(Exponential Smoothing Method)，是根据本期的实际值和过去对本期的预测值来预测下一期取值的方法。它通过平滑常数 $\alpha$ 的调节，赋予最近的观测值最大的权重、最远的观测值最小的权重，反映了近期实际值对未来预测值的影响，是在移动平均法的基础上发展而来的特殊的加权平均法。其基本思想是：如果对某个特定时段的预测值过高，在下一次预测时就应该降低它；反之，如果过低，下次预测时就应该提高它。

在实际预测工作中，有一次指数平滑和二次指数平滑两种预测方法。

#### 1. 一次指数平滑法

用一次指数平滑法计算下一期的预测值，只需要用到两个数据——上一期对本期的预测值和本期的实际观测值。具体计算公式为：

$$S_{t+1}^{(1)}=\alpha Y_t+(1-\alpha)S_t^{(1)} \tag{4-10}$$

式中：$S_{t+1}^{(1)}$ 为第 $t+1$ 期的一次指数平滑值，$Y_t$ 为第 $t$ 期的实际观测值，$S_t^{(1)}$ 为第 $t$ 期的一次指数平滑值；$\alpha$ 为平滑常数。

现举例说明一次指数平滑法的计算过程。表 4-33 中，已知过去 5 期的观测值分别为 169 间、172 间、176 间、173 间、182 间，平滑常数为 0.4，现需要用一次指数平滑法求第 6 期的预测值(计算结果取整数)。

表 4-33　过去 5 期观测值

| 观察期 | 观测值/间 |
|---|---|
| 1 | 169 |
| 2 | 172 |
| 3 | 176 |
| 4 | 173 |
| 5 | 182 |
| 6 | ? |

根据一次指数平滑法的计算公式可知，要计算第 6 期的预测值，需要知道第 5 期的预测值和实际观测值；而计算第 5 期的预测值，需要用到第 4 期的预测值和实际观测值……由此类推，需要用到第 1 期的预测值和实际值。显然，第 1～5 期的实际值已知，还需要知道第 1 期的预测值才能推算 2～5 期的预测值。在第 1 期预测值缺失的情况下，通常采用如下方法进行处理：以第 1 期的实际值替代第 1 期的预测值；取最初几期实际观测值的平均值作为第 1 期的预测值。

如果我们用第 1 期的观测值代替第 1 期的预测值，则第 2 期的预测值为 0.4×169＋0.6×169＝169(间)；

第 3 期的预测值为 0.4×172＋0.6×169＝170(间)；

第 4 期的预测值为 0.4×176＋0.6×170＝172(间)；

第 5 期的预测值为 0.4×173＋0.6×172＝172(间)。

知道了第 5 期的预测值为 172，就可以计算第 6 期的预测值了：

$$0.4\times182+0.6\times172=176(\text{间})$$

在指数平滑法中，平滑常数 $\alpha$ 取值的大小，决定当期观测值、之前对当期的预测值对下一期预测值的影响程度。当 $\alpha$ 取 1 时，$S_{t+1}^{(1)}=Y_t$；当 $\alpha$ 取 0 时，$S_{t+1}^{(1)}=S_t^{(1)}$。平滑常数 $\alpha$，还决定了平滑水平以及对预测值与实际结果之间差异的响应速度。平滑常数越接近于 1，远期实际值对本期平滑值影响程度越小；平滑常数越接近于 0，远期实际值对本期平滑值影响程度越大。一般来说，当时间数列相对平稳时，可取较大的 $\alpha$(较小也可)；当时间数列波动较大时，应取较小的 $\alpha$，以免忽略远期实际观测值的影响。

因此，可根据时间数列的特点，来选取合适的平滑常数：

(1)当时间序列呈现较稳定的水平趋势时，应选较小的 $\alpha$ 值(0.05～0.20)；

(2)当时间序列有波动，但长期趋势变化不大时，可选稍大的 $\alpha$ 值(0.1～0.4)；

(3)当时间序列波动很大，长期趋势变化幅度较大，呈现明显且迅速的上升或下降趋势时，宜选择较大的 $\alpha$ 值(0.6～0.8)，以使预测模型灵敏度高些，能迅速跟上数据的变化；

(4)当时间序列数据是上升(或下降)的发展趋势类型，$\alpha$ 应取较大的值(0.6～1)。

在实际工作中，平滑常数取值的确定，可以根据上述规则结合时间序列的特点来确定，也可以基于一次移动平均值为基础来求取。以一次移动平均值为基础求取平滑常数计算公式如下：

$$\alpha = \frac{S_t^{(1)} - S_{t-1}^{(1)}}{Y_{t-1}^{(1)} - S_{t-1}^{(1)}} \tag{4-11}$$

如表 4-34 所示，第 1～6 期的观测值分别为 264 间、258 间、273 间、282 间、257 间、260 间，采用一次移动平均法可得到第 6 期、第 7 期的预测值分别为 266.8 和 266.0（$n=5$），则采用一次指数平滑法预测第 7 期的取值时平滑常数可取：

$$\alpha = \frac{266.0 - 266.8}{260 - 266.8} \approx 0.12$$

**表 4-34　以一次移动平均值为基础求取平滑常数**

| 观察期 | 一次移动平均预测值 | 观测值 |
| --- | --- | --- |
| 1 | — | 264 |
| 2 | — | 258 |
| 3 | — | 273 |
| 4 | — | 282 |
| 5 | — | 257 |
| 6 | 266.8 | 260 |
| 7 | 266.0 | — |



2. 二次指数平滑法

二次指数平滑是对一次指数平滑的再平滑。它适用于具线性趋势的时间序列。其预测公式为：

$$Z_{t+T} = a_t + b_t T \tag{4-12}$$

$$a_t = 2\,S_t^{(1)} - S_t^{(2)} \tag{4-13}$$

$$b_t = \frac{\alpha}{1-\alpha}(S_t^{(1)} - S_t^{(2)}) \tag{4-14}$$

上面公式中：

（1）$T$ 是未来需要预测的期数，$Z_{t+T}$ 是对第 $t+T$ 期的预测值，由截距 $a_t$ 和斜率 $b_t$ 共同决定；

（2）$S_t^{(1)}$ 为第 $t$ 期的一次指数平滑值；

（3）$S_t^{(2)}$ 为第 $t$ 期的二次指数平滑值，$S_t^{(2)} = \alpha S_t^{(1)} - (1-\alpha)\,S_{t-1}^{(1)}$ 。

由上述公式不难看出，二次指数平滑是一直线方程，其截距为 $2S_t^{(1)} - S_t^{(2)}$，斜率为 $\frac{\alpha}{1-\alpha}(S_t^{(1)} - S_t^{(2)})$，自变量为预测天数。因此，与二次移动平均法类似，二次指数平滑法可用于有明显趋势的市场预测，并且它还解决了一次指数平滑法只能预测一期的不足，可用于未来多期数据的预测。

总之，上述多种基于时间数列的预测方法，有的计算简便，但可能使用场景受到限制，如简单平均法；有的计算相对复杂，但有其自身的独特优势。现将上述方法的适用性和突出优点进行梳理，并以表格的方式显现(见表 4-35)。

**表 4-35 各种时间序列预测方法的适用性及优点**

| 方法 | 适用性 | 优点 |
|---|---|---|
| 简单平均法 | 不能用于趋势叠加波动 | 计算简便 |
| 加权平均法：给历史数据赋权重 | 不太适合趋势叠加波动的时间数列 | 考虑了不同时间数据对预测值的影响 |
| 加权平均法：给长短期预测结果赋权重 | 当数据较充分，长期、短期预测结果可得时 | 随着时间的推移，不断调整长期预测结果和短期预测结果的权重，不断提高综合预测值的准确性 |
| 一次移动平均法 | 可用于趋势叠加波动 | 采用不断更新的数据进行预测 |
| 二次移动平均法 | 可用于趋势叠加波动 | 既考虑趋势，又考虑波动，可用于未来多期数据的预测 |
| 一次指数平滑法 | 不能用于趋势叠加波动 | 采用不断更新的数据进行预测，通过平滑常数调节远期数据的影响 |
| 二次指数平滑法 | 可用于趋势叠加波动 | 既考虑趋势，又考虑波动，可用于未来多期数据的预测 |



## 五、基于预订进度的预测方法

前面所介绍的时间序列预测方法，主要是通过历史数据来预测未来事项。而基于预订进度的预测(Forecast Based on Booking Pace)，则是综合运用历史数据和当前数据来预测未来需求。具体地，有两种不同的预测模式：加法预测和乘法预测。

### (一)加法预测

加法预测(Additive Prediction)的基本思路是：未来某一时点的需求量，等于此刻已经产生或捕获的需求量，通常用在手预订(On the Book)来衡量，加上未来这段时间内将产生或捕获的需求量，通常用新增预订数(Pick-Ups)来衡量。而前者(在手预订数)的取值可以通过查询预订进度表获知，后者(新增预订数)则需要根据历史数据来预测。

为了说明加法预测模式的计算过程，试看如下的例子。

表 4-36 显示的是某酒店 20XX 年 11 月 5 日—12 月 5 日期间各周周四、周五、周六入住日当天 24:00 的客房销量以及距离入住日 21 天、14 天、7 天时的在手预订数。例如，在 20XX年 11 月 5 日(周四)24:00 酒店出售客房 43 间，而在距离 20XX 年 11 月 5 日 21 天、14 天、7 天时，酒店拥有的 20XX 年 11 月 5 日客房预订数分别为 15 间、22 间和 40 间。由于 20XX年已经过去，这些数据都属于历史数据。依靠这些历史数据，可以对 20XY 年同期客房销量进行预测。如已知 20XY 年 12 月 1 日(周四)、12 月 2 日(周五)、12 月 3 日(周六)入住日 2 周前的在手预订数分别为 64 间、67 间、122 间，求 20XY 年 12 月 1 日、12 月 2 日、12 月 3 日客房销量预测值。

表 4-36　某酒店 20XX 年 11 月 5 日—12 月 5 日预订进度情况　　单位:间

| 入住日 | | 距离入住日的天数 | | | | 最后 14 天新增预订量 | | |
|---|---|---|---|---|---|---|---|---|
| | | −1 | 7 | 14 | 21 | 星期四 | 星期五 | 星期六 |
| 星期四 | 20XX 年 11 月 5 日 | 43 | 40 | 22 | 15 | 21 | | |
| 星期五 | 20XX 年 11 月 6 日 | 51 | 46 | 22 | 13 | | 29 | |
| 星期六 | 20XX 年 11 月 7 日 | 146 | 124 | 79 | 82 | | | 67 |
| 星期四 | 20XX 年 11 月 12 日 | 45 | 45 | 21 | 12 | 24 | | |
| 星期五 | 20XX 年 11 月 13 日 | 50 | 37 | 25 | 20 | | 25 | |
| 星期六 | 20XX 年 11 月 14 日 | 133 | 128 | 75 | 72 | | | 58 |
| 星期四 | 20XX 年 11 月 19 日 | 41 | 33 | 20 | 17 | 21 | | |
| 星期五 | 20XX 年 11 月 20 日 | 49 | 48 | 23 | 21 | | 26 | |
| 星期六 | 20XX 年 11 月 21 日 | 135 | 119 | 75 | 83 | | | 60 |
| 星期四 | 20XX 年 11 月 26 日 | 43 | 48 | 23 | 14 | 20 | | |
| 星期五 | 20XX 年 11 月 27 日 | 53 | 50 | 28 | 20 | | 25 | |
| 星期六 | 20XX 年 11 月 28 日 | 141 | 131 | 78 | 73 | | | 63 |
| 星期四 | 20XX 年 12 月 3 日 | 44 | 43 | 25 | 15 | 19 | | |
| 星期五 | 20XX 年 12 月 4 日 | 52 | 52 | 25 | 23 | | 27 | |
| 星期六 | 20XX 年 12 月 5 日 | 136 | 125 | 77 | 82 | | | 59 |
| 平均值 | | | | | | 21 | 26 | 61 |



由于距离 20XY 年 12 月 1 日—3 日 2 周时的在手预订数已知,只需求取最后 2 周新增预订量的预测值即可得到入住日客房销量的预测值。而最后 2 周新增预订量的预测值需要借助于历史数据来求取。具体地,首先通过表 4-36 所示的数据,分别求取 20XX 年该段时期内各周周四、周五、周六在最后 2 周实现的新增预订量。然后,分别求取周四、周五、周六在最后 2 周实现的新增预订量的平均值。在该例中,平均值分别为 21 间、26 间、61 间。

接下来,便可计算 20XY 年 12 月 1 日—12 月 3 日客房销量的预测值了:用 20XY 年 12 月 1 日、12 月 2 日、12 月 3 日入住 2 周前的在手预订数,分别加上最后 2 周新增预订量预测值(上年同期最后 2 周新增预订量的平均值),即可得到这 3 天客房销量的预测值(见表 4-37)。

表 4-37　加法预测　　单位:间

| 预测日期 | | 在手预订量 | 预计新增预订量 | 客房销量预测值 |
|---|---|---|---|---|
| 星期四 | 20XY 年 12 月 1 日 | 64 | 21 | 85 |
| 星期五 | 20XY 年 12 月 2 日 | 67 | 26 | 93 |
| 星期六 | 20XY 年 12 月 3 日 | 122 | 61 | 183 |

### (二)乘法预测

乘法预测(Multiplicative Prediction)的基本思路是:未来某一时点的需求量预测值,等于当前的在手预订数除以该时段预订量与实际销量的比值。与加法预测模式类似，后者（该比值）也需要借助历史数据来求取。

如表 4-38 所示，某酒店过去 5 周周五入住日 24:00 客房实际销量分别为 301 间、295 间、296 间、294 间、288 间，距离入住日 28 天、21 天、14 天、7 天的在手预订量也分别记录在表格中。已知，距离今日（周五）还有 3 周的那个周五的在手预订数为 70 间，则该周周五的客房销量预测值可通过乘法预测模式来求取。

**表 4-38　某酒店过去 5 周周五客房预订进度情况**　　单位：间

| 时间 | 入住日客房销量 | 距离入住日 $n$ 天时的在手预订 | | | |
|---|---|---|---|---|---|
| | －1 | 7 | 14 | 21 | 28 |
| 前 5 周周五 | 301 | 182 | 115 | 91 | 59 |
| 前 4 周周五 | 295 | 172 | 109 | 74 | 35 |
| 前 3 周周五 | 296 | 190 | 109 | 81 | 26 |
| 前 2 周周五 | 294 | 203 | 103 | 60 | 28 |
| 前 1 周周五 | 288 | 191 | 111 | 72 | 35 |
| 平均值 | 295 | 188 | 109 | 76 | 37 |
| 占实际销量的百分比 | | 63.7% | 36.9% | 25.8% | 12.5% |

具体地，先求取过去 5 周中距离周五 21 天时的在手预订量与最终实际销量的比值。不难得到，该比值为 25.8%。然后，即可用在手预订量除以该比值来计算 3 周后的周五的客房销量的预测值：

$$70 \div 25.8\% \approx 271（间）$$

## 六、大数据预测

### （一）大数据的特征

大数据是最先经历信息爆炸的学科（如天文学、基因学）创造出来的概念。起初，这个概念是指需要处理的信息量过大，已经超出一般电脑在处理数据时所能使用的内存量，以至于工程师们必须找到新的工具才能处理的数据，这导致了新的处理技术的诞生。借助这些新的数据处理技术，大数据开启了一次大的时代转型。今天，大数据被认为是人们在大规模数据基础上可以做到的事情，那些事情在小数据的基础上是无法完成的（Viktoer Mayer-Schönberger 和 Kenneth Cukier，2013）。IBM 公司指出大数据具有 5V 特征。

一是 Volume（大量化），大数据以 PB（1 024 TB）、EB（约 100 万 TB）、ZB（约 10 亿 TB）为单位计量。

二是 Velocity（高速化），即数据增长速度快，处理速度也快，时效性要求高。比如，搜索引擎要求几分钟前的新闻能够被用户查询到，个性化推荐算法尽可能要求实时完成推荐。

三是 Variety（多样化），即种类和来源多样化，其种类包括结构化、半结构化和非结构化数据，具体表现为网络日志、音频、视频、图片、地理位置信息等，多类型的数据对数据的处理能力提出了更高的要求。

四是 Value(价值化),大数据的价值密度相对较低,因此,如何结合业务逻辑并通过强大的机器算法来挖掘数据价值,是大数据时代最需要解决的问题。

五是 Veracity(真实性),大数据中的内容是与真实世界中发生的事件息息相关的,研究大数据就是从庞大的网络数据中提取出能够解释和预测现实事件的过程。

### (二)大数据预测与传统预测的差异

大数据被人们认为是获取新知识、创造新价值的源泉,是改变市场、组织及政府与公民关系的新方法。而大数据的核心是预测。与传统预测相比,大数据预测(Big Data Prediction)具有明显的思维差异(Viktoer Mayer-Schonberger 和 Kenneth Cukier,2013):

第一个差异是,大数据预测利用的是所有数据,而不再是一小部分数据。在大数据时代,"样本=总体",人们不再需要通过随机采样来对总体进行描述,而是选择用最先进的技术对全面而完整的数据进行分析。在大数据时代,抽样分析就像是在汽车时代骑马,会逐步被人们抛弃。

第二个差异是,不再追求精确性,而是承认混杂性。精确性是信息匮乏时代和模拟时代的产物。在大数据时代,追求精确性几无可能,因为一些错误的信息总是会不可避免地混进数据库。而且,在大数据时代,也没有必要追求数据的绝对准确,因为数据规模的扩大会降低错误数据对预测准确性的影响。微软研究中心 2000 年一项有关 Word 程序中语法检查方法的研究表明,当数据只有 500 万的时候,一种算法表现很差,但当数据量达到 10 亿时,该方法的准确性超过了 95%。而且,随着数据量的扩大,每一种算法的准确性都在提高。



第三个差异是,不再追求因果关系,而是探索相关关系,尤其是数据中隐藏的相关关系。在应用大数据进行预测时,知道"是什么"的重要性远胜于"为什么"。在大数据时代,人们不一定非得知道现象背后的原因,而是让数据自己"发声"。例如,大数据观测到 A 和 B 经常一起发生,因此,当 B 发生时预测 A 也发生了。尽管这种预测不可能 100%准确,但它依然十分珍贵,因为传统预测方法也不可能做到 100%准确。并且,大数据常常可以用在传统方法无法发挥作用的地方,如当传统预测所需的结构化数据缺乏时。

由上述分析可知,当确切的关系未知时,建立在相关关系之上的大数据预测是具有优势的。与传统预测相比,大数据预测更加准确、快速,且不易受偏见的影响。由于不受限于传统的思维模式和特定领域里隐含的固有偏见,大数据能为人们提供新的深刻洞见。因此,采用大数据预测,人们需要改变操作方式,使用能够收集到的所有数据而不是仅仅采用随机样本。同时,不再把精确性当成重心,而是接受混乱和错误的存在。另外,大数据预测侧重于分析相关关系,而不是通过因果关系来预测未来可能发生的事项。

就酒店市场需求预测而言,大数据技术的出现为酒店经营者打开了新的预测思维空间(祖长生,2021)。它将有助于提高无限制市场需求预测的准确性,而且可能为酒店找到有价值的新兴市场,帮助酒店制定更加有效的经营战略。目前,一些酒店借助携程的数据中心、美团的公明收益等大数据平台来监测市场变化、捕捉未来需求,进而提升酒店的收益和利润。短期住宿租赁服务平台爱彼迎(Airbnb)借助于大数据技术的研发应用和大数据资源的开发利用,颠覆了住宿行业的运营模式,正朝着无房源的全球最大旅店迈进。

### (三)大数据预测的伦理困境

尽管大数据预测在酒店及相关行业中已经崭露头角并显示出巨大的发展空间,然而其

所面临的一些伦理困境也不容忽视(蒋洁等,2014):

一是结果预判挑战自由。当大数据告诉求职者适合什么、什么不适合时,当大数据告诉研发团队某个研发项目成功的概率极低时,个人自由发展、企业自主创新就可能被剥夺。同样,当大数据根据用户画像预测某种类型的酒店或房间更有可能被某个顾客选择进而持续向其推送同类产品时,顾客选择的自由可能也遭到了挑战。

二是隐私披露挑战尊严。在大数据时代,包括酒店顾客在内的广大用户陷入了以隐私披露为代价获取便利的个性化服务的尴尬境地。

三是信息垄断挑战公平。在大数据时代,信息化程度高的地区享有更大的便利。而那些来自落后地区的弱势群体则很难享受到同样的便利。从某种程度上说,他们享受服务或参与竞争的机会会被剥夺。

四是固化标签挑战正义。当保险公司基于大数据预测给出的死亡期决定是否接受用户投保时,当酒店或其他服务提供者基于大数据给出的健康风险评估决定是否接受某项预订时,对顾客而言,正义遭到了挑战。

因此,尽管大数据预测具有极大的优势,但其所面临的伦理困境不应被忽视。酒店企业在采用大数据技术进行预测时,应在预测效率与社会伦理之间取得平衡,尽量降低对人的自由、尊严和社会公平正义的伤害。

## 第四节　预测的准确性



### 一、预测不准的后果

如前所述,市场需求预测是酒店收益管理者制定收益管理策略的依据。当市场需求预测结果比实际值大时,酒店收益管理者往往会采用相对激进的市场策略,如关闭销售成本较高的渠道、上调客房及相关产品的价格、执行更加苛严的预订条件、拒绝一些报价较低的团队订房等。由此可能导致的结果是,酒店实现了一个更高的平均价格水平,但未能实现预期的客房出租率,整体的收益水平不及预期;反之,当市场需求预测结果低于实际值时,酒店收益管理者可能会采用相对保守的市场策略,如开放原本应该关闭的高销售成本渠道、降低客房及相关产品的价格、放宽客房预订的限制条件、接受报价较低的团队订房等。由此导致的可能结果是,酒店实现了一个更高的出租率水平,但由于平均房价水平偏低导致总体收益或利润不及预期;或者,以较低的价格过早地耗尽客房库存,导致当高价的需求出现时酒店无房可售。

由此可见,无论需求预测的结果是偏大还是偏小,都会对酒店的收益管理工作带来不良影响。因此,酒店的收益管理者应该尽可能地提高市场需求预测的准确性,为酒店收益管理策略的制定、调整、实施提供可靠的依据。

### 二、影响预测准确性的因素

影响预测准确性的因素很多,主要包括(冯文权,2008):

(一)数据资料的质量

无论是定性预测还是定量预测,都是以对一定的数据、资料的收集、分析为基础的。如果预测所依据的数据质量不高或资料短缺,预测的结果难免会产生偏差。因此,为得到更加准确的预测结果,酒店收益管理者应该尽力取得更高质量的数据资料,将数据资料引起的误差减少到最低限度。

(二)预测方法的适用性

如前所述,不同的预测方法有其各自的优缺点和应用范围。例如,因果预测法适用于有明显因果关系的长期预测,如果将其应用于因果关系不充分的情景或短期预测,得到与实际情况相差甚远的预测结果也就不足为奇了。又如,二次移动平均法、二次指数平滑法常用于趋势叠加波动的时间序列预测。因此,当时间数列并未呈现出稳定的趋势时,采用这两种方法进行预测则难以得到理想的预测结果。

(三)假定的合理程度

在市场需求预测的过程中,无论采用何种方法进行预测,其实都是建立在一定的假定的基础之上的。例如,采用时间序列预测方法进行需求预测时,其假定的前提是:未来是对过去的重复与延续,即未来与历史是具有相似性的。大多数情况下这一假定是合理的。然而,一旦假定被打破——未来与历史不再相似时,采用原本准确性较高的时间序列预测方法时,可能不再能够产生同等准确性的预测结果了。



(四)酒店收益管理者的分析判断能力

酒店收益管理者的分析判断能力对预测结果的准确性之所以会产生重要的影响,在于:当某一种或某几种特定的预测方法已经给出确定的预测结果时,酒店收益管理者需要对预测结果进行分析和判断;当预测结果明显不合理、不可靠时,收益管理者不仅要分析不合理的预测结果产生的可能原因,还需要对原有预测结果进行修正或是重新进行预测。而这整个过程,都需要依赖管理者的分析判断能力。这和我们在第二章中所强调的,收益管理者不仅应该具备一定的数据分析能力,而且应该具备相当的洞察力的观点是完全一致的。

## 三、预测准确性的衡量

预测准确性,又可称之为"预测精确度",通常用预测误差的大小来衡量。而预测误差的衡量有多种方式,这里介绍酒店市场需求预测中最常用的三种误差衡量指标。

(一)平均绝对偏差

预测误差(Forecasting Error)是预测值与实际值的偏差。平均绝对偏差(Mean Absolute Deviation,MAD),又称为"平均绝对误差"(Mean Absolute Error,MAE),它是误差绝对值的平均值。采用这种方法来衡量预测的准确性,需要用特定时间内各期的预测值减去各期的观测值(实际值),得到各期的实际误差,然后对各期实际误差取绝对值,进而求取各期误差绝对值的平均值。该平均值即为该段时期内预测值的平均绝对偏差。

在表 4-39 中,第 1～10 期的实际误差分别为 −50、−53、−37、−17、−23、−23、13、−23、−30、−27,因而各期误差的绝对值为 50、53、37、17、23、23、13、23、30、27,由此可以计

算得到第 1～10 期预测值的平均绝对误差为 29.6。

**表 4-39　预测误差的衡量**

单位：间

| 观察期($t$) | 预测值 | 观测值 | 误差 | 误差绝对值 |
|---|---|---|---|---|
| 1 | 1 320 | 1 370 | −50 | 50 |
| 2 | 1 367 | 1 420 | −53 | 53 |
| 3 | 1 413 | 1 450 | −37 | 37 |
| 4 | 1 443 | 1 460 | −17 | 17 |
| 5 | 1 467 | 1 490 | −23 | 23 |
| 6 | 1 487 | 1 510 | −23 | 23 |
| 7 | 1 493 | 1 480 | 13 | 13 |
| 8 | 1 507 | 1 530 | −23 | 23 |
| 9 | 1 520 | 1 550 | −30 | 30 |
| 10 | 1 553 | 1 580 | −27 | 27 |
| MAD/MAE | 29.6 | | | |
| MAPE/AARE | 2.0% | | | |
| TS | −9.1 | | | |

由于平均绝对误差可以避免正负误差相互抵消的问题，因而可以较为准确地反映实际误差的大小。就同一项预测而言，平均绝对误差越小，预测的准确性越高。然而相同大小的平均绝对误差，对于不同的预测而言并不必然意味着同等程度的准确性。因为预测的准确性不仅与平均绝对误差有关，而且与预测指标本身的取值也密切相关。因此，在实际工作中，人们还需要计算平均绝对百分比误差，以便反映预测误差相对预测指标取值的大小。

（二）平均绝对百分比误差

平均绝对百分比误差（Mean Absolute Percentage Error，MAPE），又称为“相对平均误差”（Average Absolute Relative Error，AARE），用以衡量平均绝对误差相对于预测指标观测值的大小程度。其计算过程为：先计算各期误差绝对值相对于当期观测值的大小（用百分比表示），再取各期误差百分比的平均值便可得到平均绝对百分比误差。或者，先计算过去各期的平均绝对误差和各期观测值的平均值，然后用平均绝对误差除以各期观测值的平均值得到平均绝对百分比误差。

在表 4-38 中，第 1～10 期的平均绝对误差（MAE）为 29.6，而第 1～10 期观测值的平均值为 1 484，故而很容易得到第 1～10 期的平均绝对百分比误差（MAPE）为 2.0%。就酒店市场需求预测而言，2.0%的相对偏差，可以认为是一项精确度很高的预测。

（三）跟踪信号

跟踪信号（Tracking Signal，TS）是误差的总和与平均绝对误差（MAE）之比，用以衡量预测误差的方向。

在表 4-38 中，第 1～10 期误差的总和为（−50）+（−53）+（−37）+（−17）+（−23）+（−23）+13+（−23）+（−30）+（−27）=−270，故第 1～10 期的跟踪信号为：

$$TS=\frac{-270}{29.6}=-9.1$$

跟踪信号是一个负值，说明该酒店在过去 10 期的预测中总体上偏保守，在今后的预测中可以往更积极的方向调整。

综上，我们学习了平均绝对偏差、平均绝对百分比误差和跟踪信号三个预测误差衡量指标。平均绝对偏差可用于酒店预测误差的纵向比较，通过纵向比较可以了解酒店当前预测相较于以往预测的准确性是否有所提升。而且，平均绝对偏差也是计算平均绝对百分比误差的基础。平均绝对百分比误差不仅可以用于单一酒店的误差分析，而且也可以用于不同规模或不同区域的酒店之间的比较，可用于酒店集团评价下属酒店预测工作的准确情况。

## 本章小结

1. 市场细分，是指酒店依据某种相对固定的特征，将整个市场划分为不同的、具有相对统一特征的小市场。为使酒店市场细分的结果能够切实地为酒店营销及收益管理活动起到帮助作用，在进行市场细分的过程中，应遵循下述原则：可衡量性原则、可进入性原则、稳定性原则和获利性原则。

2. 酒店市场细分的意义：有效的市场细分是差别定价的基础；有效的市场细分为酒店优化客源结构提升收益提供了条件；有效的市场细分能够帮助酒店提升运营效率。



3. 酒店通常以规模差异为依据将顾客划分为散客和团体客人两个主要的细分市场，进而以出行动机、有无协议及渠道来源等差异，将散客和团体客人进一步划分为若干个子市场。通常，酒店的散客市场可以被进一步细分为上门散客、会员散客、电子直销渠道散客、协议散客、OTA 散客、旅行社散客等；酒店的团体市场划分为旅游团体、商务团体、会议团体、民航团体等次级细分市场。

4. 准确的市场需求预测，不仅是酒店高效运营的基础，而且也为酒店经营者制定和实施有效的客房定价、库存分配及渠道优化策略提供了必不可少的依据。为做出准确有用的市场需求预测，酒店经营者需要收集内外部数据。其中，内部数据包括历史数据、当前数据和未来数据三个类别；外部数据，主要包括影响未来市场需求的重大事件的数据和竞争对手的相关数据。

5. 酒店客房需求预测的方法多种多样。定性预测法是指通过社会调查，采用已有的历史资料和现实资料，结合人们的经验加以综合分析，进而对预测的对象、内容做出判断，其本质是以市场调研为基础的判断分析法。定量预测法是以历史数据、当前数据为基础，借助数理统计原理，通过运用数学公式、建立数学模型，对预测指标进行量化推断的方法。在酒店客房需求预测中，常见的定量预测方法可以分为因果预测、时间序列预测、基于预订进度的预测方法等。

6. 酒店客房需求预测方法的选择可从以下三个方面来综合考虑:一是要考虑预测方法与预测指标的适应性;二是要考虑预测方法与预测周期的匹配度;三是要考虑预测方法的可行性。

7. 与传统预测相比,大数据预测具有明显的思维差异:大数据预测利用的是所有数据,而不再是一小部分数据;大数据预测不再追求精确性,而是承认混杂性;大数据预测不再追求因果关系,而是探索相关关系,尤其是数据中隐藏的相关关系。

8. 尽管大数据预测在酒店及相关行业中已经崭露头角并显示出巨大的发展空间,然而其所面临的一些伦理困境也不容忽视:一是结果预判挑战自由;二是隐私披露挑战尊严;三是信息垄断挑战公平;四是固化标签挑战正义。因此,酒店企业在采用大数据技术进行预测时,应在预测效率与社会伦理之间取得平衡,尽量降低对人的自由、尊严和社会公平正义的伤害。

9. 预测准确性,又可称之为"预测精确度",通常用预测误差的大小来衡量。而预测误差的衡量有多种方式,酒店市场预测中常用的三种误差衡量指标包括:平均绝对偏差;平均绝对百分比误差;跟踪信号。

10. 影响预测准确性的因素很多,主要包括:数据资料的质量;预测方法的适用性;假定的合理程度;酒店收益管理者的分析判断能力。

## 核心术语

市场细分(Market Segmentation)
散客(Individual Guests)
团体客人(Group Guests)
历史数据(Historical Data)
当前数据(Current Data)
未来数据(Future Data)
无限制市场需求(Unlimited Demand)
后悔的需求(Regrets)
被拒绝的需求(Denials)
应到未到数(No-Shows)
预订取消数(Cancellations)
超售(Oversales)
转客数(Walks)
德尔菲法(Delphi Method)
类比法(Analogy Method)
因果预测法(Causal Forecasting Method)

简单平均法(Simple Average Method)
加权平均法(Weighted Average Method)
移动平均法(Moving Average Method)
指数平滑法(Exponential Smoothing Method)
基于预订进度的预测(Forecast Based on Booking Pace)
加法预测(Additive Prediction)
乘法预测(Multiplicative Prediction)
大数据预测(Big Data Prediction)
预测误差(Forecasting Error)
平均绝对偏差(Mean Absolute Deviation,MAD)
平均绝对误差(Mean Absolute Error,MAE)
平均绝对百分比误差(Mean Absolute Percentage Error,MAPE)
相对平均误差(Average Absolute Relative Error,AARE)
跟踪信号(Tracking Singal,TS)

## 思考练习



1. 某酒店过去11个月中,客房销量和晚餐用餐人数如表4-40所示。酒店经营者预计12月的客房销量为3 800间。

**表4-40　某酒店过去11个月客房销量及晚餐用餐人数**

| 月份 | 客房销量/间 | 晚餐用餐人数/人 |
|---|---|---|
| 1 | 3 610 | 4 563 |
| 2 | 3 998 | 5 198 |
| 3 | 4 210 | 5 102 |
| 4 | 4 420 | 5 232 |
| 5 | 4 535 | 5 579 |
| 6 | 4 167 | 5 154 |
| 7 | 3 843 | 4 897 |
| 8 | 3 756 | 4 502 |
| 9 | 4 529 | 5 537 |
| 10 | 4 894 | 6 193 |
| 11 | 4 276 | 5 265 |

**问题：**

(1)可否用简单线性回归法来预测该酒店餐厅 12 月份的晚餐用餐人数？为什么？

(2)如果你对上一个问题的答案是“可以”，且已知该酒店餐厅晚餐的人均消费为 88 元，请预测该酒店餐厅 12 月份的晚餐销售收入。

2. 表 4-41 显示的是某酒店过去 10 期客房销量的预测值和观测值。

**表 4-41　某酒店过去 10 期客房销量预测误差的衡量**

| 观察期 | 预测值/间 | 观测值/间 | 误差 | 误差绝对值 |
|---|---|---|---|---|
| 1 | 262 | 282 | | |
| 2 | 271 | 258 | | |
| 3 | 271 | 267 | | |
| 4 | 266 | 282 | | |
| 5 | 269 | 279 | | |
| 6 | 276 | 267 | | |
| 7 | 276 | 255 | | |
| 8 | 267 | 288 | | |
| 9 | 270 | 276 | | |
| 10 | 273 | 275 | | |
| MAD | | | | |
| MAPE | | | | |
| TS | | | | |

**要求：**

(1)请计算各期的预测误差、误差绝对值。

(2)请计算过去 10 期的平均绝对偏差(MAD)、平均绝对百分比误差(MAPE)和跟踪信号(TS)。

3. 李女士是一家拥有 200 间客房的酒店的收益经理。她正在查看过去几周的出租率和平均房价。表 4-42 是过去 7 周周一的数据。

**表 4-42　过去 7 周周一的客房销售数据**

| 时间 | 出租率 OCC/(%) | 平均房价 ADR/(元/间天) |
|---|---|---|
| 第 1 周周一 | 68.5 | 352 |
| 第 2 周周一 | 72.5 | 346 |
| 第 3 周周一 | 65.5 | 362 |
| 第 4 周周一 | 71.0 | 379 |
| 第 5 周周一 | 71.5 | 380 |
| 第 6 周周一 | 68.0 | 330 |
| 第 7 周周一 | 76.0 | 360 |

**要求：**

(1)请采用一次移动平均法帮助李女士预测下周一的OCC、ADR和RevPAR($n$=4)。

(2)利用第1～7周的数据进行一次移动平均法复盘，分析该方法预测的准确性。

4. 20XX年11月5日—12月5日各周四、周五、周六入住日当天24:00的客房销量以及距离入住日21天、14天、7天时的在手预订数如表4-43所示。

**表4-43　某酒店20XX年11月5日—12月5日预订进度情况**　　单位:间

| 入住日 | | 距离入住日的天数 | | | |
|---|---|---|---|---|---|
| | | −1 | 7 | 14 | 21 |
| 星期四 | 20XX年11月5日 | 43 | 40 | 22 | 15 |
| 星期五 | 20XX年11月6日 | 51 | 46 | 22 | 13 |
| 星期六 | 20XX年11月7日 | 146 | 124 | 79 | 82 |
| 星期四 | 20XX年11月12日 | 45 | 45 | 21 | 12 |
| 星期五 | 20XX年11月13日 | 50 | 37 | 25 | 20 |
| 星期六 | 20XX年11月14日 | 133 | 128 | 75 | 72 |
| 星期四 | 20XX年11月19日 | 41 | 33 | 20 | 17 |
| 星期五 | 20XX年11月20日 | 49 | 48 | 23 | 21 |
| 星期六 | 20XX年11月21日 | 135 | 119 | 75 | 83 |
| 星期四 | 20XX年11月26日 | 43 | 48 | 23 | 14 |
| 星期五 | 20XX年11月27日 | 53 | 50 | 28 | 20 |
| 星期六 | 20XX年11月28日 | 141 | 131 | 78 | 73 |
| 星期四 | 20XX年12月3日 | 44 | 43 | 25 | 15 |
| 星期五 | 20XX年12月4日 | 52 | 52 | 25 | 23 |
| 星期六 | 20XX年12月5日 | 136 | 125 | 77 | 82 |

**要求：**

次年即20XY年12月1日(周四)、12月2日(周五)、12月3日(周六)入住日一周前的在手预订分别为72、78、133，用加法预测模式求这3天客房销量的预测值。

案例分析

**案例 4-1　S 酒店综合收入预测**

S 酒店过去 8 年取得的综合收入数据如表 4-44 所示。

**表 4-44　S 酒店过去 8 年的综合收入数据**

| 时间 | 综合收入/万元 |
| --- | --- |
| 第 1 年 | 2 247 |
| 第 2 年 | 2 434 |
| 第 3 年 | 1 673 |
| 第 4 年 | 2 676 |
| 第 5 年 | 3 168 |
| 第 6 年 | 3 304 |
| 第 7 年 | 3 675 |
| 第 8 年 | 3 808 |

**问题：**

(1)如果你是该酒店的收益管理者，你会选择什么方法进行综合收入预测？为什么？

(2)你能利用表格中的数据，设计一个方案，比较至少三种预测方法对该酒店综合收入预测的适用性吗？

# 第五章

## 客房定价与库存管理

### 学习目标

◆理解门市价、上门散客价、OTA 平台价、会员价、协议价、团体价、节事价以及价格梯度的含义，了解新开酒店门市价的确定方法；

◆理解最优可用房价的含义，掌握建立最优可用房价的方法，熟悉客房价格体系表的内容；

◆理解客房动态定价的含义，掌握动态定价的过程；

◆理解客房嵌套控制与非嵌套控制的差异，掌握团队置换分析方法、最低住宿天数限制和最长住宿天数限制；

◆理解客房超额预订作为容量控制方法产生的原因、弊端，掌握超额预订数量的确定方法、过度超订的处置和预防，了解有关超额预订的争议。

### 重点难点

◆最优可用房价的含义及其制定；

◆客房价格体系表的解读；

◆客房动态定价的含义及程序；

◆客房库存管理的常用方法。

## 第一节　客房价格体系

本节主要从新开酒店客房价格体系的确定和酒店客房价格体系优化两个方面介绍酒店客房价格体系的构建方法与程序。

## 一、新开酒店客房定价

### (一)门市价

#### 1.门市价的含义

门市价(Rack Rate),又称作"挂牌价""牌价",它是酒店客房本来价值的体现,也是酒店经营者对酒店客房最初的价值主张。门市价体现着酒店的档次和产品价值,是酒店客房的理想价格,多数情况下很难作为客房销售的实际价格——即便是在客房需求旺盛时期,酒店基于长期合作的考虑,也会给予一些特殊的客户或渠道以折扣价。从理论上讲,酒店门市价应该是指酒店客房的净房价,不含早餐或正餐,但不少中高档酒店出于竞争的考虑,门市价中往往包含单份或双份早餐。

酒店门市价类似于时装或其他商品的吊牌价,但酒店客房门市价的确定和管理比时装的吊牌价更为复杂。对于一家新开业的酒店而言,门市价的确定需要综合考虑产品、成本、市场竞争、所在地的物价水平等多方面的因素。可能用到的定价方法有成本导向的定价方法(如千分之一法、成本加成法等)和竞争导向的定价方法(如主动竞争定价法)等。常见的做法是,先用成本导向的定价方法对酒店客房价格进行测算,然后综合考虑上述各因素确定酒店各类客房的门市价格。

在过去,绝大多数的酒店各类房型的门市价是一个固定不变的价格。现在,越来越多的酒店摒弃了固定不变的门市价,而采用动态的门市价——以动态的最优可用房价作为门市价。



#### 2.以千分之一法为基础的门市价制定

在第二章中,我们已经学习过千分之一法。如果大家记不大清楚也没关系——看看下面的例子就明白了。

某酒店的总造价为2.8亿元,客房总数为492间,根据千分之一法,得到客房的平均价格为:

$$客房平均价=\frac{酒店建造总成本}{客房总数}\times\frac{1}{1\,000}=\frac{2.8\times10^{8}}{492}\times\frac{1}{1\,000}=569(元/间天)$$

569元/间天是根据千分之一法计算出的客房平均价格。在该价格水平下,如果酒店的平均出租率达到60%,且客房以外的其他部门能够盈利而不是亏损的话,则酒店可在5年左右收回投资。在上述假设成立的情况下,569元/间天可以作为酒店最主要的房型——豪华标间和豪华大床房的定价基准。考虑到多数情况下,客房的实际售价往往低于门市价,因此,豪华标间和豪华大床房的门市价应该高于569元/间天。而实际售价与门市价的比率,即门市价执行率,0.6~0.8被认为是一个较理想的区间。因此,用569元/间天除以不同的门市价执行率,即可得到该酒店基础房型门市价参考值的范围:门市价执行率以0.8计,则门市价参考值为711元/间天;门市价执行率以0.7计,则门市价参考值为813元/间天;而门市价执行率为0.6时,门市价参考值为948元/间天(见表5-1)。换言之,酒店基础房型门市价参考值在711元/间天到948元/间天之间。

**表 5-1　不同门市价执行率下的门市价取值**

| 门市价执行率 | 门市价参考值/(元/间天) |
|---|---|
| 0.8 | 711 |
| 0.7 | 813 |
| 0.6 | 948 |

注:客房平均价格以 569 元/间天计。

至于酒店基础房型门市价的最终确定,除了参照上述门市价取值范围之外,还需考虑酒店产品自身的特征(如地理位置、建筑特色、房间面积、设施设备先进性、服务水平、品牌等)和竞争对手的相关情况。就该酒店而言,同一区域内同一档次的 A、B、C 三家酒店与本酒店在地理位置和交通条件方面并无太大差异。其中,A 酒店去年才开业,建筑风格上与本酒店相比可谓是各有千秋,设施设备和本酒店一样配置先进,性能优良;B、C 两家酒店开业多年,设施配置不及本酒店和 A 酒店新潮,但这两家酒店由于优质的服务,在市场上取得了良好的口碑。另外,在所有 4 家酒店中,B 酒店的客房面积最大,本酒店、C 酒店次之,A 酒店最小。综合考虑上述因素,酒店管理者认为,本酒店在竞争群中具备竞争优势。因此,在收集了 A、B、C 三家酒店的价格信息之后,酒店管理者确定了基础房型和其他各类房型的门市价(见表 5-2)。



**表 5-2　酒店房型及门市价格**

| 房间类型 | 数量/间 | 竞争酒店同类房型门市价/(元/间天) | | | 本酒店门市价/(元/间天) |
|---|---|---|---|---|---|
| | | A 酒店 | B 酒店 | C 酒店 | |
| 豪华标间 | 120 | 698 | 780 | 688 | 788 |
| 豪华大床房 | 100 | 698 | 780 | 688 | 788 |
| 商务标间 | 40 | 798 | 880 | 788 | 868 |
| 商务大床房 | 60 | 798 | 980 | 888 | 868 |
| 行政标间 | 30 | 1 098 | 1 180 | — | 1 280 |
| 行政大床房 | 50 | 1 198 | 1 080 | — | 1 280 |
| 豪华套房 | 50 | 1 598 | 1 480 | 1 288 | 1 680 |
| 行政套房 | 32 | 1 698 | 1 580 | 1 488 | 1 880 |

## 知识链接　门市价执行率

门市价执行率(Execution Rate of Rack Rate)是一定时期内酒店客房平均价格与综合门市价的比值,该比值主要用于评估酒店门市价的合理性。如果酒店的门市价执行率偏高(如达到 0.9 以上),那往往意味着制定的门市价偏低,酒店客房在旺季可能存在被低卖的情况,除非酒店在一年中的各个时段需求都很平稳,波动很小；反之，如果门市价执行率过低，实际售价偏离门市价的幅度过大，门市价则成为一种“摆设”。这意味着酒店通过门市价向市场传递的价值主张并未得到顾客的认可。因此，门市价执行率是衡量酒店客房门市价合理性的一个重要指标。而在新开酒店门市价的制定过程中，它也是一个重要参考依据。

3. 以成本加成法为基础的门市价制定

当然，酒店管理者也可以采用成本加成法(Cost-Plus Method)来制定门市参考价。成本加成法我们在前文也已经介绍过了。以成本加成法得到的价格为基础，综合考虑门市价执行率、酒店产品的竞争潜力、竞争对手客房门市价等因素，也可以制定酒店客房的门市价格。

4. 酒店客房的价格梯度

细心的你一定已经发现，在表 5-2 中，酒店各类房型的门市价是按由低到高的顺序排列的，即酒店各类客房之间存在着价格梯度(Price Gradient)，从豪华标间/豪华大床房，到商务标间/商务大床房，到行政标间/行政大床房，再到豪华套房/行政套房，门市价是逐步提高的。之所以如此，不仅是因为各类客房的建造成本不同，也是由于它们带给客人的感知利益是不一样的。

为了更清楚地说明这种差别，让我们一起来看某家度假型酒店的例子。这是一家海滨度假型酒店，因此，酒店的部分客房是面向大海的，而那些背对大海的客房则可以欣赏酒店庭院景观——那是围绕着泳池而展开的。因此，根据房间朝向，酒店客房可被分为海景房和非海景房。在设施、面积一致的情况下，海景房被赋予了更高的价值——海景大床房/双床房的门市价比背对大海的同类客房高出了 50 美元。而在面朝大海的客房中，设施、面积、楼层、服务不同的客房也被赋予了不同的价值(见表 5-3)。

**表 5-3 某度假型酒店的门市价格**

| 房型 | 房间代码 | 价格代码 | 门市价/美元 |
| --- | --- | --- | --- |
| 标准大床房，泳池景观，1 张特大号床，300 平方英尺 | KP | Rack | 199.99 |
| 标准双床房，泳池景观，2 张大床，300 平方英尺 | DDP | Rack | 199.99 |
| 海景大床房，面向大海，1 张特大号床，300 平方英尺 | KO | Rack | 249.99 |
| 海景双床房，面向大海，2 张大床，300 平方英尺 | DDO | Rack | 249.99 |
| 海景套间，面向大海，1 张特大号床，带小会客室，2 台电视，400 平方英尺 | JKO | Rack | 299.99 |
| 海景双床套间，面向大海，2 张大床，带小会客室，2 台电视，400 平方英尺 | JDDO | Rack | 279.99 |
| 海景大套间，面向大海，1 张特大号床，带大会客室，2 台电视，600 平方英尺 | GKO | Rack | 399.99 |

续表

| 房型 | 房间代码 | 价格代码 | 门市价/美元 |
| --- | --- | --- | --- |
| 海景双床大套间,面向大海,2 张大床,带大会客室,2 台电视,600 平方英尺 | GDDO | Rack | 389.99 |
| VIP 海景大套间,面向大海,1 张特大号床,带大会客室,2 台电视,600 平方英尺,VIP 楼层 | GKOV | Rack | 499.99 |
| VIP 海景双床套间,面向大海,2 张大床,带大会客区,2 台电视,600 平方英尺,VIP 楼层 | GDDOV | Rack | 499.99 |

注:1 平方英尺约等于 0.09 平方米。

5. 门市价稳定性

由于门市价是酒店向市场传递的对酒店客房的价值主张,因此门市价一旦确定下来,就应该保持稳定,除非实践表明门市价制定得不合理。如果在实践中,酒店的门市价执行率处于合理的区间内,最好不要调整门市价。即便市场需求变动很大,也应该通过调整实际执行价格而不是门市价来获取更大收益。就行业实际情况而言,一些酒店不仅未能保持门市价的稳定,而且实行浮动门市价,即门市价随着市场需求强弱变化而相应上涨或降低,甚至在一周中的每一天都不一样。显然,这样的"门市价"已经偏离了门市价本来的含义,也不具备向市场传达价值主张的功能。



门市价确定之后,就可以制定不同细分市场的价格了。一般地,各细分市场的价格从高到低排列依次为:上门散客价≥OTA 平台价>会员价>公司协议散客价>旅行社协议散客价>旅游团队价>机组价>长住客人价>内部客人价。当然,以上排列也不是绝对的。比如,公司协议散客的价格也有可能高于会员价,而一些酒店的长住价高于旅游团队价。另外,有些酒店的市场细分可能没有那么细致,而另一些酒店的市场细分比上述所列的还要详尽。

(二)上门散客价

上门散客即没有事先预订而直接到酒店前台询价、购买当日客房的客人。在过去,由于上门散客具有确定的对当日客房的需求,需求弹性较小,比提前预订的客人更有可能接受更高的价格,因而上门散客价(也可称之为"前台价")往往是酒店客房售价中最高的一种。

然而,随着社会信息化水平的不断提升,OTA、酒店官网、手机预订程序的应用率越来越高,继续采用传统思路来确定上门散客价可能存在一些问题。如果客人发现前台的散客价高于 OTA 平台价,客人可以立即通过手机在 OTA 平台上进行预订——这实际上在把已经到店的散客推向 OTA 平台。这样,酒店不仅不能向客人收取预期的价格,而且还需要向 OTA 平台支付佣金。因此,越来越多的酒店摒弃了传统的、上门散客价高于官网价和 OTA 平台价的做法,转而追求上门散客价、官网价、OTA 平台价的一致性(Rate Parity),即客人通过前台、OTA 平台、官网等公开渠道预订同等级、同类型客房与上门散客实际支付的费用是相同的。

(三)OTA 平台价

在酒店前台与 OTA 平台价一致的情况下,客人无论在前台订房还是在 OTA 上预订,支付的价格都是一样的。但是,客人通过 OTA 订房时,酒店需要向 OTA 平台支付佣金,佣金的比例通常为8%～20%。这样一来,酒店实际得到的收益低于客人支付的房价。因此,从酒店的角度来看,OTA平台价低于上门散客价。

一般来说,上门散客价、OTA平台价都属于公共价格,它们是对公众开放的,任何人只要愿意,都可以按照公共价格向酒店预订客房。而酒店会员价、协议价、团体价,则属于非公共价格——它们只向特定的人群或组织开放,有的甚至属于保密价格。

（四）会员价

酒店发展会员的目的是通过会员折扣及其他优惠条件提高顾客忠诚度,增加客人的重复购买率。因此,酒店提供的会员价(Membership Rate),通常低于上门散客价、OTA平台价以及酒店官网公开价(非会员价)。在过去,酒店会员价往往属于保密价格。但是,现在不少酒店为了从OTA平台将客人"抢"过来,会通过酒店前台、酒店官网、微信公众号、预订小程序等向顾客公示各类会员价,以期将通过OTA平台预订而来的客人转化为酒店的会员。

（五）协议价

协议价(Negotiated Rate)是酒店提供给签约的企事业单位、政府机关、非营利组织的价格。由于协议单位是酒店稳定的客户来源,从长期来看,是酒店收益的重要贡献者,因此,酒店常常给予他们一定的折扣。折扣的力度,在一些酒店会小于各类会员价,即协议价高于各类会员价,这主要是考虑到会员消费很多时候是由个人支付,而协议价一般属于公务消费,由单位支付。但是,也有一些酒店协议价的优惠幅度比会员价更大,即协议价低于各类会员价,其目的是确保酒店的价格政策比竞争对手更有吸引力,避免协议客户的流失。



协议价分为固定价格和浮动价格两种形式。前者意味着在全年的任何时段,协议单位成员都可以按照事先约定好的固定价格向酒店支付房费。显然,在旺季,顾客乐于享受这样的价格政策。但是,在淡季,情况可能会发生变化,特别是当酒店的固定价格高于同期竞争酒店的公共价格时,协议单位成员有可能转向竞争酒店采购客房。对于这样的行为,即便合同中有相关条款进行约束,实际执行中很难监测这些约束条款的执行情况。

鉴于此,一些酒店与协议单位签订变动价格协议,即协议价在全年的不同时段会发生变化,如协议价与酒店的公共价格挂钩,随公共价格的变化而变化。这样做的好处很明显:一是可以避免淡季客户流失;二是在旺季酒店可以收取相对较高的价格以获得更高的收益。当然,这样做可能会给酒店的价格管理增加一些麻烦,同时,也需要得到客户的认可才行。

（六）团体价

团体价(Group Rate)是提供给批量采购客户的折扣价格。这些客户可能是会议团队、旅游团队等。由于团队客人单次用房量大,通常优惠幅度较大。接受团队客人的预订对酒店收益的影响是很大的——有时是积极的贡献,但有时也有可能让酒店损失潜在的收益。因此,是否接受团队客人的价格请求,对收益管理者来说是一项挑战。而团队置换分析方法,可以帮助收益管理者应对这项挑战。该方法的具体步骤将在本章第三节进行介绍。

（七）节事价

节事价(Special Event Rate)是指酒店在客房需求极度旺盛的节事期间执行的、高于酒店客房门市价的特殊价格。显然,节事价格的执行能够大幅提升酒店在该时段的客房收益。而且,这看起来与收益管理的重要原则——尽可能将酒店客房以高价卖给客人,是非常吻合

的。因此，即便是一些平时非常诚信的收益管理者，在面对极度旺盛的需求时，也会临时改变其门市价格，以高出真实门市价格的超高价格出售客房。这种做法，不仅在收益管理实践中得到不少收益管理者的支持，而且一些收益管理专家对此也持肯定态度。他们认为，在需求极度旺盛时以超高价格出售客房，正是以顾客为中心的收益管理理念的体现——顾客愿意支付这么高的价格，正是表明在节事期间他们会赋予酒店客房以更高的感知利益。而且，从法律的角度来看，只要交易过程不存在欺骗、胁迫，客人是自愿购买，这种行为不仅合法，而且也是正当合理的。

看了上述分析，也许善良的你快要被他们说服了。然而，你的内心或许还有一个小小的疑问：这与人们常说的"宰客"有点像呢——对收益管理者而言，"宰客"也是合理的吗？如果你真是这样想，说明你对节事期间超高售价的正当性存有质疑。实际上，你的质疑并不是毫无道理。

首先，如果收益管理者在节事期间调高门市价，以调整之后的价格向市场出售客房的话，那么，他们的做法在理论上是讲不通的。因为，门市价是酒店经营者对酒店客房最初的价值主张，即酒店经营者通过门市价告诉客人，本酒店的客房应该值多少钱。因此，门市价是酒店客房实际售价的理论上限。在顾客看来，针对特定客人的优惠或特定时间的折扣，属于酒店自愿放弃部分价值主张，以达到某种目的，这属于酒店的权利；但是，酒店调高门市价，则是对顾客利益的掠夺。这不仅不能被顾客所接受，甚至酒店内部的员工也很难理解。

其次，如果收益管理者不打算调高门市价，而是直接以高出门市价的价格出售客房，其行为的"宰客"意味更浓了——这等于是在向顾客宣示："对，我的客房应该值 500 元，但是我准备向你收取 1 000 元，因为你不买也会有其他人会买。"站在顾客的角度，需要支付 1 000 元来购买一份本来只值 500 元的产品，这显然不是一个能够让人感到愉快的行为。

因此，无论是上述哪种情况，即便预订行为本身都是"自愿"的，依然不能说明其公正性。虽然，酒店客房价格已经向顾客明示，酒店也没有采用暴力或其他手段胁迫顾客来购买客房，但是，顾客以超高价格购买客房的行为很难说是出于"自愿"。

那么，有什么在节事期间不冒犯顾客就能提高收益的办法吗？一些收益管理者的做法是：在提高客房价格的同时向客人提供更多的服务——由于客人在支付高价的同时，获得了优于其他时段的服务内容和品质，因而更容易接受节事期间的超高价格。还有一些收益经理则更倾向于采用入住限制(Stay Restriction)而不是超高的节事价来提升收益。关于入住限制的内容，也将在本章第三节进行介绍。

现在，你已经了解到，在需求极度旺盛的节事期间，单纯地提高客房价格来增加收益很有可能是不恰当的，更加可行的办法是在提高客房价格的同时向客人提供更多的服务或是采用入住限制来对客人进行筛选。

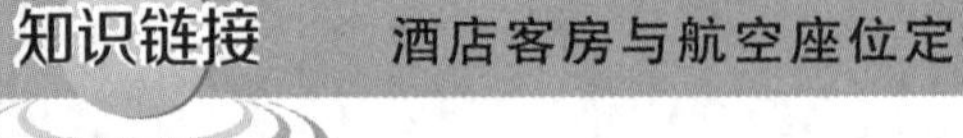

**知识链接　酒店客房与航空座位定价的差异**

时至今日，航空业已经构建起了严密而复杂的座位定价体系——多数情况下，这些严密精巧的定价方法被认为是有效的。实际上,酒店业的不少定价方法就是从航空座位定价中发展而来的。然而,优秀的收益管理者应该意识到,酒店客房定价与航空座位定价是有差异的。这些差异至少体现在以下几个方面。

第一,多数情况下,机票是被“购买”,而客房是被“预订”。前者往往意味着是一份确定的销售(当然,是多数情况而不是所有情况下如此),退票、改签往往意味着卖方需要向航空公司支付一定数额的赔偿金。而酒店的顾客在预订客房后取消、变更时需要向酒店支付费用的情况则相对少得多。

第二,航空公司可根据市场需求变化调整供给水平,而酒店的生产能力是固定的。在市场需求旺盛的时候,航空公司可以增开航班,在淡季时则可以减少航班,但酒店经营者无力采取类似的措施。

第三,航空服务比酒店客房拥有更低的边际成本。一架飞机满载乘客或是带空座位起飞的成本几乎是一样的,在尽可能减少免费航空服务项目(如机上用餐服务)成为一种趋势时更是如此。而酒店每新增一间客房销售时,清扫、客房用品、水电消耗等成本的增加是不能被忽略的。

因此,酒店业也不能完全照搬航空公司的定价方法——那不仅使管理者依赖于一堆令人费解的模型,而且依据模型做出的决策有可能是错误的,因为酒店客房与航空座位定价是有着明显的区别的。



## 二、客房价格体系优化

通常情况下,酒店在正式营业之前会进行一段时间的试营业。试营业结束后,酒店经营者应对试营业期间的需求变化、价格执行、销售情况、市场反馈、收益表现等进行全面的评估,并对未来的需求进行预测,进而对酒店客房的价格体系进行调整。如果酒店的累计营业时间达到36个月甚至更长,酒店就可以对过去的需求、价格、销量、收益等进行更加全面深入的评估,并可以结合历史数据和未来事件对酒店未来一段时间内的客房需求进行预测。在此基础上,酒店就可以确定各种房型在不同时段的最优可用房价,并以最优可用房价为基础,对客房价格体系(Room Rates System)进行全面优化。

### (一)最优可用房价的含义

最优可用房价(Best Available Rates,BAR),常被称作“BAR价格”,是酒店提供给公共市场的除了门市价以外的最高价格(如果酒店设置固定门市价的话),在这个价格水平下,顾客拥有最大的自由度取消或更改客房预订。因此,最优可用房价通常是酒店提供的预订限制最少的价格,常被作为其他价格的参照基准——折扣价、增值价都是在最优可用房价的基础上衍生出来的。甚至,在一些不设置固定门市价的酒店,酒店经营者直接将BAR称为“门市价”。

实际上,最优可用房价并不是指某个具体的、固定的价格。这一方面是因为,酒店往往拥有不同类型和等级的客房产品,每一种客房产品都有与之对应的最优可用房价;另一方面,在不同的时段,同一种客房产品可能对应着不同的市场需求量,而最优可用房价是根据市场需求的强弱而制定的。因此，同一种客房产品在不同的时段可能对应不同的最优可用房价。

（二）最优可用房价的确定

1. 使客房收益最大的 BAR

确定最优可用房价依据的是经济学中的需求价格弹性理论。让我们一起来回顾一下弹性的概念：弹性反映的是因变量对于自变量变化的反应的敏感程度，通常用因变量变化的百分比与引起这种变化的自变量变化的百分比来计算。

就酒店客房产品而言，其需求价格弹性 $|E_d| = \left|\frac{\Delta Q}{\Delta R} \cdot \frac{R}{Q}\right|$ 。根据我们前面所学的知识可知，在 $|E_d| < 1$ 时，酒店客房需求缺乏弹性，提价可以提高总收入；在 $|E_d| > 1$ 时，酒店客房需求富有弹性，降价可以增加总收入；而在 $|E_d| = 1$ 时，降价或提价均不能使总收入增加，因为 $|E_d| = 1$ 就是使酒店客房收入最大的点。而该点所对应的客房价格，即为客房最优可用房价的理论值。由于酒店不同房型的需求变化规律并不总是一致，因此，在确定最优可用房价时，应分别依据各种房型的需求与价格变化规律来确定其最优可用房价的理论值。

如已知某酒店过去 5 年中 7 月份商务大床房的主要业绩指标（见表 5-4），如何据此确定该酒店商务大床房的最优可用房价呢？

**表 5-4　某酒店过去 5 年 7 月份商务大床房的主要业绩指标**

| 观测期 | 平均房价 ADR/（元/间天） | 销售量/（间/天） | 平均日收入/元 |
|---|---|---|---|
| −5 | 400 | 200 | 80 000 |
| −4 | 600 | 121 | 72 000 |
| −3 | 500 | 158 | 80 000 |
| −2 | 550 | 137 | 77 000 |
| −1 | 450 | 182 | 81 000 |



第一步，根据上述数据，借助 SPSS 统计工具，得到该酒店 7 月份商务大床房的需求价格函数为：

$$Q = 363.000 - 0.406R$$
$$(0.000)\quad(0.000)$$

第二步，根据需求价格函数确定需求价格弹性 $|E_d| = 1$ 即客房收入最大的点，该点对应的客房价格即是最优可用房价理论值：

$$E_d = -0.406 \cdot \frac{R}{363.000 - 0.406R} = -1 \Rightarrow R \approx 447\text{ 元 / 间天}\quad（此时 Q\approx 182）$$

第三步，结合实际情况，确定最优可用房价。考虑到最优可用房价理论值对应的需求量约为 182 间，在酒店商务大床房的可用客房数之内，酒店将与最优可用房价理论值非常接近的 448 元/间天作为商务大床房本年度 7 月份的最优可用房价。

用同样的思路，可以得到该酒店商务大床房在各个不同时段的最优可用房价。在实际工作中，为了价格管理的方便性，同时考虑到顾客的接受度，酒店通常根据一年中市场需求的强弱，将一年划分为淡季、平季、旺季或淡季、次淡季、平季、次旺季、旺季等若干个时段，进而制定各种房型在不同时段的最优可用房价。

2. 改进的 BAR 确定方法

现在，你已经了解了利用需求价格弹性建立最优可用房价的方法了。接下来，我们一起来对上述方法进行改进。

首先，请你想想看，为什么需要改进呢?

你想到了吗?

对了，用上述方法确定的最优可用房价，是使客房"收入"而不是"经营利润"达到最大值的价格，因为它忽略了成本的影响。而富有经验的收益经理在进行定价时，通常会把变动成本或运营成本考虑在内。在上例中，如果已知酒店商务大床房的平均运营成本(AOC)是 45 元/间天，是否可以依据"经营利润"而不是"收入"达到最大值为目标来确定最优可用房价呢?

答案当然是肯定的。具体过程如下：

第一步，利用所求的需求价格函数，建立经营利润(GOP)与客房价格函数关系式：

$$\begin{aligned}\text{GOP} &= Q \cdot (R - \text{AOC}) = (363 - 0.406R)(R - 45) \\ &= -0.406\,R^2 + 381.27R - 16\,335\end{aligned}$$

第二步，求取使得经营利润(GOP)取最大值的 $R$，即 $R \approx 470$ 元/间天(此时 $Q \approx 172$)。

第三步，确定最优可用房价。在此例中，470 元左右的价格可以作为该酒店商务大床房 7 月份的最优可用房价。

但是，并不是所有的情况下，采用上述方法计算得到的价格都可以作为确定最优可用房价的依据。这是为什么呢? 让我们一起看看这样一个例子。



某酒店拥有标准间 200 间，标准间的平均运营成本为 50 元/间天。过去 5 年中 8 月份标准间的主要业绩指标如表 5-5 所示。

**表 5-5 某酒店过去 5 年 8 月份标准间主要业绩指标**

| 观测值 | 平均房价 ADR/(元/间天) | 销售量/(间/天) | 平均日收入/元 |
|---|---|---|---|
| −5 | 400 | 100 | 40 000 |
| −4 | 380 | 119 | 45 220 |
| −3 | 360 | 139 | 50 040 |
| −2 | 330 | 158 | 51 140 |
| −1 | 320 | 178 | 56 960 |

根据上述数据，借助 SPSS 统计工具，得到该酒店 8 月份商务标准间的需求价格函数为：

$$Q = 465.79 - 0.913\,4R$$

$$(0.000) \quad (0.000)$$

现在，请采用前面所介绍的方法，计算该酒店标准间 8 月份的最优可用房价理论值。

你的答案是多少呢?

如果你的答案是"$R$=280 元/间天"，说明你已经掌握了改进的 BAR 确定方法的核心步骤，离成功只有一步之遥了。所剩的这一步，考验的是你的细致，看你是否细致到在计算价格的同时考虑需求量：根据所求的需求价格函数可以计算出，$R$=280 元/间天时，需求量

$Q$=210间。显然,210 间超出了酒店所拥有的标准间的数量。因此,接近于 $R$=280 元/间天的价格并不能使酒店获得最大的经营利润。此时,使得酒店取得最大经营利润的价格,是需求量小于等于酒店可用客房数,即 $Q$=200 间时所对应的价格,此时 $R$=291 元/间天。因此,该酒店可以取略大于 291 元/间天的价格,作为酒店标准间 8 月份的最优可用房价。

这个例子告诉我们,在确定最优可用房价时,我们不仅仅要计算使得客房经营利润达到最大值的价格,同时也应该关注该价格对应的客房需求量。如果该需求量小于等于该房型的可用客房数,该价格可以作为确定最优可用房价的参考依据;如果该价格对应的需求量超过了该房型的可用客房数,则应将使得需求量等于可用客房数的价格作为最优可用房价的参照值。

需要说明的是,严格来讲,在采用历史数据建立某类房型的需求价格函数时,应该剔除异常数据和客房价格以外的其他因素对客房需求量的影响。通常,剔除异常数据相对容易,而消除客房价格以外的其他因素对客房需求量的影响则十分复杂。在现有的技术条件下,很少有酒店能够精确地完成这项工作。但是,这并不代表客房价格以外的其他因素对客房需求量的影响可以被忽略。只要条件许可或者说技术可行,这些可能对客房需求产生影响的因素在客房需求建模时就应该被考虑进来。

(三)客房价格体系的优化

如前所述,以历史数据为依据,可以得到酒店某类客房在特定时段的需求价格函数。有了需求价格函数,就可以确定该类房型在各时段的最优可用房价。以最优可用房价为基础,就可以确定该房型在各细分市场不同时段对应的价格。进而,可以结合竞争对手定价情况、未来一年内市场事件和相关信息对制定的价格体系进行调整、优化,从而完成酒店客房价格体系表(见表 5-6)。

**表 5-6　某酒店标准大床房价格体系**　　单位:元/间天

<table>
<tr><th rowspan="2">价格等级</th><th rowspan="2">价格类别</th><th rowspan="2">价格名称</th><th rowspan="2">价格代码</th><th colspan="5">执行月份</th><th rowspan="2">价格说明</th></tr>
<tr><th>2</th><th>1/12</th><th>4/9/11</th><th>3/5/6</th><th>7/8/10</th></tr>
<tr><td rowspan="5">一级价格</td><td rowspan="5">公共价格</td><td>门市价</td><td>RR</td><td>898</td><td>898</td><td>898</td><td>898</td><td>898</td><td>酒店客房的最高价格,代表酒店客房本来的价值;可以随时取消和更改预订</td></tr>
<tr><td rowspan="2">最优可用房价</td><td rowspan="2">BAR</td><td>$BAR_1$</td><td>$BAR_2$</td><td>$BAR_3$</td><td>$BAR_4$</td><td>$BAR_5$</td><td rowspan="2">依据市场需求预测确定,随时可以变动;可以随时取消和更改预订</td></tr>
<tr><td>640</td><td>680</td><td>720</td><td>780</td><td>840</td></tr>
<tr><td>最优价</td><td>RD2</td><td>512</td><td>544</td><td>576</td><td>624</td><td>672</td><td>BAR 的 8 折,入住前一天 18:00 之前取消或更改预订,否则,需要支付一晚房费</td></tr>
<tr><td>热销价</td><td>RD3</td><td>448</td><td>476</td><td>504</td><td>546</td><td>588</td><td>BAR 的 7 折,订房时需提前支付所有房费,无论客人是否入住,这些费用均不能退回</td></tr>
</table>

续表

| 价格等级 | 价格类别 | 价格名称 | 价格代码 | 执行月份 | | | | | 价格说明 |
|---|---|---|---|---|---|---|---|---|---|
| | | | | 2 | 1/12 | 4/9/11 | 3/5/6 | 7/8/10 | |
| 二级价格 | 会员价格 | 白金卡会员价 | VD1 | 461 | 490 | 518 | 562 | 605 | BAR 的 7.2 折，在客房库存许可的情况下，免费享受房间升级，可随时取消或更改预订，一级 VIP 待遇 |
| | | 金卡会员价 | VD2 | 486 | 517 | 547 | 593 | 638 | BAR 的 7.6 折，在客房库存许可的情况下，免费享受房间升级，可随时取消或更改预订，二级 VIP 待遇 |
| | | 银卡会员价 | VD3 | 499 | 530 | 562 | 608 | 655 | BAR 的 7.8 折，在客房库存许可的情况下，免费享受房间升级，可随时取消或更改预订，三级 VIP 待遇 |
| 三级价格 | 团体价格 | 会议团体价 | CGD | 416 | 442 | 468 | 507 | 546 | BAR 的 6.5 折，实际租用的房间数低于特定日期的约定数量时，顾客需要支付差额 90%的房费 |
| 四级价格 | 公司协议价格 | 固定的公司协议价 1 | CAD1 | 630 | 630 | 630 | 630 | 630 | 价格固定，全年不变，取消或更改条件同 RD2 |
| | | 固定的公司协议价 2 | CAD2 | 525 | 525 | 525 | 525 | 525 | |
| | | 固定的公司协议价 3 | CAD3 | 480 | 480 | 480 | 480 | 480 | |
| | | 变动的公司协议价 1 | CFD1 | 461 | 490 | 518 | 562 | 605 | BAR 的 7.2 折，价格随 BAR 的变动而变动，取消或更改条件同 RD2 |
| | | 变动的公司协议价 2 | CFD2 | 486 | 517 | 547 | 593 | 638 | BAR 的 7.6 折，价格随 BAR 的变动而变动，取消或更改条件同 RD2 |
| | | 变动的公司协议价 3 | CFD3 | 499 | 530 | 562 | 608 | 655 | BAR 的 7.8 折，价格随 BAR 的变动而变动，取消或更改条件同 RD2 |

续表

| 价格等级 | 价格类别 | 价格名称 | 价格代码 | 执行月份 | | | | | 价格说明 |
|---|---|---|---|---|---|---|---|---|---|
| | | | | 2 | 1/12 | 4/9/11 | 3/5/6 | 7/8/10 | |
| 五级价格 | 旅行社价格 | 旅游团体价 | TGD | 352 | 374 | 396 | 429 | 462 | BAR 的 5.5 折 |
| 六级价格 | OTA 价格 | OTA 价 1 | WD1 | 544 | 578 | 612 | 663 | 714 | WD1、WD2、WD3 是酒店从 OTA 得到的净价；客人支付的价格和取消修改预订条件同 BAR、RD2、RD3；酒店得到客人支付价的 85%，OTA 得到 15% |
| | | OTA 价 2 | WD2 | 435 | 462 | 490 | 530 | 571 | |
| | | OTA 价 3 | WD3 | 381 | 405 | 428 | 464 | 500 | |
| 七级价格 | 政府协议价格 | 政府协议价 | GVD | 352 | 374 | 396 | 429 | 462 | BAR 的 5.5 折 |
| 八级价格 | 退休人士优惠价格 | 老年优待价 | SED | 461 | 490 | 518 | 562 | 605 | BAR 的 7.2 折，取消或更改条件同 RD2，提供给 55 岁以上的老年人 |
| | 同业优惠价格 | 同业优惠价 | IDD | 384 | 408 | 432 | 468 | 504 | BAR 的 6 折，取消或更改条件同 RD2 |
| | 长住优惠价格 | 长住优惠价 | LDD | 320 | 340 | 360 | 390 | 420 | BAR 的 5 折，取消或更改条件同 RD2，要求连住 14 天以上 |
| | 机组优惠价格 | 机组优惠价 | CRD | 256 | 272 | 288 | 312 | 336 | BAR 的 4 折，取消或更改条件同 RD2，提供给机组人员及因航班取消延误滞留的旅客 |
| | 内部员工优惠价格 | 内部优惠价 | EDD | 224 | 238 | 252 | 273 | 294 | BAR 的 3.5 折，取消或更改条件同 RD2；只提供给员工及其家属 |

仔细研读表 5-6，我们可以获得以下丰富的信息。

(1)该酒店将一年划分为 5 个时段：2 月为淡季，1 月和 12 月为次淡季，4 月、9 月和 11 月为平季，3 月、5 月和 6 月为次旺季，7 月、8 月和 10 月为旺季。酒店标准大床房在这 5 个时段的最优可用房价分别为 640 元/间天、680 元/间天、720 元/间天、780 元/间天、840 元/间天，均低于该房型的门市价 898 元/间天。

采用最优可用房价预订的顾客，随时可以取消或更改预订。

值得注意的是，BAR 只是未来一年各阶段的基准价，但并不必然是实际执行价格。因为一些酒店的 BAR 可以根据市场需求进行调整，采用动态定价策略。

(2)除门市价、最优可用房价之外，该酒店标准大床房还设有最优价、热销价两个公共价格。它们均与最优可用房价挂钩，分别是最优可用房价的 8 折和 7 折。其中，最优价要求取消或更改预订需在入住前一天 18:00 之前提出，否则，需要支付 1 晚房费；而热销价则要求客人订房时需提前支付所有房费，无论客人是否入住，这些费用均不能退回。

(3)该酒店设有白金卡、金卡、银卡三个不同等级的会员价，它们分别为最优可用房价的 7.2 折、7.6 折和 7.8 折，分别享受相应等级的 VIP 服务，并且在客房库存许可的情况下，享受免费的客房升级服务。

(4)酒店的三级价格是团体价格，为最优可用房价的 6.5 折。该价格要求，实际租用的房间数低于特定日期的约定数量时，顾客需要支付差额 90%的房费。

(5)酒店的四级价格为公司协议价格，分固定价格和变动价格两种，每种价格又细分为若干折扣力度不同的具体价格。公司协议价取消与变更条件与公共价格中的最优价相同，即入住前一天 18:00 之前可免费取消或更改。

(6)五级价格为针对旅行社的旅游团体价，是最优可用房价的 5.5 折。与该酒店提供给政府的协议价相同。

(7)提供给 OTA 平台的价格为六级价格，包括三种价格 WD1、WD2、WD3，其取消与变更条件分别与最优可用房价、最优价、热销价相同。值得注意的是，表 5-6 中显示的是酒店得到的净价，即客人所付价格的 85%，另外 15%为 OTA 的佣金。因此，从表格推算可知，OTA 预订价与酒店公共价格具有一致性。

(8)酒店的八级价格为提供给退休人士、同行、长住客人、机组人员及内部员工的优惠价，分别对应不同的折扣，取消或更改条件与最优价相同。

表 5-7 是一家度假型酒店 2018 年别墅房型的价格体系表，表 5-8 是对节假日客房价格政策的补充说明。



**表 5-7　某度假型酒店 2018 年别墅房型价格体系**　　单位:元/套

| 房型 | 数量（套） | 牌价 | 网络价/前台价 | | | 散客优惠价 | | | 政府/旅行社/商务公司 | | | 团队价(5 套成团) | | |
|---|---|---|---|---|---|---|---|---|---|---|---|---|---|---|
| | | | 周中 | 周五 | 周六 | 周中 | 周五 | 周六 | 周中 | 周五 | 周六 | 周中 | 周五 | 周六 |
| 一居 | 12 | 4 380 | 1 998 | 2 998 | 3 498 | 1 998 | 2 898 | 3 398 | 1 848 | 2 848 | 3 348 | 1 798 | 2 698 | 3 148 |
| 二居 | 13 | 8 180 | 3 998 | 5 898 | 6 898 | 3 798 | 5 698 | 6 698 | 3 698 | 5 598 | 6 598 | 3 598 | 5 298 | 6 198 |
| 三居 | 4 | 12 080 | 5 998 | 8 898 | 10 398 | 5 698 | 8 598 | 10 098 | 5 548 | 8 448 | 9 948 | 5 398 | 7 998 | 9 348 |
| 四居 | 1 | 17 000 | 7 998 | 11 898 | 13 898 | 7 598 | 11 498 | 13 498 | 7 398 | 11 298 | 13 298 | 7 198 | 10 698 | 12 498 |
| 五居 | 1 | 20 500 | 9 998 | 12 898 | 15 398 | 9 498 | 12 398 | 14 898 | 9 428 | 12 148 | 14 648 | 8 998 | 11 398 | 13 648 |

注:①上述价格中，包含双人早餐；周五、周六入住的，含双人自助晚餐。

②价格有效期:2018 年 1 月 1 日—2018 年 12 月 31 日(法定节假日执行牌价，另附说明)；别墅入住时间为 15:00 以后，退房时间为次日 12:00 之前。

③2018 年 7 月 1 日—2018 年 8 月 31 日，周中价格上涨 200 元/套，周末价格不变；3 月、6 月、9 月等淡季，将根据市场需求状况，对价格进行动态调整。

④团队价“一团一议”。

⑤温泉收费标准为 188 元/人，每套别墅可享受 2 位客人免费使用温泉；1.2 米以下的儿童免费；1.2～1.4 米享受半价优惠，1.4 米以上按全价收取。

⑥股东享受前台价的 7 折，金卡会员(5 万元)享受前台价的 8.5 折，钻石卡会员(10 万元)享受前台价的 8 折(参考 2017 年价格政策执行，不做调整)。

表 5-8　某度假型酒店 2018 年节假日客房价格补充说明

| 节日 | 放假时间 | 放假天数 | 执行价格 |
| --- | --- | --- | --- |
| 元旦 | 12 月 31 日—第二年 1 月 1 日 | 3 | 12 月 29 日执行周五价格<br>12 月 30 日、12 月 31 日执行牌价<br>1 月 1 日执行周中价格 |
| 春节 | 2 月 15 日(除夕)—21 日 | 7 | 2 月 14 日、2 月 15 日执行周五价格<br>2 月 16 日—2 月 20 日执行牌价<br>2 月 10 日、2 月 21 日、2 月 23 日、2 月 24 日执行周中价格 |
| 清明节 | 4 月 5 日—7 日 | 3 | 4 月 4 日执行周五价格<br>4 月 5 日、4 月 6 日执行牌价<br>4 月 7 日执行周中价格 |
| 劳动节 | 4 月 29 日—5 月 1 日 | 3 | 4 月 28 日执行周五价格<br>4 月 29 日、4 月 30 日执行牌价<br>5 月 1 日执行周中价格 |
| 端午节 | 6 月 16 日—18 日 | 3 | 6 月 15 日执行周五价格<br>6 月 16 日、6 月 17 日执行牌价<br>6 月 18 日执行周中价格 |
| 中秋节 | 9 月 22 日—24 日 | 3 | 9 月 21 日执行周五价格<br>9 月 22 日、9 月 23 日执行牌价<br>9 月 24 日执行周中价格 |
| 国庆节 | 10 月 1 日—7 日 | 7 | 9 月 28 日、9 月 29 日、10 月 7 日执行周中价格<br>9 月 30 日执行周五价格<br>10 月 1 日—10 月 6 日执行牌价 |



由表 5-7、表 5-8 可知以下信息[①]。

(1)该酒店设置了全年固定不变的门市价(牌价),这是该酒店客房价格的上限,通常在需求极度旺盛的节假日期间执行。

(2)该酒店的公共价格为网络价/前台价,公共价格又根据需求的旺盛程度分为周中(周日到周四)、周五、周六三个不同的价格系列,且周中价格<周五价格<周六价格。

(3)该酒店对来自政府、旅行社、商务公司等合作单位的散客执行固定的协议价,同样地,协议价也分为周中(周日到周四)、周五、周六三个不同的价格系列,且周中价格<周五价格<周六价格。

(4)对于散客,酒店设置有优惠价(该价格为酒店内部掌握,不对客人公开,是散客市场的最低价),除紧俏的一居别墅的周中价(为 1 998 元/套)等同于网络价/前台价以外,其他的散客优惠价均低于对应的网络价/前台价。这样做的目的,主要是为酒店销售人员在面对讨价还价的客人时保持一定的灵活性,以增加客房的销售。

① 党印.酒店收益管理[M].北京:经济科学出版社,2020.

(5)团队价遵循“一团一议”原则，不过表 5-7 中所显示的团队价为酒店内部掌握的团队价格下限。

(6)在 3 月、6 月、9 月等淡季，酒店将根据市场需求情况对客房价格进行动态调整。换言之，在需求低谷时段，酒店客房的实际售价可能会突破表 5-7 中所列各种价格的限制，以更低的售价来提升客房销量，以便提升客房收益。

## 第二节　客房动态定价

“用多样化的、动态的价格，替代统一的、固定的价格”是收益管理者应该遵循的重要原则之一。用多样化的价格替代统一的价格，即差别定价；用动态的价格，替代固定的价格，则是动态定价。从广义来看，动态定价属于差别定价的一部分。由于动态定价在酒店收益管理中，无论是就其在工作内容中所占的比重，还是就其对酒店收益提升的贡献度来看，都是一个值得特别关注的方面。因而，它常被作为一种与差别定价相平行的收益优化策略。本节将对动态定价的含义及原因、动态定价的过程等进行介绍。

### 一、动态定价的含义

动态定价(Dynamic Pricing)，是指依据预订时间或入住时间的差异，将相同的客房产品以不同的价格出售给同一细分市场的客人，以提高酒店客房收入的收益优化方法。

所谓“动态”，主要是指随着时间的变化而变化。这里的时间，既包括“入住时间”(客房被占用的时间)，也包括“预订时间”。

酒店依据“入住时间”的不同调整价格，原因主要是：酒店客房产品供应能力有限，且酒店客房属于具有易逝性的服务产品，而市场对酒店客房的需求是具有淡旺季和波动性的。如果采用相对固定的价格面对变动不定的需求，很有可能使酒店在需求疲弱时丧失部分出售产品的机会，而在需求强劲时未能以更高的价格出售产品而丧失部分潜在收益。因此，酒店通常根据市场需求变化，对客房价格进行调整。在需求低谷时，适当降价，以扩大销售；在需求高峰时，适当提价，以增加收入，是酒店收益优化的重要途径。

不仅如此，酒店还可以依据“预订时间”的不同来进行动态定价。这样做的原因主要有以下几点。第一，依据入住时间的不同进行差别定价时，价格的调整通常以预测需求量(预测出租率)为依据。根据第四章所学的内容，我们已经知道，酒店在进行客房需求量预测时，需要持续不断地进行调整。换言之，在入住日到来之前，酒店针对特定日期的预测需求量并不是一个固定值，而是一个动态变化的量。如果这种变化达到了价格调整的门槛，酒店要对客房价格进行调整。第二，由于不同的细分市场具有不同的预订行为模式和价格敏感度，酒店依据预订时间的不同提供给市场以不同的价格，可以更好地满足各细分市场的需求并尽可能获取最大利润。例如，休闲度假散客通常更早进行信息搜寻和预订，对价格更加敏感，而商务公务客人常常在离入住日较近的几天才开始订房，且他们对价格的敏感程度往往没有休闲度假散客那么高。因此，在距离入住日较远时向市场提供折扣价格，可以提早捕获部分市场需求；在距离入住日较近时取消折扣或适当提高房价，可能使酒店取得更高收益。

表 5-9 是某酒店在不同日期观测到的两个不同时段的客房价格。该表显示，在同一日期，预订该酒店某一时段的客房，由于入住日期的不同，价格可能有所差别。另一方面，针对同一入住日期的客房，由于预订时间的不同，价格可能有所差别。由此可见，动态定价所依据的“不同时间”，既包括入住时间，也包括预订时间。

**表 5-9　某酒店高级双床房 OTA 平台售价**　　单位：元/间天

| 查询日期 | 入住日期（2020 年 8 月 31 日—9 月 6 日） | | | | | | |
|---|---|---|---|---|---|---|---|
| | 8 月 31 日<br>周一 | 9 月 1 日<br>周二 | 9 月 2 日<br>周三 | 9 月 3 日<br>周四 | 9 月 4 日<br>周五 | 9 月 5 日<br>周六 | 9 月 6 日<br>周日 |
| 2020 年 8 月 23 日 | 559 | 559 | 609 | 609 | 609 | 609 | 609 |
| 查询日期 | 入住日期（2021 年 8 月 30 日—9 月 5 日） | | | | | | |
| | 8 月 30 日<br>周一 | 8 月 31 日<br>周二 | 9 月 1 日<br>周三 | 9 月 2 日<br>周四 | 9 月 3 日<br>周五 | 9 月 4 日<br>周六 | 9 月 5 日<br>周日 |
| 2021 年 8 月 14 日 | 559 | 559 | 1 348 | 1 025 | 1 336 | 1 336 | 1 025 |

## 二、动态定价的过程

如图 5-1 所示，动态定价的过程包括如下 4 个环节。



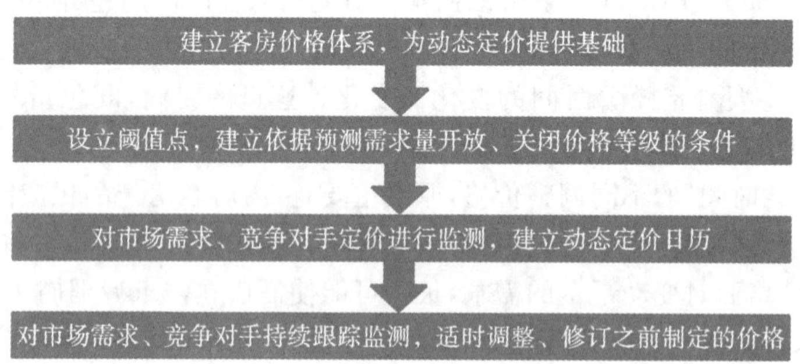


**图 5-1　动态定价的过程**

第一，建立客房价格体系，为动态定价提供基础。为酒店每一类房型确定最优可用房价，进而确定面对不同细分市场的价格，构建各类房型的价格体系表。在构建各类房型的价格体系表时，既要考虑不同类型和等级的客房之间的价格梯度，又要考虑同一类型和等级的客房在不同公开渠道上的价格一致性，还要使不同细分市场或不同分销渠道之间保持适度的价格差异。可以说，客房价格体系的建立，是一项充满挑性工作，也是客房动态定价的重要基础。

第二，设立阈值点，建立依据预测需求量开放、关闭价格等级的条件。如表 5-10 所示，A 酒店依据之前所建立的静态价格体系表，结合所建立的各价格等级的开放、关闭条件，建立了标准大床房散客动态定价体系表。综合表 5-10 和之前的表 5-6 可知，标准大床房在淡季（2 月）的基准房价 BAR 为 640 元/间天、71%～80%出租率区间对应的价格为 BAR13。当预测出租率低于或高于该区间时，酒店会相应地降低或提高基准房价。而散客市场的其他价格(最优价、热销价、白金卡会员价、金卡会员价、银卡会员价等)则随着基准价格的变化而变化。在其他的经营时段(次淡季、平季、次旺季、旺季),当预测出租率位于不同区间时,标准大床房的最优可用房价也分别对应一个不同的基准值,而散客市场的其他价格依然随着基准价格的变化而变化。

**表 5-10　A 酒店标准大床房散客动态定价体系表**　　单位:元/间天

| 时段 | 阈值点出租率 | 最优可用房价 | | | 最优价(限时取消) | 热销价(预付,不可取消) | 白金卡会员价 | 金卡会员价 | 银卡会员价 |
|---|---|---|---|---|---|---|---|---|---|
| 2 月 | ≤60% | BAR1 | BAR11 | 580 | 468 | 408 | 418 | 441 | 452 |
| | 61%~70% | | BAR12 | 610 | 488 | 428 | 439 | 464 | 476 |
| | 71%~80% | | BAR13 | 640 | 518 | 448 | 461 | 486 | 499 |
| | 81%~90% | | BAR14 | 670 | 538 | 468 | 482 | 509 | 523 |
| | ≥91% | | BAR15 | 700 | 568 | 498 | 504 | 532 | 546 |
| 1 月/12 月 | ≤60% | BAR2 | BAR21 | 620 | 498 | 438 | 446 | 471 | 484 |
| | 61%~70% | | BAR22 | 650 | 518 | 458 | 468 | 494 | 507 |
| | 71%~80% | | BAR23 | 680 | 548 | 478 | 490 | 517 | 530 |
| | 81%~90% | | BAR24 | 710 | 568 | 498 | 511 | 540 | 554 |
| | ≥91% | | BAR25 | 740 | 588 | 518 | 533 | 562 | 577 |
| 4 月/9 月/11 月 | ≤60% | BAR3 | BAR31 | 660 | 528 | 458 | 475 | 502 | 515 |
| | 61%~70% | | BAR32 | 690 | 558 | 488 | 497 | 524 | 538 |
| | 71%~80% | | BAR33 | 720 | 578 | 508 | 518 | 547 | 562 |
| | 81%~90% | | BAR34 | 750 | 598 | 528 | 540 | 570 | 585 |
| | ≥91% | | BAR35 | 780 | 628 | 548 | 562 | 593 | 608 |
| 3 月/5 月/6 月 | ≤60% | BAR4 | BAR41 | 720 | 578 | 508 | 518 | 547 | 562 |
| | 61%~70% | | BAR42 | 750 | 598 | 528 | 540 | 570 | 585 |
| | 71%~80% | | BAR43 | 780 | 628 | 548 | 562 | 593 | 608 |
| | 81%~90% | | BAR44 | 810 | 648 | 568 | 583 | 616 | 632 |
| | ≥91% | | BAR45 | 840 | 678 | 588 | 605 | 638 | 655 |
| 7 月/8 月/10 月 | ≤60% | BAR5 | BAR51 | 780 | 618 | 548 | 562 | 593 | 608 |
| | 61%~70% | | BAR52 | 810 | 648 | 568 | 583 | 616 | 632 |
| | 71%~80% | | BAR53 | 840 | 668 | 588 | 605 | 638 | 655 |
| | 81%~90% | | BAR54 | 870 | 698 | 608 | 626 | 661 | 678 |
| | ≥91% | | BAR55 | 898 | 718 | 628 | 647 | 682 | 700 |

B 酒店的做法类似 A 酒店,所不同的是:B 酒店在确定开放某个具体的基准价格时,无须考虑淡旺季,只需依据预测出租率所处的区间来确定(见表 5-11)。

**表 5-11　B 酒店高级双床房动态价格体系表**

| 价格大类 | 价格类别 | 价格代码 | 价格说明 | 使用规则 |
|---|---|---|---|---|
| 散客 | 最优可用房价 | BAR1 | 658 元/间天 | 出租率高于 85% |
| | | BAR2 | 628 元/间天 | 出租率 61%～85% |
| | | BAR3 | 598 元/间天 | 出租率 41%～60% |
| | | BAR4 | 558 元/间天 | 出租率低于 40% |
| | 会员价 | M1 | 普卡,BAR 的 9 折 | 储值或累计消费达到 1 000 元 |
| | | M2 | 金卡,BAR 的 8.8 折 | 储值或累计消费达到 3 000 元 |
| | | M3 | 白金卡,BAR 的 8 折 | 储值或累计消费达到 6 000 元 |
| | | M4 | 钻石卡,BAR 的 7.5 折 | 储值或累计消费达到 10 000 元 |
| | 协议价 | CO1 | 公司协议价,等于普卡 | 年产量 50 间夜以上 |
| | | CO2 | 公司协议价,等于普金卡 | 年产量 100 间夜以上 |
| | | CO3 | 公司协议价,等于白金卡 | 年产量 300 间夜以上 |
| | | CO4 | 公司协议价,等于钻石卡 | 年产量 500 间夜以上 |
| | | RFP1 | 等于钻石卡 | 三类公司 |
| | | RFP2 | 等于钻石卡减 30 元 | 二类公司 |
| | | RFP3 | 等于钻石卡减 50 元 | 一类公司 |
| | OTA | OTA1 | 等于 BAR1 | 出租率高于 85% |
| | | OTA2 | 等于 BAR2 | 出租率 61%～85% |
| | | OTA3 | 等于 BAR3 | 出租率 41%～60% |
| | | OTA4 | 等于 BAR4 | 出租率低于 40% |
| | | OTA5 | 促销价,BAR1 的 7.5 折 | 出租率低于 20%,且限量 5 间 |
| | 官网 | WEB1 | BAR1 的 9.5 折 | 出租率高于 85% |
| | | WEB2 | BAR2 的 9.5 折 | 出租率 61%～85% |
| | | WEB3 | BAR3 的 9.5 折 | 出租率 41%～60% |
| | | WEB4 | BAR4 的 9.5 折 | 出租率低于 40% |
| | 长住客 | LSG1 | 等于白金卡 | 7～14 间夜 |
| | | LSG2 | 等于钻石卡 | 15～30 间夜 |
| | | LSG3 | 等于钻石卡减 30 元 | 31～60 间夜 |
| | | LSG4 | 等于钻石卡减 50 元 | 61 间夜 |
| | 政府协议价 | GOV | 等于白金卡 | 5 间以上的,参照政府团价格 |
| | 旅行社散客 | WHL1 | 等于金卡 | 年产量 10～50 间夜 |
| | | WHL2 | 等于白金卡 | 年产量 51～300 间夜 |
| | | WHL3 | 等于钻石卡 | 年产量 301 间夜以上 |

续表

| 价格大类 | 价格类别 | 价格代码 | 价格说明 | 使用规则 |
| --- | --- | --- | --- | --- |
| 散客 | 包价 | PAC1 | 根据套餐成本确定 | 根据实际情况设置套餐，如含门票、SPA 等 |
| | | PAC2 | | |
| | | PAC3 | | |
| 团队 | 旅行团 | TR1 | 等于白金卡 | 10～20 间 |
| | | TR2 | 等于钻石卡 | 21～40 间 |
| | | TR3 | 等于钻石卡减 30 元 | 41 间以上 |
| | 会议团 | CMG1 | 等于钻石卡 | 10～50 间 |
| | | CMG2 | 等于钻石卡减 30 元 | 51～100 间 |
| | | CMG3 | 等于钻石卡减 50 元 | 101 间以上 |
| | 政府团 | GPG1 | 等于钻石卡 | 5～20 间 |
| | | GPG2 | 等于钻石卡减 30 元 | 21～40 间 |
| | | GPG3 | 等于钻石卡减 50 元 | 41 间以上 |
| 其他 | 免费房 | COMP | 零房价 | 计入 OCC 统计 |
| | 自用房 | HSE | 零房价 | 不计入 OCC 统计 |

备注：①以上价格包含税金和服务费，不含早餐。

②加床另收取 100 元。

③免费房需总经理签字同意。



第三，对市场需求、竞争对手定价进行监测，建立动态定价日历。如前所述，预测需求量（出租率）是确定开放某一基准价格的重要依据。酒店在进行动态定价时，需要对未来一段时期内（可能长达一年）每日的客房需求量进行预测，给出每日预测出租率数据。在一些酒店，不仅会预测每日的整体出租率，甚至会对各具体房型（尤其是数量较大的基础房型）的出租率进行预测，以便制定出更加科学、合理的动态价格。除了预测出租率，竞争对手的定价情况往往也是动态定价时需要考虑的因素。在取得竞争对手的价格信息后，选择高于、低于或是与竞争对手持平的动态价格，则由酒店经营者综合考虑预测需求量、竞争战略等因素之后来决定。

图 5-2 是某酒店的收益管理人员依据预测出租率制作的动态定价日历——用深浅不同的背景颜色来区分预测出租率和对应的基准价格——背景颜色越深，预测出租率越高，对应的基准价格也越高，这样，酒店经营者可以直观地了解未来一段时间内的市场需求和客房定价。当然，如果酒店应用了收益管理系统，则无须由收益管理者来制作动态定价日历了——直接到系统中去调阅就可以了，那往往比手工制作的动态定价日历更加清晰、美观。更重要的是，它可以帮收益管理者节约大量的时间，让他们可以把更多的精力放在数据分析和决策思考上。

第四，动态定价日历制定后，还应对市场需求和竞争对手等进行持续的跟踪监测，对之前制定的价格进行适时的调整、修订。

图 5-2 某酒店的动态定价日历

## 第三节 客房库存管理

本节主要介绍几种常用于酒店客房库存管理(Room Inventory Management,又被称作“客房容量控制”)的方法:客房嵌套控制、团队置换分析、超额预订、住宿天数限制。

### 一、客房嵌套控制

#### (一)非嵌套控制及其局限

有时,为避免完全的“先到先得”,酒店需要根据市场需求预测对未来的客房产品在不同细分市场进行分配。由于不同细分市场往往对应不同的价格,因此也就是需要确定同一客房产品分配给不同价格等级的细分市场的数量。如果不同价格等级的同一客房产品各自独立,不能在不同细分市场之间交互使用,即称之为非嵌套客房库存控制方法(Non-Nested Room Inventory Control Method)。

例如,某酒店有标准大床房 80 间,未来某一天 A、B、C、D 4 个细分市场的售价分别为 $P_A$=600元/间天、$P_B$=580 元/间天、$P_C$=520 元/间天、$P_D$=480 元/间天,根据需求预测值确定的该日酒店标准大床房在 A、B、C、D 4 个细分市场的库存分配为 30 间、20 间、20 间、10 间(见图 5-3)。

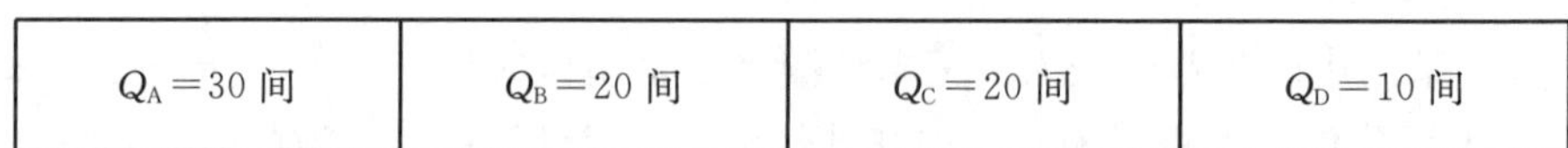

| $Q_A$=30 间 | $Q_B$=20 间 | $Q_C$=20 间 | $Q_D$=10 间 |
|---|---|---|---|

图 5-3 非嵌套式客房库存分配

假定在距离客房出租当日还有一周时,A、B、C、D 4 个细分市场的预订数量分别为 20 间、15 间、18 间、10 间,即 4 个细分市场的剩余房间数分别为 10 间、5 间、2 间、0 间。此时,D 市场有一项预订 5 间标准大床房的请求。由于 A、B、C、D 4 个细分市场之间的库存是相互独立的,即便酒店还有 17 间标准大床房的库存可用,酒店也会拒绝该预订。这样做的好处是,避免低价市场因为需求产生在先而占用高价市场的库存,从而可以把客房预留给有可能支付更高价格的客人,从而提高客房收益。

根据上述例子，你可能已经理解了非嵌套库存控制方式的好处。同时，由于不同价格等级的同一客房产品间的库存不能相互调配，酒店经营者只需要按事先制定的库存分配方案执行就可以了，而不必根据市场变化来调整客房分配，这确实可以省去一些麻烦。另外，酒店可能与一些细分市场，如OTA、公司客户、航空公司签订的协议中已经约定每天需要为其保留的客房数量。正是基于这些原因，非嵌套客房库存控制方法得到了不少酒店的青睐。

然而，聪明的你可能正在考虑这样一个问题：在上述例子中，如果A市场的库存用尽，而B、C、D还有空房，A市场新增的预订请求也会被拒绝吗？

如果该酒店采用的是非嵌套客房库存控制方式，这样的预订请求也是会被拒绝的。但是，拒绝该预订显然会使酒店遭受损失。这样的做法，与我们之前一直强调的收益管理的重要原则——把客房尽可能多地卖给那些赋予酒店客房更高价值的客人，完全是背道而驰的。因此，聪明的收益管理者倾向于选择更符合收益管理原则的库存控制方法——嵌套控制。

（二）嵌套控制及其优势

嵌套控制方法（Nested Control Method）起初来源于民航业的飞机座位预订。其主要的做法是，把某类产品按照价格由低到高依次排序。排序完成后，以市场需求预测结果为依据，先为最低价格设定一个预订数量限制，然后为次低价格设定预订价格限制。依此类推，直至确定最高价格的预订上限。值得注意的是，高等级价格对应的预订数量限制不仅包括该价格等级所对应的需求量，也包括所有更低等级价格所对应的总需求量。换言之，高等级价格所对应的预订限制为该价格对应的需求量与相邻的低等级价格预订限制之和。

以前述拥有80间标准大床房的酒店为例，某日房间在A、B、C、D 4个细分市场的预测需求量分别为30间、20间、20间、10间，则其四级价格 $P_D=480$ 元/间天所对应的预订限制 $Q_D$ 为10间。而三级价格 $P_C=520$ 元/间天所对应的预订限制 $Q_C$，为C市场的预测需求量20间加上D市场的预订限制10间，总计为30间。同理，二级价格 $P_B=580$ 元/间天所对应的预订限制 $Q_B$，为B市场的预测需求量20间加上C市场的预订限制30间，总计为50间；一级价格 $P_A=600$ 元/间天所对应的预订限制 $Q_A$，为A市场的预测需求量30间加上B市场的预订限制50间，总计为80间。而各级价格水平所对应的保留容量——客房为该价格水平保留的库存数量，分别为 $C_A=30$ 间、$C_B=50$ 间、$C_C=70$ 间、$C_D=80$ 间（见表5-12）。

**表5-12　嵌套控制方法下某酒店客房预订限制与保留容量**

| 价格等级 | 细分市场 | 售价/（元/间天） | 预测需求量/间 | 预订限制/间 | 保留容量/间 |
|---|---|---|---|---|---|
| 一级 | A | 600 | 30 | 80 | 30 |
| 二级 | B | 580 | 20 | 50 | 50 |
| 三级 | C | 520 | 20 | 30 | 70 |
| 四级 | D | 480 | 10 | 10 | 80 |

图5-4显示了嵌套控制方法下该酒店标准间当日的库存分配情况。最低价格 $P_D=480$ 元/间天对应的预订限制 $Q_D$，被包含在所有高等级价格所对应的预订限制中。因此，当该价格等级的客房没有售完时，任意高等级价格客房售完时，都可以利用 $Q_D$ 中未售出的库存。但是，反之则不然。即在嵌套控制方式下，较低等级价格客房没有被售出时，只要有需求，可

以较高价格等级出售较低价格等级的客房；但是，较高价格等级的客房没有售出时，即便存在市场需求，也不能以低等级价格出售高价格等级的客房。

显然，在嵌套控制方式下，既保持了各价格等级客房库存的相对独立性，避免低等级价格占用高等级价格的库存，又允许在高价格等级客房库存用尽时调用未售出的低价格等级客房，从而提高酒店客房收益。

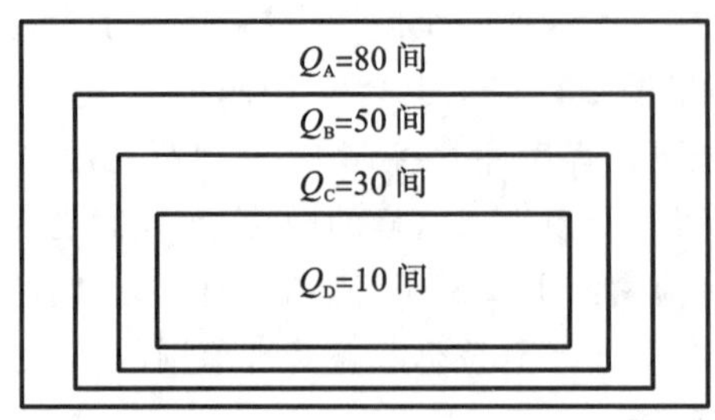


**图 5-4　嵌套式客房库存分配**

## 二、团队置换分析

团队置换分析(Group Displacement Analysis)是酒店收益经理在面对团队订房请求时常用的分析决策方法。它可以帮助收益经理比较接受某个团队的订房请求与接受同一时间的另一团队的订房何者更有利，或是比较团队订房与把房间出售给散客哪个更有利。常见的团队置换分析思路有两种：一种是比较团队置换成本，另一种是比较收益或者经营利润。



### (一)成本比较法

成本比较法的思路是，计算因接受团队订房请求而可能损失的客房总收入，进而计算平均每间团队客房的置换成本，然后比较团队订房的价格与置换成本并进行决策。

例如，某酒店有可用客房 100 间，下周二售出客房 70 间，剩余空房 30 间。酒店前厅部预计，可以以 320 元/间天的散客价预订 15 间；酒店销售部则希望将其中的 28 间客房以 180 元/间天的团队价格出售给某旅游团。前厅经理认为，旅游团价格太低，不划算，还是应该优先把客房出售给散客。

显然，在上例中，若将 28 间客房分配给旅游团，则会损失 13 间的散客预订收入，即团队置换成本为 320×13＝4 160(元)，每间客房的置换成本为 4 160÷28＝148.57(元/间天)。即团队订房价格高于 148.57 元便可接受。

但是，该方法没有考虑到房间占用所导致的变动成本或运营成本的差异，其计算结果只能用于估算。如果想要进行更加精确的分析，应借助于更严谨的方法。

### (二)收益比较法

为了说明团队置换分析的收益比较法，我们先看如下“智选假日酒店的团体订房”[①]的例子。

S 先生是一家拥有 220 间客房的智选假日酒店的收益经理。通常，在周二的晚上，S 先

① David K, Allisha A. Revenue Management for the Hospitality Industry[M]. NYC: Wiley, 2010.

生能在 141.50 美元的售价下实现 85%的出租率，而平均每间客房的运营成本是 55 美元。酒店的营销总监准备接受一项出价 109 美元、客房数量 125 间的下个月一个周二晚上的团体预订。S 先生相信，如果酒店接受这项预订的话，那晚剩下的客房肯定可以以 141.50 美元的价格全部售出。该酒店究竟是否应该接受这项预订呢？

为了回答"该酒店究竟是否应该接受这项预订"这个问题，我们用比较总收益的方法进行团队置换分析，其主要步骤如下。

第一，计算接受团队订房请求时酒店客房可能取得的收益。在该案例中，如果接受团队订房，则当晚的客房总收入是：

$$\text{Revenue}=109\times125+141.50\times(220-125)=27\ 067.50(\text{美元})$$

$$\text{RevPAR}=27\ 067.50\div220=123.03(\text{美元})$$

第二步，计算拒绝团队订房请求时酒店客房可能取得的收益。在该案例中，可以周二晚的平均出租率和平均房价为依据进行计算：

$$\text{Revenue}=141.50\times(220\times85\%)=26\ 460.50(\text{美元})$$

$$\text{RevPAR}=26\ 460.50\div220=120.28(\text{美元})$$

第三步，比较接受或拒绝团队订房请求时可能实现的收益。显然，在该案例中，接受该团队的订房请求，酒店会实现更高的客房收益。因此，如果以客房收益作为衡量标准，接受该团队订房是一项合理的决定。

然而，仅仅依据客房收益进行决策，其合理性会受到质疑——因为忽略了成本，尤其是变动成本或运营成本的影响。根据第一章所学的知识，我们已经知道，在平均变动成本或平均运营成本已知的情况下，可以通过计算 GOPPAR 进行更加严密的分析。



（三）利润比较法

在上例中，平均每间客房的运营成本是 55 美元。如果接受该预订，酒店该周二晚客房运营利润为：

$$\text{GOP}=27\ 067.50-55\times220=14\ 967.50(\text{美元})$$

每间可用客房平均经营利润为：

$$\text{GOPPAR}=14\ 967.50\div220=68.03(\text{美元})$$

如果拒绝该预订，酒店该周二晚客房经营利润为：

$$\text{GOP}=26\ 460.50-55\times(220\times85\%)=16\ 175.50(\text{美元})$$

每间可用客房平均经营利润为：

$$\text{GOPPAR}=16\ 175.50\div220=73.53(\text{美元})$$

由此可知，拒绝该团队预订，酒店在该周二晚有可能实现更高的运营利润。换言之，接受该预订则可能使酒店遭受损失。

那么，酒店应该拒绝该团队预订吗？那可不一定。为什么呢？因为还有一些其他因素需要考虑。比如，除了订房，该团队是否还会使用酒店的会议设施？是否在酒店用餐？在会议、餐饮等项目上增加的利润是否足以弥补客房销售的可能损失？又如，在接受该团队预订之后，其余未售客房有没有可能卖出比平时更高的价格？高价出售其余未售客房带来的额外收益，是否足以弥补该项预订引起的可能损失？此外，该团体订房客户与酒店关系如何？是首次合作，还是老客户？接受或拒绝该预订请求对未来的业务可能产生怎样的影响？如此等等，都是酒店在分析团体订房请求时需要考虑的。

因此，置换分析的各项计算结果，是做出团队订房决策时的重要参考依据，但其他因素的影响同样也不可忽视。而收益管理者的工作，就是要综合考虑上述所有因素之后，根据自己的经验和直觉，为酒店提供更合适的解决方案。

## 三、超额预订

### (一)超额预订及其产生的原因

超额预订(Overbooking)，简称为“超订”，是指在酒店订房已满的情况下，再适当增加订房数量，以减少因客人临时取消预订或出现应到未到等造成的客房闲置，从而提高酒店客房收益的一种容量控制策略。

由上述定义可知，酒店之所以采取超额预订策略，主要是为了减少不必要的客房闲置。而造成客房闲置的主要原因有临时取消订房、应到未到以及其他原因。

1. 临时取消订房

临时取消订房(Short-Notice Cancellation)，是指客人在预计抵店当日或预计抵达前一两日取消预订。由于是临时取消，酒店将已取消预订的房间再次售出的可能性大大降低。有关深圳大梅沙京基喜来登度假酒店的一项研究表明：在距离入住日期3日内取消的预订占取消数的70.3%，而在预计抵店前一日和当日取消的预订分别为20.4%和29.5%(熊伟、蓝文婷，2012)。预订取消的原因主要是行程取消或更改。而酒店在大多数情况下，给予客人在一定时间内(如入住前一日18:00)免费取消或更改预订的权利。如果客人行使这项权利，酒店可能会蒙受损失。



相比于临时取消订房，应到未到对酒店的影响可能更大一些。

2. 应到未到

应到未到(No-Show)，也称作“预订未到”，是指客人订房之后没有抵店入住，也没有取消预订。如果未到的客人采用的是非担保预订方式，酒店不能从客人那里得到任何补偿。如果客人采用的是担保预订方式或已提前支付首晚或全部房费，酒店通常可以向未到客人收取首晚或全部房费。这种情况下，酒店应为客人保留客房，且在统计应到未到时，客人不应被计算在内。

深圳大梅沙京基喜来登度假酒店的统计表明，应到未到数约占酒店客房总数的1%，与预订取消比例6%相比要低得多(熊伟、蓝文婷，2012)。但是，应到未到客人所占用的客房，往往比临时取消预订给酒店造成的损失更大，因为这意味着确定的出租率的损失。

3. 其他原因

提前退房(Early Departure)和延迟入住(Delayed Check-In)也是酒店采取超额预订的原因。提前退房是指已经入住的客人在计划离店日期之前办理退房手续，如入住登记时计划住5天的客人因临时变故住了2天就办理了退房手续。显然，这会引起实际离店日与计划离店日之间客房销量的下降。而延迟入住是指客人的实际到达时间晚于预订时计划到达的时间，这就降低了计划到达日期与实际到达日期之间的时间里的出租率。

此外，重复预订、虚假预订也是一些酒店采取超额预订策略的原因。一些客人在预订了

A 酒店的客房之后，发现 B 酒店的客房更有吸引力而又预订了 B 酒店的客房，但在 B 酒店预订之后并没有取消之前在 A 酒店的预订；甚至还有可能是，同一批客人预订了一家酒店的两种不同类型的客房，而实际上客人只需要其中的一种。还有一些客人因为订房之后出行人数变化而重新预订客房，由于疏忽或其他原因在再次预订之后未能取消之前的预订。以上这些情形，都属于重复预订。而虚假预订是指一些代理商以自身预期销量为依据提前向酒店提供预订信息，而当日实际入住数与所报预期客房数的差距大于可接受范围。虚假预订、重复预订等，都有可能加大酒店客房闲置。

（二）超额预订量的确定

为了理解酒店是如何确定超额预订量的，请先看如下的例子。

某酒店有客房 600 间，未来某一天的续住房间数为 300 间，预期离店客房数为 100 间。该酒店的历史统计数据表明，酒店客房预订取消率为 7%，应到未到率为 2%，提前退房率为 3%，延期离店的比例为 5%。如果该酒店采用超额预订策略的话，该酒店该日超额预订量为多少？该日的预订限额是多少？

为了回答上例中的问题，我们需要用到如下公式：

$$O=\frac{(T-C)\times(r_1+r_2)+C\times f-D\times k}{1-(r_1+r_2)} \tag{5-1}$$

式中，$O$ 表示超额预订客房数，$T$ 为酒店可用客房总量，$C$ 为续住客房数，$r_1$、$r_2$ 分别表示预订取消率和应到未到率，$f$ 表示提前退房率，$D$ 表示预期离店客房数，$k$ 为延期离店率。

将上例中的数据代入上式，得到：

$$O=\frac{(600-300)\times(7\%+2\%)+300\times3\%-100\times5\%}{1-(7\%+2\%)}=34(间)$$

即酒店该日可超额预订客房为 34 间，因此，酒店该日的客房预订限制为：

$$Q=T-C+O=600-300+34=334(间)$$

需要说明的是，在酒店实际工作中，往往不会真的超额预订 34 间，而是用一个保险系数 $\delta(0\leqslant\delta\leqslant1)$ 来确定酒店超额预订量的次优值。如果该酒店选择的保险系数为 $\delta=0.8$，则该日超额预订量的次优值为 $34\times0.8=27$(间)，由此确定的预订限额为 327 间。

保险系数的取值也不是一成不变的。有哪些因素会影响到保险系数的取值呢？

首先，酒店的类型。比如，拥有先进的预订管理系统和众多分店的品牌连锁酒店比单体酒店更有条件实施超额预订，因而其超额预订保险系数取值更接近于 1。又如，更加重视宾客体验的高档酒店相对于经济型酒店可能会执行更加保守的预订策略，甚至拒绝使用超额预订策略，因此，其保险系数更接近于 0。

其次，要考虑顾客的类型。一般来说，散客比团体客人更有可能取消预订。因此，当预订客人中团体客人较多时，保险系数取值应该更低。

同时，还要考虑预订类型。如果保证类预订数量较多，则保险系数不宜过大。

最后，时间因素对保险系数的确定至关重要。一般地，节假日等高峰日酒店客人应到未到率会低一些，应取一个更加保守的保险系数。在旺季，整个市场的客房供应都很紧张，如果超额预订数量较多，而客人的预订取消率和应到未到率低于经验值，就会形成过度超订，需要把客人安排到别的酒店入住，而此时在别的酒店找到客房可能也很困难。因此，旺季保

险系数的选择必须十分谨慎。

（三）过度超订

1.过度超订及其弊端

过度超订(Overbooked)，也称为“超售”，是指酒店采取超额预订策略时，确认的超额预订房间数与延期退房数之和，高于实际发生的应到未到数、预订取消数和提前退房数之和，从而导致部分已确认预订的客人到店后无房入住。之所以发生这种情况，是因为超订数量的确定是建立在对历史数据的统计和对未来需求的预测的基础上的。应到未到率、预订取消率、提前退房率、延迟离店率等历史数据提供的是平均值，而实际发生值往往会围绕平均值波动，而不是刚好等于平均值。当实际值与平均值之间的偏差较大时，极有可能发生过度超订。

过度超订一旦发生，会给酒店造成多方面的消极影响。

(1)信誉损失。美国运通公司的一项调查显示，该公司信用卡用户中四分之一以上的人曾有过预订房间后被拒绝入住的经历。其中半数以上的人表示以后再也不会光顾那些酒店了。显然，对于因过度超订而被酒店拒绝入住的客人，即便酒店采取了补救措施，也很难完全取得他们的认同。相反，他们原本对酒店的良好印象完全有可能因一次过度超订而化为乌有，甚至由“好评”转为“差评”。而他们给出的每一个“差评”都会给酒店的声誉造成影响，尤其是在这个信息传递无比迅速的时代。



(2)法律纠纷。美国佛罗里达州制定的禁止超额订房的条例规定，酒店必须在顾客已预订房间预付定金时保证顾客有房间；否则，酒店不仅要返还客人的定金，承担相关费用，还要接受一定数额的处罚金。尽管目前中国还没有类似的针对酒店客房预订的法规，但因过度超订而被拒绝入住的顾客也有可能依据《合同法》或《消费者权益保护法》对酒店提起诉讼。而酒店一旦因此陷入法律纠纷，不但面临信誉损失，还要承担应对诉讼需投入的人力、物力成本。

(3)经济损失。针对无房入住的客人的一系列赔偿、补救措施，会给酒店带来直接的经济损失；而处理过度超订，还会消耗客房部、销售部、前厅部等部门的人力物力。

(4)对员工有所影响。当酒店管理层忙于为提高酒店收益而进行超额预订及处理由此导致的超售时，员工从中得到的暗示可能是：顾客的感受并没有管理层说的那么重要——既然客人转到其他酒店住宿也是可以的，那么酒店服务员为客人叫车服务而收费、卫生间马桶少一道清洁工序也没什么大不了，反正管理层也不会真的在意。由于到店无房的情况通常发生在最晚到达的客人身上，酒店前厅夜班经理和员工需要面对来自客人的投诉和压力，他们的工作情绪受到了影响，往往对超额预订有抵触情绪，甚至会引发前厅部和收益管理部门之间的矛盾。而且，他们的不良情绪也会影响到对其他客人的服务质量。

2.过度超订的处置

一旦发生过度超订，酒店必须安排那些已经预订却得不到住房的客人到别的酒店入住。在英文中，这种情况被称作“Walk”(可译作“转客”“转店入住”)，“Walk”的确切含义是“to relocate a guest with a confirmed reservation at a hotel to an alternative property”(将在一家酒店拥有已确认预订的客人重新安排到替代酒店入住)。“Walk”涉及的客人被称为

"Walked Guest"(被转客人)。按照行业惯例,酒店转客过程中须承担如下责任。

(1)在其具有可比性的其他酒店为客人安排客房。即客人转入的酒店的风格、等级应与本酒店相近或略高,且客房的等级不应低于客人预订的客房。

(2)全额支付被转客人在替代酒店头晚的费用。一些收益管理者认为,酒店对被转客人的义务是,当替代酒店的房价高于客人所订房间的价格时为客人支付差价。显然,这样的想法是错误的。因为即便客人同意转到其他酒店,极有可能,酒店将永远地失去这位客人,如果酒店不能采取有效的措施的话。而承担被转客人在替代酒店头晚的房费,是补救措施中必不可少的一部分。当然,即便酒店这么做了,也未必可以挽回这位客人。但是,酒店必须这样做——当酒店决定采用超额预订这一容量控制策略时,就应该理解并支持这一点。

(3)头晚之后,酒店应支付每晚的房价差,如果替代酒店房价比客人预订的房间价格更高的话。如果客人还是愿意回本酒店入住,在第二天有房的情况下,应尽快安排客人入住。

(4)向被转客人提供往返替代酒店的交通服务;当客人选择自主交通方式时,酒店应向客人提供交通费用。

(5)向客人支付一定的通信费用,以便客人通知亲友自己已经由该酒店转到替代酒店入住了。

(6)有时,酒店还需承担客人的用餐费用,因为从本酒店前往替代酒店会耗用客人的时间,可能耽误客人用餐。即便没有耽误客人用餐,客人遇到此类情形,往往有许多不满情绪,酒店通过承担用餐费用的方式对客人进行补偿,也是缓解客人不满情绪的一种途径。

由上述分析可知,当酒店发生过度超订时,酒店为此需要支付的额外成本可能十分高昂。图 5-5 显示了酒店客房超额预订收益、成本与超额预订量之间的关系。



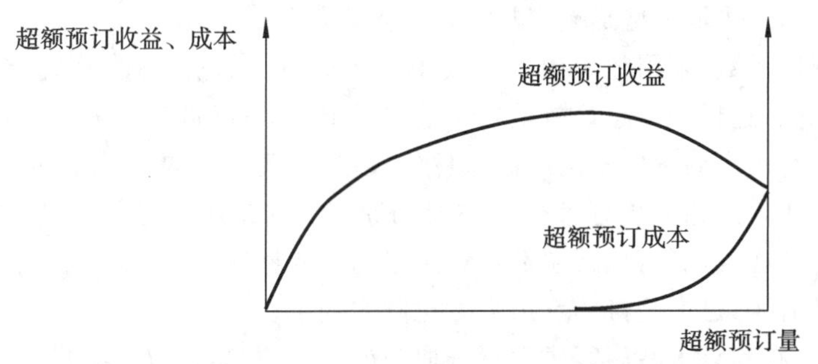


**图 5-5 酒店客房超额预订收益、成本与超额预订量之间的关系**

随着酒店客房超额预订量的增加,酒店因超额预订而增加的收益持续增加,直至达到最大值(即酒店满房时)。此后,超额预订量的增加不会带来任何收益的增长,反而会引起超额预订成本的上升,因此,超额预订净收益会持续下降。

显而易见,酒店没法总是通过超额预订使超额预订收益达到最大值,一些酒店通过在确定超额预订数量时加一个保险系数的方法,试图在左侧实现一个次优值。显然,这比在右侧实现等额的超额预订收益要明智得多——除了省去处理过度超订额外增加的麻烦之外,还可让酒店免于遭受信誉损失、法律纠纷等风险。然而,正如前面所分析的那样,只要酒店采用了超额预订策略,不管多么小心谨慎,总是存在过度超订的可能。因此,只要酒店采用这一容量控制策略,就要考虑一旦过度超订发生,该如何降低影响。以下措施即为酒店在应对过度超订时常用的策略。

一是提前做好安排有预订的客人到替代酒店的准备工作。如果过度超订发生在淡季，在附近的同级别酒店找到备用房通常不太困难。如果是旺季的话，则完成这项工作并不容易。因此，酒店的前厅经理、收益经理在平时应与周边的酒店同行建立良好的合作关系，相互支持，如签订互相向对方提供优惠住房的协议、协助对方解决超额预订客人的住宿安排问题。当预见到过度超订不可避免或极有可能发生时，应提前一两天与替代酒店沟通，从他们那里预订一定数量的客房，做好安排超订客人转店入住的准备。

二是选择容易安排转店入住的客人。有一些客人对转店入住是极度反感和抵触的，如拖家带口与扶老携幼的客人、行动不便的客人，还有公司付费、时间宝贵的公务客人等。通常，酒店应该将各类贵宾卡持有人、上年纪的客人、行动不便的客人、深夜到达的客人、公司付费的客人、赶时间的客人、行李太多的客人等，优先安排在本酒店入住。

有一些客人对转店入住没有那么抵触，甚至持欢迎态度，因为那可以帮助他们节省一晚的房费，并且得到一定的补偿。这类客人通常是自己付费的、单身的年轻客人。他们通常时间压力较小，转店入住的麻烦对他们的影响较小。为了将这部分客人筛选出来，一些酒店在客人办理入住登记手续时会询问那些有可能接受转店安排的客人，是否愿意在酒店出现过度超订时转到别的酒店入住，并告知酒店对转店入住客人的补偿措施。如果客人愿意，一旦过度超订发生，就可以安排这些自愿转店的客人到替代酒店入住。通过筛选自愿转店客人的方式，酒店的确可以降低过度超订对客人的负面影响。



3. 过度超订的预防

如前所述，过度超订一旦发生，会给酒店带来额外的成本，并导致信誉损失。执行超额预订策略的酒店需要采取一些措施来尽量避免过度超订的产生。

一是设置保险系数，采用超额预订量较小的次优值。如前所述，在确定超额预订量时，增加一个保险系数，选择一个超订数量较小的次优值，可以降低过度超订发生的概率。

二是对同一客房产品设立不同限制条件的价格，明确订房取消的条件。应到未到、预订取消的发生是酒店采用超额预订策略最主要的原因。如果酒店能将应到未到率、预订取消率降到尽可能低的程度，酒店执行超额预订策略的必要性就大大下降；当酒店对超额预订的依赖程度很低的时候，过度超订的麻烦自然也随之变小。

有一些顾客，在预订了酒店客房后行程取消或更改，却忘记取消订房。还有一些顾客在预订了一家酒店的客房后，发现同区域同档次的另一家酒店的价格更低，有可能放弃之前的预订，转而预订价格更低的客房产品。顾客这样做的前提是，他们不需要为此付出任何成本。如果酒店对同一客房产品提供不同限制条件的价格的话，则只有那些支付了“最优无限制价”的顾客才能这样做，而那些支付低于最优无限制价的顾客得到的是“限时取消”或“不可取消”预订的客房。对于前者，如果他们未能在约定的时间(通常是入住前一日 18:00)之前更改或取消预订，则需要至少支付一晚房费；对于后者，由于预订的是不可取消的客房，则无论他们是否入住，都需要支付首晚甚至全部房费。通过这种方式，酒店可以有效降低应到未到率、预订取消率，并减轻由此带来的不利影响。

三是签订团体订房协议时，设置限制性条款。从团体活动组织者的角度来看，让酒店多预留一些房间，对自己更有利。这样，即便活动人数增加，那些最后加入的人也可以得到住房。因此，团体订房者往往会要求酒店多预留一些房间。还有一些团体活动组织比较松散，活动组织者在同酒店谈判得到客房和价格承诺后，通知参加活动的成员自行到酒店订房，离店时自行结账。有时，这些客人来自不同的城市，会由于各种各样的原因临时改变计划，甚至团体活动组织者在活动时间临近时也不能确定有多少人会参加活动、需要住房。为了减少团体订房产生的客房闲置，酒店的销售人员在与团体订房者签订协议时，应当在约定入住日期前的某日给团体确认预留的客房数，即最后的计费房间数。如果实际入住的房间数低于该日的预留房间数，团体订房者需要支付空置客房90%的房费。

四是每日核对预订名单，提前发送欢迎短信。为了顺利出行，多数顾客都会提前预订客房。一些提前较长时间预订客房的顾客，可能由于各种原因需要调整或取消出行计划。有些顾客会尽早通知酒店变更或取消预订，使酒店可能还有足够的时间把客房重新销售出去。但是，有些顾客由于遗忘或是疏忽没能这样做，直到入住当日才取消预订甚至出现预订未到的情形。此时，酒店要把空房卖出去通常比较困难。此外，酒店预订人员工作失误也可能造成空房损失，如顾客姓名、住离店日期被写错或是重复订房等。为了避免由于客人遗忘、疏忽等原因造成的预订临时取消、应到未到，也为了及时纠正预订工作中可能存在的错误，酒店应每日核对预订顾客名单和订房情况。如有问题，及时与客人沟通，尽量提早发现、解决问题。还可以提前一日或数日向客人发送欢迎短信，在向客人表达欢迎的同时，对那些改变出行计划但"忘记"取消预订的客人也可以起到提醒作用。

显然，同设立客房产品不同价格下的限制条件、设置团体订房限制性条款一样，每日核对客人名单、及时与客人沟通、提前发送欢迎短信等，都是通过减少临时取消预订数、应到未到数来降低酒店对超额预订策略的依赖，并降低过度超订发生的可能。



### （四）关于超额预订的争议

尽管在实践上，超额预订得到众多酒店管理者的支持并被大量酒店付诸实施，但是关于超额预订的争议从未停止。那些支持超额预订策略的人，理由很简单：该策略执行得好的话，可以提升酒店的收益。然而，反对者们则认为，超额预订无论是从道德还是从法律的视角来看，都是站不住脚的。即便从结果上看，它对酒店有益，也不能改变这一行为本身的错误。因为酒店在执行超额预订策略时，实际上就是对其中一部分客人做出了有可能不能实现的承诺——这与道德社会的诚信原则是相违背的。而当这种不会兑现承诺的可能变成现实，即过度超订发生时，酒店从法律上已经违约。尽管酒店可以采取种种措施来避免过度超订和尽可能减少过度超订发生后的负面影响，但所有这些措施都不能改变超额预订策略本身作为错误行为的性质。因为一件错误的事情做得再好，它也还是一个错误——这是超额预订反对者最重要的反对理由。

## 四、住宿天数控制

住宿天数控制（Duration Control），又可称之为"停留时间管理"（Length of Stay Management），是通过对某类客房的价格和顾客住宿天数进行有效组合，从而提高酒店客房收益的库存管理方法。住宿天数控制主要包括两种方式：最低住宿天数限制（Minimum Length of Stay Restriction）和最长住宿天数限制（Maximum Length of Stay Restriction）。

(一)最低住宿天数限制

最低住宿天数限制,是指针对特定日期的预订,酒店只接受住宿天数达到最低天数要求的预订。显然,酒店通过设置特定日期的最低住宿天数限制,其目的是通过提高客房销量来提升收益。适用于设置最低住宿天数限制的情况有如下两种。

一种是当客房需求处于低谷或“肩膀”位置时,酒店推出连住特价房以提高入住率。例如,商务型酒店在周末推出连住优惠,以吸引休闲度假客人来提升周五、周六的出租率。

设置最低住宿天数限制的另一种情形是需求处于高峰的时候。例如,某酒店有客房300间,下周每一天的可售客房数如表5-13所示。

**表5-13　某酒店可售客房数**

单位:间

| 日期 | 周日 | 周一 | 周二 | 周三 | 周四 | 周五 | 周六 |
|---|---|---|---|---|---|---|---|
| 可售客房数 | 35 | 45 | 38 | 51 | 180 | 37 | 52 |

收益管理团队经过分析后预测,除周四外,下周每天的需求都将超过供给。于是,决定对周三和周五入住的客人设置住宿天数限制,要求至少住两天,并且其中包括周四。这样做的好处是,避免周三、周五的房间被只住一晚的客人订走,而使那些想要在周三、周四或周四、周五连住的客人订不到房而影响周四的出租率。值得注意的是,此时之所以能够运用最低住宿天数限制来提升整体收益,是因为市场需求旺盛,市场上存在足够的、包括周四那天的连住需求。否则,酒店不仅不能提升周四的出租率,甚至有可能使周三、周五的销量也受到影响。在旺季,将客房更多地出租给有连住需求的客人,不仅能增加客房销售收入,而且也能节省经营成本。因为多一些住宿时间长的客人,减少了入住登记和离店结账的工作量,客房清扫、易耗品补充、布草更换洗涤等相关费用也会随之减少。



(二)最长住宿天数限制

与最低住宿天数限制相反,针对特定日期的预订,最长住宿天数限制要求酒店只接受住宿天数低于最高天数要求的预订。什么情况下需要采取这种容量控制策略呢?

一种情况是节事前后。例如,下个月的13—16日将在本市举办一场大型会展。据往年的经验可知,12—15日这4天的客房需求将极其旺盛。此时,一些酒店会对12日之前的预订设置最高入住天数限制:10日入住的预订,最多允许住宿2晚;11日入住的预订最多住宿1晚,即12日之前的入住在12日中午必须退房,除非连住到16日退房。酒店之所以这样做,是为了防止部分客人占用了会展前半段的库存,使得那些需要在会展期间连住的客人得不到住房。如果酒店客房在会展前半段的库存用尽,后半段富余的库存则有可能被闲置虚耗。一旦出现这种情况,酒店将面临很大的收益损失,毕竟会展期间客房的售价通常是很高的。

设置最长住宿天数限制的另一种情况,是为了避免一些以低价预订的客人住宿时间过长,占用了原本可以高价出售给其他市场的库存。例如,一些酒店为了提高淡季的业务量和收入,会推出一些抵用券或折扣券。为了避免客人在旺季或一周中的高峰日使用赠券,酒店会在赠券上注明适用的时间段和最长住宿天数限制。

## 本章小结

1. 酒店各类房型拥有自己的门市价、最优可用房价、上门散客价、OTA 平台价、会员价、协议价、团体价、节事价。一般地，各细分市场按售价从高到低排列依次为：上门散客价≥OTA 平台价>会员价>公司协议散客价>旅行社协议散客价>旅游团价>机组价>长住客价>内部客人价。当然，这也不是绝对的。就房型而言，更高等级的客房对应更高的价格，即各类客房之间存在着价格梯度。

2. 最优可用房价，是酒店提供给公共市场的除了门市价以外的最高价格，在这个价格水平下，顾客拥有最大的自由度取消或更改客房预订。确定最优可用房价的方法，包括以客房收益最大和客房经营利润最大为目标的两种，后者比前者更加精确、合理。

3. 酒店以历史数据为基础，结合竞争及未来事件信息，可确定各类房型在未来一年中各个时段的最优可用房价，其他的公共价格和非公共价格与最优可用房价挂钩，客房价格体系表对此进行完整呈现。

4. 动态定价，是指依据预订时间或入住时间的差异，将相同的酒店客房产品以不同的价格出售给同一细分市场的客人，以提高酒店客房收入的收益优化方法。

5. 动态定价的过程包括：①建立客房价格体系，为动态定价提供基础；②设立阈值点，建立依据预测需求量开放、关闭价格等级的条件；③对市场需求、竞争对手定价进行监测，建立动态定价日历；④对市场需求、竞争对手持续跟踪监测，适时调整、修订之前的价格。

6. 酒店客房容量控制包括客房嵌套控制与非嵌套控制两种方式，前者比后者更具有优势。

7. 以市场需求预测为基础的团队置换分析方法，计算客房置换成本或比较接受或拒绝团队预订请求时的 RevPAR、GOPPAR 等，可以为收益管理者的决策提供参考。

8. 超额预订是一种广为使用的客房库存管理策略，其产生的原因在于避免因应到未到、临时取消、提前退房等产生的客房虚耗、闲置。通过分析历史和当前数据，可以确定超额预订量；谨慎的收益管理者在确定超额预订量时，会加入一个保险系数，以避免出现过度超订。然而，只要采用超额预订策略，过度超订总是无法避免的。这会使酒店面临信誉损失、法律风险和实实在在的经济损失，还可能对员工产生不良影响。因此，关于超额预订的争议一直存在。

9. 本章还提供了两种住宿时间管理方法来提升客房收益，即最低住宿天数限制和最长住宿天数限制。前者适用于在需求不太旺盛时通过连住优惠来提升销量或者在高峰时段对需求进行筛选；后者往往用于节事前后，以保障在节事期间能够满足市场的连续住宿需求，或者用于限制赠券持有者在旺季或高峰日占用客房库存。

## 核心术语

门市价(Rack Rate)
门市价执行率(Execution Rate of Rack Rate)
成本加成法(Cost-Plus Method)
价格梯度(Price Gradient)
会员价(Membership Rate)
协议价(Negotiated Rate)
团体价(Group Rate)
节事价(Special Event Rate)
客房价格体系(Room Rates System)
最优可用房价(Best Available Rate,BAR)
非嵌套客房库存控制方法(Non-Nested Room Inventory Control Method)
嵌套控制方法(Nested Control Method)
团队置换分析(Group Displacement Analysis)
超额预订(Overbooking)
临时取消订房(Short-Notice Cancellation)
应到未到(No-Show)
过度超订(Overbooked)
最低住宿天数限制(Minimum Length of Stay Restriction)
最长住宿天数限制(Maximum Length of Stay Restriction)

## 思考练习

1. 何为门市价？你赞成固定门市价还是浮动门市价？为什么？

2. 何为酒店客房的价格梯度？影响价格梯度的因素有哪些？

3. 何为动态定价？其程序如何？

4. 大型会展期间客房需求变化特别大，常常一房难求。2006 年，第 99 届中国出口商品交易会于 4 月 15 日在广州举办，为期 12 天。某经济型连锁酒店根据供求变化，对交易会期间需求最旺盛的 10 天的房价进行了调整。结果，该酒店下属的两家门店在 10 天中增加了 115.46 万元的营业收入(见表 5-14)。

**表 5-14　广州市某经济型酒店展会调价策略及效果**

| 门店 | 房型 | 客房数/间 | 调价前 | | 调价后 | | 增加的收益/元 |
|---|---|---|---|---|---|---|---|
| | | | 门市价/(元/间天) | 满房收益/元 | 售价/(元/间天) | 实际收益/元 | |
| A | 标准间 | 39 | 218 | 85 020 | 638 | 248 820 | 163 800 |
| | 商务大床房 | 34 | 218 | 74 120 | 598 | 203 320 | 129 200 |
| | 其他房型 | 68 | 188 | 127 940 | 568 | 386 240 | 258 400 |
| | 合计 | 141 | — | 286 980 | — | 838 380 | 551 400 |
| B | 标准间 | 83 | 218 | 180 940 | 638 | 529 540 | 348 600 |
| | 商务大床房 | 28 | 218 | 61 040 | 598 | 167 440 | 106 400 |
| | 其他房型 | 39 | 188 | 73 320 | 568 | 221 520 | 148 200 |
| | 合计 | 150 | — | 315 300 | — | 918 500 | 603 200 |
| 两店合计 | | 291 | — | 602 280 | — | 1 756 880 | 1 154 600 |

**问题：**

(1)需求旺盛的交易会期间，酒店该不该对售价进行调整？

(2)你是否认可该酒店的调价行为？为什么？

5. 某酒店有商务大床房 150 间，过去 5 年中 4 月份商务大床房的平均售价与实际销量之间的对应关系如表 5-15 所示。

**表 5-15　某酒店过去 5 年 4 月份商务大床房主要业绩指标**

| 年份 | 平均房价/(元/间天) | 销售量/(间/天) | 平均日收入/元 |
|---|---|---|---|
| −5 | 800 | 70 | 56 000 |
| −4 | 600 | 130 | 78 000 |
| −3 | 540 | 142 | 76 680 |
| −2 | 550 | 138 | 75 900 |
| −1 | 560 | 136 | 76 160 |

**问题：**

(1)请计算使得商务大床房在 4 月份获得最大收入的 BAR。

(2)据测算，商务大床房的平均变动成本为 60 元/间天，请计算使商务大床房在 4 月份获得最大运营利润的 BAR。

6. A 酒店有客房 400 间，未来某一天的续住客房为 240 间，预期离店数为 80 间，平均房价为 499 元。历史数据显示，该酒店的预订取消率为 7%，预订未到率为 4%，提前退房率为 3%，延期离店率为 5%。A 酒店与 B 酒店签订协议约定，在有空房的情况下，可以接受对方的超售客人，价格为 199 元/间天。除了客房费用之外，超售转客的其他成本约为 80 元/间天。

**问题：**

（1）该酒店收益经理准备采用超额预订策略来提高当日的客房收益，以0.8的保险系数计算。那么，该酒店这一天的超额预订量是多少？预订限额是多少？

（2）如果该酒店这一天最终超售客房5间，请计算这5间客房的转客成本。

（3）A酒店新上任的总经理不赞成收益经理准备采取的超额预订策略。请想一想，总经理反对超额预订的可能原因有哪些？请至少列出三点。

7.表5-16显示了某酒店6月21日的在手预订情况。请分析表中的数据，回答下列问题。

**表5-16　某酒店6月21日的在手预订情况**

| 6月21日在手预订 | 6月28日（周日） | 6月29日（周一） | 6月30日（周二） | 7月1日（周三） | 7月2日（周四） | 7月3日（周五） | 7月4日（周六） | 7月5日（周日） | 7月6日（周一） | 7月7日（周二） | 7月8日（周三） | 7月9日（周四） | 7月10日（周五） | 7月11日（周六） |
|---|---|---|---|---|---|---|---|---|---|---|---|---|---|---|
| 官网 | 83 | 109 | 103 | 119 | 87 | 109 | 99 | 125 | 100 | 105 | 97 | 78 | 75 | 62 |
| OTA平台 | 29 | 39 | 47 | 36 | 48 | 10 | 6 | 4 | 10 | 23 | 21 | 27 | 12 | 14 |
| 旅行社协议散客 | 15 | 23 | 30 | 31 | 10 | 45 | 28 | 33 | 20 | 7 | 12 | 23 | 28 | 30 |
| 公司协议散客 | 20 | 40 | 60 | 40 | 20 | 0 | 0 | 6 | 8 | 15 | 23 | 29 | 11 | 0 |
| 会议团体 | 20 | 50 | 60 | 30 | 30 | 0 | 0 | 20 | 20 | 20 | 138 | 138 | 0 | 0 |
| 旅游团体 | 18 | 39 | 42 | 27 | 18 | 10 | 12 | 0 | 40 | 30 | 15 | 12 | 34 | 23 |
| 其他 | 29 | 26 | 17 | 19 | 21 | 12 | 13 | 8 | 11 | 14 | 7 | 9 | 13 | 16 |
| 在手预订总计 | 214 | 326 | 359 | 302 | 234 | 186 | 168 | 196 | 209 | 214 | 342 | 316 | 173 | 145 |
| 剩余可卖房 | 184 | 72 | 39 | 96 | 164 | 212 | 250 | 202 | 189 | 184 | 56 | 82 | 225 | 253 |



**问题：**

（1）该酒店更有可能是商务型酒店还是度假型酒店？为什么？

（2）如何通过住宿时间限制来提升酒店客房收益？

## 案例分析

### 案例5-1　淡季的大型会议

某市有3家同类型的中档酒店A、B、C，它们的主要房型和会议室数量如表5-17所示。对该市的酒店经营者而言，6月、7月、8月这三个月往往是淡季，平均出租率不足30%。较旺季（3月、4月、5月和10月、11月、12月）平均出租率80%而言，这三个月的出租率低很多。但刚刚有一个重大的利好消息传来：某省直机关将在两个月后（即6月中旬）在该市举办一场为期4天的大型会议，参会人数预计超过400人，需要标准间180间、大床房40间。为了接下这单生意，A、B两家酒店的销售部均向会议组织者提交了具有竞争力的报价。C 酒店自然也不愿意放弃这次难得的机会，销售经理提出：A、B 两家酒店的报价折扣力度很大，为了确保拿下这一单，C 酒店应该报出比 A、B 两家酒店更低的价格（见表 5-17）。

**表 5-17　A、B、C 酒店客房及会议室报价**

| 酒店 | 标准间 | | | 大床房 | | | 会议室 | |
|---|---|---|---|---|---|---|---|---|
| | 数量/间 | 门市价/（元/间天） | 报价/（元/间天） | 数量/间 | 门市价/（元/间天） | 报价/（元/间天） | 面积（最大容纳人数） | 报价/（元/天） |
| A | 200 | 498 | 310 | 80 | 568 | 280 | 300 | 3 000 |
| B | 120 | 488 | 300 | 120 | 588 | 300 | 450 | 5 000 |
| C | 200 | 498 | ? | 100 | 598 | ? | 500 | ? |

**问题：**

（1）如果你是 C 酒店的收益经理，你同意销售经理的意见吗？或者你会提出怎样的报价策略呢？

（2）C 酒店收益委员会对销售经理和收益经理的报价策略进行了讨论，最终提出的报价是：标准间 320 元/间天，大床房 320 元/间天，会议室 5000 元/间天。会议举办方在收到该报价后表示：C 酒店客房报价是三家酒店中最高的，如果能够适当降价，他们将很愿意在 C 酒店举办这次会议。收到会议举办者的意见后，销售经理有意将标准间和大床房的价格均调整至 300 元/间天。如果你是 C 酒店的收益经理，你是否同意销售经理的意见？为什么？

（3）现实的情况是，在收到客人希望降价的信息后，C 酒店的收益经理和销售经理讨论后提出了一个折中的方案：标准间和大床房的报价保持不变，但酒店可以向举办方提供 60 张免费房赠券（限标准间或大床房使用，1 年之内有效，使用时需提前 7 天预订），这样 C 酒店提供的客房平均价格为 300 元/间天。会议举办方愉快地接受了该方案，决定将这次会议放在 C 酒店举办。相对于将客房价格降至 300 元/间天的报价方案，这个折中的报价方案有何优点？

（4）在距离会议开始一周时，会议主办方提出需要增加 10 间标准客房，并表示愿意以 400 元/间天的价格支付这 10 间房的房费。几乎与此同时，酒店预订部门接到一个预订会议第二天到第三天的 2 个标准间的请求。此时，会议期间的预订情况如表 5-18 所示。C 酒店能够接受会议举办方的新增预订吗？C 酒店是否接受会议第二天到第三天的 2 个标准间的电话预订请求呢？

**表 5-18　会议开始一周前 C 酒店会议期间客房预订情况**　　单位：间

| 库存 | 第一天 | | 第二天 | | 第三天 | | 第四天 | |
|---|---|---|---|---|---|---|---|---|
| | 标准间 | 大床房 | 标准间 | 大床房 | 标准间 | 大床房 | 标准间 | 大床房 |
| 已订 | 200 | 50 | 198 | 46 | 190 | 50 | 187 | 58 |
| 空房 | 0 | 50 | 2 | 54 | 2 | 54 | 12 | 42 |

# 第六章

## 客房预订与渠道管理

学习目标

◆了解预订增量分析、预订来源分析，理解团队与散客的预订进度模式的差异，掌握基于预订进度的收益管理策略；

◆了解酒店直接销售渠道的类型，掌握直接销售渠道收益提升策略——升档销售；

◆了解酒店间接销售渠道的类型，掌握间接销售渠道收益分析指标和收益优化方法。

重点难点

◆团队与散客预订进度模式的特点，以及基于预订进度的收益管理策略；

◆升档销售；

◆间接销售渠道收益分析指标和收益优化方法。

## 第一节　客房预订管理

对于酒店收益管理团队而言，预订管理的重点是要做好预订进度分析、预订增量分析和预订来源分析。

### 一、预订进度分析

预订进度分析(Booking Pace Analysis)是酒店收益管理日常工作的主要内容之一。作为酒店收益管理者，应对本酒店主要的客源市场的预订模式和不同季节的预订进度规律有充分的了解，进而结合当前的预订进度情况，对酒店的收益管理策略进行及时的调整优化，从而提升酒店的收益水平。

（一）团队预订模式

在预订进度分析中，一个需要加以重视的方面是，本酒店主要细分市场的预订模式（Booking Pattern）。一般而言，绝大多数酒店的团体客人和散客市场有着不同的预订模式。总的来说，酒店团体客人的预订模式具有如下特点。

1. 预订周期长

相对于散客市场，团体活动往往具有更强的计划性。为了确保活动计划的顺利进行，团体活动的组织者往往会尽早落实各项日程，提前预订活动所需的客房及会议室、宴会厅等。那些预订较早的团队甚至可能提前一年以上开始订房——一些节事活动或周期性会议的组织者出于资源控制或成本节约的目的，常常在活动日期确定之后就预订一定数量的客房。例如，图 6-1 中的酒店在一年前就有团队预订了 38 间客房，在半年及 4 个月前又分别新增了团队预订。

2. 增减不均匀

如图 6-1 所示，团体订房数量的增减常常是陡升陡降：增加一个团队，预订量就陡然升高；某个团队取消订房，则预订量陡然下降。

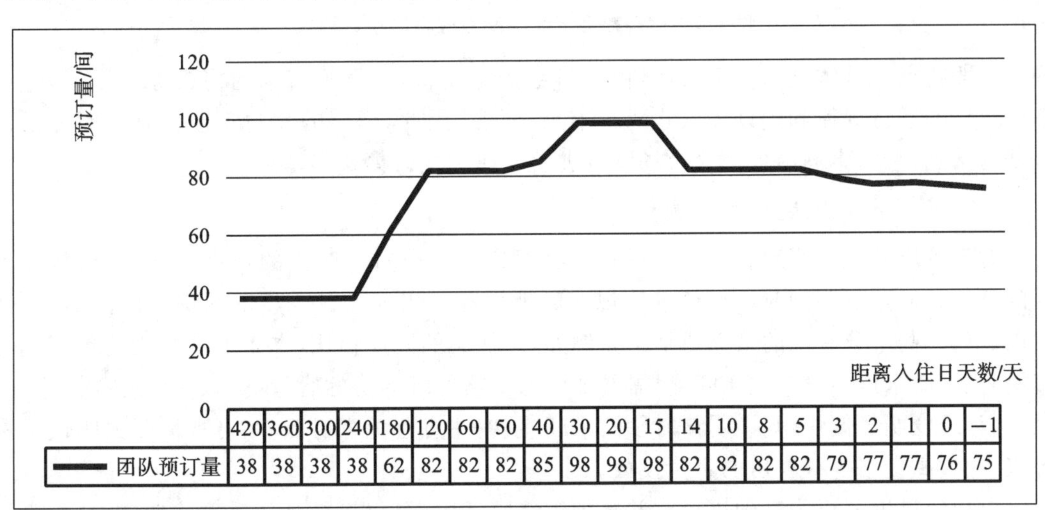


| | 420 | 360 | 300 | 240 | 180 | 120 | 60 | 50 | 40 | 30 | 20 | 15 | 14 | 10 | 8 | 5 | 3 | 2 | 1 | 0 | −1 |
|---|---|---|---|---|---|---|---|---|---|---|---|---|---|---|---|---|---|---|---|---|---|
| 团队预订量 | 38 | 38 | 38 | 38 | 62 | 82 | 82 | 82 | 85 | 98 | 98 | 98 | 82 | 82 | 82 | 82 | 79 | 77 | 77 | 76 | 75 |

**图 6-1　团体客人预订模式**

（二）散客预订模式

总体而言，相对于团体市场，散客预订的周期更短，预订量的增减也更加均匀一些。如果对散客市场进行进一步的细分会发现，不同的散客市场呈现出来的预订模式也不相同。

如图 6-2 所示，休闲度假散客的预订周期比商务散客更长。一些乐于提早预订的休闲度假散客，甚至在入住日前 3 个月就开始预订了。因为提早预订，不仅有更多的选择，从而有更大的可能性订到心仪的客房，而且通常也可以享受到比临时预订更加优惠的价格。而大部分商务散客通常在入住日 3 周前到 1 周内进行预订。尤其是在入住日 1 周内，商务散客的订房量增长很快，而休闲度假散客预订量增长则缓慢得多。

需要说明的是，图 6-1 和图 6-2 所显示的是团体客人和商务散客、休闲度假散客预订模

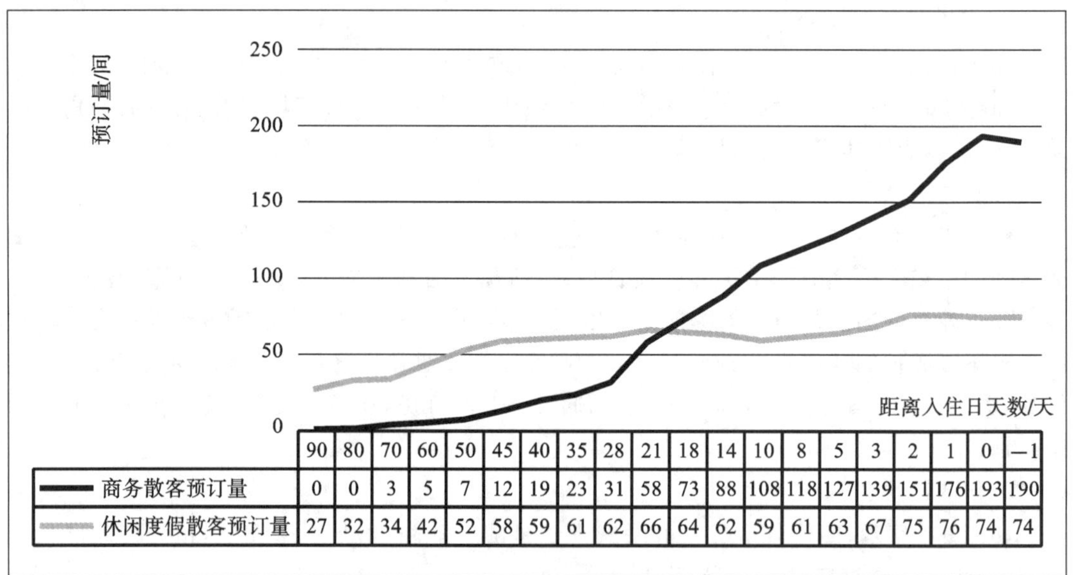


| | 90 | 80 | 70 | 60 | 50 | 45 | 40 | 35 | 28 | 21 | 18 | 14 | 10 | 8 | 5 | 3 | 2 | 1 | 0 | −1 |
|---|---|---|---|---|---|---|---|---|---|---|---|---|---|---|---|---|---|---|---|---|
| 商务散客预订量 | 0 | 0 | 3 | 5 | 7 | 12 | 19 | 23 | 31 | 58 | 73 | 88 | 108 | 118 | 127 | 139 | 151 | 176 | 193 | 190 |
| 休闲度假散客预订量 | 27 | 32 | 34 | 42 | 52 | 58 | 59 | 61 | 62 | 66 | 64 | 62 | 59 | 61 | 63 | 67 | 75 | 76 | 74 | 74 |

**图 6-2　商务散客与休闲度假散客的预订模式**

式的一般特点。具体到每一家酒店，由于自身的产品特点、目标市场的构成等不尽相同，各细分市场的预订规律和预订模式也可能有所不同。因此，酒店的收益管理者应以历史预订数据为基础，总结本酒店各细分市场预订进度规律和预订模式的特点。



### （三）基于预订进度的策略调整

对于酒店的收益管理者而言，掌握不同时段，尤其是重点时段的预订进度规律，具有重要的意义。通过对不同时段预订进度规律的把握和对当前预订进度的跟踪，收益管理团队可以得到一些十分有用的信息或结论。例如，与往年的同期相比，本年度某时段的预订速度偏慢，说明需求可能没有往年旺盛，需要加大低价格等级客房的容量，采取一些促销措施；反之，预订进度明显偏快，则说明该时段需求旺盛，应注意避免客房低卖，可视情况关闭低价格等级，加大高价格等级客房的容量投放。

以预订进度分析为基础进行收益管理策略的调整，可以有效地提升客房收入，S 酒店的实例便是有力的证据。

2017 年 8 月 15 日，S 酒店的收益管理团队通过收益管理系统查看到，2017 年 10 月 1 日—7 日的在手预订数，与 2016 年 8 月 15 日查看到的 2016 年 10 月 1 日—7 日的在手预订数相比，7 天之中有 5 天（1 日、4 日、5 日、6 日、7 日）明显更高，且这 7 天的平均房价水平均高于 2016 年同期查看到的房价水平。

2 周以后，酒店收益管理系统显示的情况与 2017 年 8 月 15 日的查询结果基本一致：2017 年 10 月 1 日—7 日的平均房价和在手预订数，均高于 2016 年同期查看到的当年国庆假期的数据。于是，酒店收益管理团队决定对 2017 年 10 月 1 日—7 日的客房价格进行调整（见表 6-1）。

表 6-1　2017 年 8 月 30 日 S 酒店对国庆期间客房售价的第一次调整　　单位:元/间天

| 房型 | 网络价 | | 贵宾卡/公司会员价 | 金卡会员价 | 白金卡会员价 | 前台价 |
|---|---|---|---|---|---|---|
| | 单早 | 双早 | | | | |
| 高级房 | 568/668 | 598/668 | 528/628 | 488/588 | 458/558 | 658/758 |
| 景观房 | 638/738 | 668/738 | 568/668 | 528/628 | 498/598 | 688/788 |
| 高级套房 | 1 050/— | 1 080/1 180 | 958/1 058 | 880/980 | 828/928 | 1 098/1 198 |
| 豪华套房 | 1 250/— | 1 280/1 380 | 1 098/1 198 | 988/1 088 | 928/1 028 | 1 298/1 398 |

注:“/”前后的价格分别表示调整前和调整后的价格,“—”表示价格未调整。

2017 年 9 月 15 日,S 酒店收益管理团队对 8 月 30 日调价后的预订数据进行跟踪发现:2017 年 10 月 1 日—7 日的在手预订数和平均房价,均高于 2016 年 9 月 15 日观测到的 2016 年 10 月 1 日—7 日的在手预订数和平均房价。于是,酒店收益管理团队在 9 月 16 日进行了第二次价格调整,调整的幅度为增加 40～60 元/间天。

最终,2017 年 10 月 1 日—7 日,该酒店客房销量较 2016 年同期增长了 11.38%,平均房价增长了 13.30%,客房收入增长了 26.20%(见表 6-2)[①]。

表 6-2　2017 年 S 酒店国庆期间客房销售情况

| 时间 | 客房销量/间 | 平均房价/(元/间天) | 客房收入/元 |
|---|---|---|---|
| 2017 年 | 1 771 | 673 | 1 191 883 |
| 2016 年 | 1 590 | 594 | 944 460 |
| 增长率 | 11.38% | 13.30% | 26.20% |

## 二、预订增量分析

以预订进度数据为基础,可以进行预订增量分析(Pick-Ups Analysis)。在预订增量分析中,“同日预订”(The Same Day Pick-Ups)常常被作为关注的重点。同日预订是指入住当日的新增预订数。表 6-3 显示的是 K 酒店过去 4 周的同日预订情况。由表 6-3 可知,该酒店 1 月份同日预订数最少的是周日。进而,结合本酒店历史销售数据,酒店收益管理者发现一周中周日的客房闲置量是最大的,认为有必要通过连住优惠、产品创新等措施来提升周日的客房销量,进而促进酒店整体收益的提升。

表 6-3　K 酒店过去 4 周的同日预订情况　　单位:间

| 时间 | 周一 | 周二 | 周三 | 周四 | 周五 | 周六 | 周日 |
|---|---|---|---|---|---|---|---|
| 12 月 30 日—1 月 5 日 | — | — | 48 | 96 | 86 | 79 | 38 |
| 1 月 6 日—1 月 12 日 | 87 | 62 | 47 | 38 | 53 | 114 | 23 |
| 1 月 13 日—1 月 19 日 | 32 | 99 | 101 | 107 | 96 | 91 | 76 |

① 国内某酒店内部经营资料,所有业绩数据已进行过脱敏处理。

续表

| 时间 | 周一 | 周二 | 周三 | 周四 | 周五 | 周六 | 周日 |
|---|---|---|---|---|---|---|---|
| 1月20日—1月26日 | 92 | 93 | 95 | 61 | 87 | 57 | 58 |
| 1月27日—2月2日 | 72 | 84 | — | — | — | — | — |
| 平均值 | 71 | 85 | 73 | 76 | 81 | 85 | 49 |

## 三、预订来源分析

一般地，预订来源分析(Booking Sources Analysis)主要关注三个方面：顾客来源分析、地域来源分析和渠道来源分析。

### (一)顾客来源分析

顾客来源分析，主要回答“谁是我们的顾客”：休闲度假客人、商务公务散客、公司会议、政府团队、SMERF（Social/Sports——社会/体育团体、Military——军事机构、Educational——教育部门、Religious——宗教团体和 Fraternal——兄弟会的统称）以及会议奖励旅游(Meeting，Incentive，Conference and Event，MICE)，哪些是酒店最主要的顾客来源？它们各自占有怎样的比例？顾客来源的差异对酒店收益有着显著的影响。



如表6-4所示，某酒店以同样的房价接待会议团队和休闲散客，会议团队由于产生了更多的其他消费，在2天时间里比休闲散客多贡献了20 600元的收入。而K酒店2月份会议团队收益数据(见表6-5)表明，5个会议团队一共贡献了128.89万元的总收益，其中客房收益为47.48万元，而其他收益为81.41万元，其他收益占会议总收益的比例高达63.16%。

**表6-4　某酒店会议团队与休闲散客的收益**

| 指标 | 会议团队 | 休闲散客 |
|---|---|---|
| 每晚销量/间 | 100 | 100 |
| 平均房价/(元/间天) | 299 | 299 |
| 总房晚数(停留2晚) | 200 | 200 |
| 客房总收益/元 | 59 800 | 59 800 |
| 每日每间客房其他收益/(元/间天) | 132 | 29 |
| 其他总收益/元 | 26 400 | 5 800 |
| 总收益/元 | 86 200 | 65 600 |
| 每间占用房总收益/(元/间天) | 431 | 328 |

**表6-5　K酒店2月份会议团队收益**

| 团队序号 | 客房销量/间 | 平均房价/(元/间天) | 客房收益/万元 | 其他收益/万元 | 总收益/万元 |
|---|---|---|---|---|---|
| 1 | 541 | 349.57 | 18.91 | 46.04 | 64.95 |

续表

| 团队序号 | 客房销量/间 | 平均房价/(元/间天) | 客房收益/万元 | 其他收益/万元 | 总收益/万元 |
|---|---|---|---|---|---|
| 2 | 347 | 492.42 | 17.09 | 20.62 | 37.71 |
| 3 | 114 | 516.58 | 5.89 | 3.97 | 9.86 |
| 4 | 84 | 495.00 | 4.16 | 8.91 | 13.07 |
| 5 | 30 | 477.00 | 1.43 | 1.87 | 3.30 |
| 合计 | 1 116 | 425.42 | 47.48 | 81.41 | 128.89 |

在顾客来源分析时，还应格外关注那些收益贡献突出的大客户。大客户分析，不仅有助于酒店收益管理团队了解自身的收益来源和构成，而且方便酒店销售团队进行客户关系维护和营销策略优化。

（二）地域来源分析

预订来源分析还包括对顾客的地域来源进行分析。进行地域来源分析，有助于酒店根据顾客的地域特征优化产品和服务，提升顾客的住店体验和感知价值。

（三）渠道来源分析

预订来源分析中还有一项重要内容是进行渠道来源分析。不同的渠道，可能对应着不同的顾客群，因为不同的顾客有着不同的渠道偏好；不同的渠道，对酒店总收益和净收益的贡献也不同。掌握酒店预订的渠道来源，是酒店优化渠道策略，提升整体收入和利润的必然要求。



## 第二节　直接渠道管理

酒店不经过任何第三方将客房及相关产品出售给顾客，即酒店与顾客直接交易的渠道，可称为"直接销售渠道"(Direct Sales Channel)或"直接渠道"(Direct Channel)。由于没有第三方的参与，酒店不必支付佣金，也不存在被中间商赚取差价，而且酒店可以掌握销售的主动权，获得有关顾客的第一手资料，控制销售的节奏，以及可以根据实际情况和顾客需求做出一些灵活机动的处理措施。当然，酒店也需要为此付出一定的代价——为直接销售渠道的搭建投入专门的人力物力，并承担直接销售渠道的运营成本。

本节主要介绍酒店直接销售渠道的类型，以及直接销售渠道收益提升的重要策略——升档销售。

### 一、直接渠道的类型

酒店企业采用的直接销售渠道主要包括酒店前台、预订部、销售部、区域销售机构、酒店电子商务平台等。

（一）酒店前台

作为一种原始的销售渠道，在现代化通信手段出现之前，酒店前台一直是最主要的客房销售渠道。那个时候，外出的人都是天黑之前临时寻找客栈或旅馆投宿。直到今天，大多数酒店都依然保留着前台。前台最主要的职能有四项：一是办理入住登记，执行公共安全和社会管理的职能；二是与酒店各部门确认顾客消费，在顾客离店时清算费用，办理退房手续；三是为顾客提供咨询、留言等相关服务；四是销售客房、餐饮、康乐等产品或服务。

随着现代科技的进步，酒店顾客的入住登记、费用支付、退房离店等手续可以通过自助机办理，一些经济型酒店可能会完全取消前台，而中高档酒店的前台也将更侧重于咨询服务、信息维护以及对散客的销售等职能。

（二）预订部

预订部的主要职能是接受顾客对客房、餐厅、宴会等产品或服务的预订，预订主要方式有电话预订（通过预订部的"预订热线"预订）、邮件预订和传真预订。其中，电话预订的顾客多为对价格不太敏感的商务客人；邮件预订则主要出现在会议团队、协议散客、VIP散客的预订中；传真预订的数量则越来越少。通过以上方式取得的订单，通常计入预订部的工作业绩。

与此同时，预订部通常还需要处理互联网渠道、第三方预订的订单——预订部主要负责这些订单的后续确认、更新、维护工作，但这些订单不计入预订部的工作业绩。实际上，除了前台直接销售之外，其他所有入住前的订单，在预订部都会留下记录。因此，预订部另一项重要工作，是对顾客的信息进行整理、分析，从而获得用户画像，为市场营销人员提供建议和参考。此外，预订部还需要关注和收集竞争对手的价格信息，和其他部门一起研究市场行情，对本酒店客房及相关产品的价格进行动态调整。

在一些小型酒店，预订部可能会设在前台，且预订部员工同时也是前台职员。在一些规模稍大的酒店，预订部则与前台分开设立。当然，它们同属于前厅部，两个部门之间的人员有可能实行双向流动，相互补缺。在一些大型酒店，预订部则成为一个和前厅部平级的部门，在管理"预订热线"的同时，牵头负责前台预订、总机预订以及其他相关工作。在大部分情况下，大型酒店的预订部隶属于市场营销部（市场销售部），预订被视作是销售工作的一部分。如果酒店设有收益管理部，预订部也可能隶属于收益管理部。而在一些酒店集团，除了下属的酒店设有预订部之外，集团层面往往也设有预订中心。集团层面预订中心接受顾客的预订后，订单将转至其下属的酒店。这时，对于集团来说，获得的业务属于直接销售，而对于下属酒店而言，该笔业务则可视作是间接销售。

（三）销售部

大多数酒店都会设有销售部，当然，具体名称可能会有所不同，如销售部、市场部、市场营销部、市场与销售部等。一些小型酒店，销售部可能与预订部是重合的，即由同一个团队来处理预订和销售业务。当销售部与预订部分开设立时，它们的工作是不同的。

首先，销售部的业务范围主要是团队及批发业务，如会议团队、旅游团队、公司、协会、第三方渠道等，其服务对象主要是公司、协会、机关事业单位、会议公司、第三方网站等，而预订部的服务对象主要是零售散客。其次，由于销售部主要负责团队及批发业务，因而其一个订单的业务量可能多达成百上千间夜，而预订部接受一次散客预订涉及的业务量往往小得多。

再次，销售部的核心职能是销售，销售环节完成后的预订及入住等流程则由预订部、前厅部等来完成。最后，预订部的员工需要坐班，在酒店提供的办公场所接打电话、处理订单、联络协调，而销售部的工作人员需要走出办公室，去拜访客户、推销产品、联络洽谈、签订合同。

（四）区域销售机构

为了方便联络、节省差旅费用，一些大型酒店或酒店集团会在靠近目标顾客的城市设置区域销售机构。区域销售机构是酒店销售部的延伸，有利于与客户进行经常性的沟通。当然，设立区域销售机构，会产生一定的运行管理费用。因此，是否有必要设置区域销售机构，需要从成本费用、业绩目标等多方面进行综合权衡。

（五）酒店电子商务平台

酒店电子商务平台主要包括酒店官方网站、预订软件、互联网新媒体等。

酒店官方网站的重要功能是酒店形象和信息展示。除了展示功能之外，一些具有品牌影响力或知名度较高的酒店会通过官方网站开通预订功能。一般而言，酒店官网是会员群体最钟爱的预订渠道。此外，一些对个人信息保密要求较高的顾客（如影视演员、比赛选手、社会名流等），需要规避在间接销售渠道预订而可能存在的信息泄露风险，因而酒店官网就很有可能成为他们信任的预订渠道之一。

一些富有实力的酒店会开发专门的电脑或手机预订软件给客户使用。一般来说，这类软件的使用者是酒店的忠实顾客、经常出差的公务商务客人、乐于参与顾客体验计划或积分活动的客人，或是对自身信息保密要求较高的客人等。通常情况下，安装了预订软件的客人不会轻易卸载，会重复使用。但是，随着信息技术的快速发展，新的工具不断涌现，获取一个愿意下载、安装、使用预订软件的新客户难度越来越大。

而随着移动互联网的兴起，微博、微信等成为酒店新的预订渠道。酒店可以在其官方微博上发送预订链接或在官方微信公众号上开通预订通道，或是开发微信预订小程序。这样，顾客无须下载安装新的应用工具，通过常用的手机软件就可以直接预订客房了。

## 二、直接渠道收益提升：升档销售

（一）升档销售的概念和作用

升档销售（Up-Selling），是指在酒店客房差异化的基础上，尽量引导客人购买价格较高的客房产品（如高档客房、打包产品等），以提高酒店总体收入。因此，升档销售的直接作用是提升酒店总收益。与此同时，升档销售还有可能提升酒店的整体出租率。这是因为，酒店高等级客房可能不如基础房型畅销，酒店引导客人购买高等级客房，有助于提升相对滞销的、高等级客房的出租率，也有助于缓解畅销的、基础房型的库存紧张，从而提升酒店客房的整体出租率，扩大客房收益。

（二）升档销售的对象和时机

升档销售适用的对象是那些有潜在需求的、对价格不敏感的客人。如果客人在过去曾入住过本酒店并给予过好评，则更有可能增加升档销售成功的概率。

由于升档销售以识别或挖掘客人的潜在需求为前提，因此，升档销售的最佳时机是顾客通过电话进行预订或在前台办理入住登记手续时。在这两种情况下，电话预订员、前台员工有机会通过对话或观察，识别、挖掘客人的潜在需求并向其介绍与其潜在需求相匹配的产品和服务。

需要注意的是，以下人群通常不宜作为升档销售的对象：曾有过重大投诉的；存在语言障碍的；身体、心情不佳的；醉酒的；公司付账的；赶时间的；疲惫不堪的；有陪同正在谈话的；柜台前排队等候的；有特殊要求的客人等。

### （三）升档销售的程序和结果

#### 1. 电话预订时的升档销售程序

电话预订员进行升档销售的主要程序如下。

（1）热情主动的专业开场：问候客人，自报部门名称、姓名、工号，进行控制性提问，客人回答后确认客人的答案。

（2）找到客人的隐含需求：通过与客人的交流，找到客人的潜在需求。

（3）推荐与客人需求相匹配的产品。

（4）与客人达成共识，核对预订信息。

#### 2. 入住登记时的升档销售程序

前台接待员进行升档销售的主要程序如下。

（1）程序性提问：问候客人，查看证件，是否有预订，是否为协议客户或会员，支付方式等。



（2）销售性询问：是公务出差还是旅游，是否会在房间办公或会客，是否需要安排在更安静一些的楼层，是否需要洗衣服务等。通过销售性询问，找到客人的隐含需求。

（3）推荐与客人需求相匹配的产品。

（4）与客人达成共识，办理入住登记。

**知识链接　吻合客人需求的FAB陈述法**

FAB陈述法是向客人推荐产品时的有效陈述方式。“F”是指Feature，即陈述产品、服务、设施及其功能、特质；“A”是指Advantage，即陈述产品、服务、设施的优点；“B”是指Benefit，即该产品带给客人的利益。例如，行政楼层（F）在酒店的28层（A），视野开阔、环境安静、无人打扰（B）；豪华标间（F）面积为28平方米（A），有2张1.5米的床（A），宽敞、舒适，非常适合带小孩的家庭（B）。

结合FAB陈述法，前台员工针对已有预订的客人进行升档销售时，可采用吻合需求的四步陈述法：第一步，陈述客人的需求；第二步，向客人推荐合适的产品（F）；第三步，描述产品的特点与益处（A、B）；第四步，告知价格差。例如，“陈先生，我看您带了手提电脑，商务标间可能更适合您。商务标间在高楼层，环境更加安静、舒适，房间里的写字桌也比普通标间的更大一些。价格比普通标间只高100元,您看需要吗?"

需要注意的是,为了提高升档销售成功率,前台接待员或预订员在介绍产品时应避免以下行为:夸大事实;滔滔不绝;用客人听不懂的术语、行话;抬高高价产品,贬低低价产品;语速太快。

3. 升档销售的结果

前台接待员或电话预订员向客人推荐产品后,可能面临如下三种结果。

第一种,客人表示认可。此时应趁热打铁,立即销售。

第二种,客人明确否定。此时应当机立断,停止推荐高档产品,按照客人的意愿办理入住或预订。

第三种,客人犹豫不决。此时可假设客人同意,并继续征询客人意见。例如,"商务标间在27楼,现在让行李员帮您把行李送上去可以吗?",或"亲子套房还有最后一间,我现在为您办理入住/预订,可以吗?"。当客人明确表示认可或否定时,再进行处理。

## 第三节 间接渠道管理

间接销售渠道(Indirect Sales Channel)或间接渠道(Indirect Channel)是酒店销售产品或服务时所借由的第三方,如传统旅行社、在线旅游代理商、第三方网站或个人等。通过间接销售渠道销售产品和服务时,酒店从第三方获得客源,同时向第三方支付佣金,两者之间形成一种相互合作的关系。本节主要介绍间接销售渠道的类型,以及如何进行间接销售渠道的分析和优化。

### 一、间接销售渠道的类型

酒店常见的间接销售渠道包括传统旅行社、在线旅游代理商、第三方网站或个人、全球分销系统、会议及奖励旅游公司等。

(一)传统旅行社

传统旅行社,是相对于在线旅游代理商而言的,其主要通过线下方式向顾客推介、销售各种旅游单项产品(如客房、餐饮、景点门票、机票、汽车租赁、市内交通服务等)或组合产品。酒店与传统旅行社的合作方式多种多样。例如,旅行社向酒店输送客源,酒店按照客房销量大小或消费金额的高低向旅行社支付一定数量或一定比例的佣金。或者,旅行社从酒店获得一定数量的客房销售权。通常,这些客房以低价获得,旅行社加价后出售给顾客,从中赚取差价。在这种情况下,酒店的收入和利润很有可能遭到侵蚀。如第三章所述,曾经某一段时间,纽约的一些酒店就曾以极低的价格把客房出售给代理商,代理商以一个增加了的但依然很低的价格出售给市场,最终的结果是这些代理商在和酒店争夺完全一样的市场。本来,酒店授权代理商加价出售客房的目的是获得稳定的客房收入,结果却是不仅客房销量没有增加,而且原本可以取得的收入还变少了。因此,当酒店和代理商之间签订类似协议时一定要慎之又慎,否则很有可能得不偿失。

酒店借由旅行社销售产品的另一项风险是由资金结算周期引起的。通常情况下，旅行社不会与酒店即时结算，而是按照一定的时间周期（周、月、季或年）进行定期结算。这不仅会增加酒店的资金压力，还增加了酒店的坏账风险。

（二）在线旅游代理商

在线旅游代理商，就性质而言，与传统旅行社并无多大差异。所不同的是，其获取客源的方式是线上，且其获取客源的能力往往高于传统旅行社。

在线旅游代理商中，有的专注于酒店客房的预订，如 Hotels；有的专注于酒店宴会、会议预订，如会小二、酒店哥哥、会唐网；有的专注于婚宴预订，如到喜啦；有的是多元化经营，是传统旅行社的线上升级版，如携程；有的经营范围不限于酒店和旅游，属于跨领域的代理商，如美团、大众点评。由于主营业务不同，它们的盈利模式也存在一定差别。如携程、艺龙的核心业务是酒店、机票预订，收入主要来源于酒店、航空公司的佣金；途牛则依靠组合包装单项产品加价销售赚取差价；去哪儿依靠流量取得收入——用户通过去哪儿点击酒店的产品、介绍，酒店就需要向去哪儿付费，如果用户点击之后产生了预订，酒店还需要支付另一笔费用；酒店哥哥不向酒店收取佣金，而是向酒店收取年费和电话置顶费（党印，2020）。

随着在线旅游代理商业务规模的不断扩大，传统旅行社的生存空间越来越小。一些大型旅行社，如中国国旅、中青旅等在保留线下业务的同时，也建立了自己的网站，通过开展线上业务来拓展自身的生存空间。而携程这种依靠线上业务发展壮大的在线代理商，如今也开始布局线下门店来拓展业务范围、保持竞争优势。



**知识链接　OTA 平台排名规则详解**

OTA 平台上的酒店排序有两种。一种是自然搜索排序，即当顾客输入一个地理名称进行搜索时，平台自动推荐的酒店序列。另外一种属于条件搜索排序，即用户通过设置关键词（如价格、好评、距离远近、有无早餐、是否提供免费停车等）搜索出来的排序。无论是哪一种情形，在大量的酒店信息面前，绝大部分顾客是没有耐心逐条阅读的。这时，排在前面的酒店就更有可能被顾客关注、选择。因此，在 OTA 上争取靠前排名，是酒店提升 OTA 渠道销量的重要途径。那么，主要的 OTA 平台是如何确定酒店排序的呢？一些酒店专业人士对此进行了总结，将其概括为如下几个方面。

1. 收益贡献

酒店对 OTA 平台的收益贡献，体现在两个方面：一是佣金，佣金的数量由订单收益和佣金比例共同决定；二是支付给平台的广告费、工具使用费等。

2. 合作关系

酒店与平台合作关系越紧密，越有利于排名提升。一般情况下，合作关系包括独家合作、战略投资合作、品牌合作等几种形式。

以携程为例，独家合作酒店挂“特牌”(红色大拇指)，会获得携程的优先推荐；为携程会员提供优惠价的酒店可挂“金牌”(金色大拇指)，同等条件下排名将优先于非挂牌酒店。而去哪儿平台，根据合作关系的紧密程度，分别给予酒店“特牌”“金牌”“银牌”。同时，还与一些酒店深度合作，推出“Q＋”品牌。拥有“Q＋”标志的酒店在去哪儿平台通过专属筛选端口获得流量优势，同时还可获得平台线上线下的技术支持。

3. 运营分数

运营分数是平台在一段时间内，利用不同的测评维度，对酒店供应商进行的综合测评。测评分数对应着相关的权益。这些权益一般包括几个方面：一是基础权益，即最基本的合作，如正常推荐；二是营销权益，酒店分数达到一定额度时，可获得营销推广的权益；三是免费广告推广，即平台会给予免费的广告位，让店家获取更大的曝光，该权益要求酒店达到的分数也很高。

携程平台根据9项指标来评价签约酒店的服务质量。9个指标中，3项为加分项目，6项为减分项目(见表6-6)。

**表6-6　携程酒店服务质量评分规则**

| 项目 | | 说明 | 计分细则 |
|---|---|---|---|
| 加分项目 | 及时确认率 | 5分钟内确认订单的比例 | 60%以上加1分，90%以上加2分 |
| | 保留房订单 | 订单中保留房、免费房订单占比 | 60%以上加1分，75%以上加2分，90%以上加3分 |
| | 无缺陷率 | 每100单无缺陷 | 每100单加1分，可累积计分 |
| 减分项目 | 到店无房 | 客人到达酒店被告知无房产生投诉 | 每单扣6分 |
| | 到店无预订 | 客人到达酒店后被告知无预订产生投诉 | 每单扣2分 |
| | 确认后满房 | 确认订单后告知满房要求退订 | 每单扣1分 |
| | 确认后涨价 | 确认订单后告知需涨价 | 每单扣1分 |
| | 虚假点评 | 通过携程大数据运算判定虚假点评 | 每个检查周期内发现有虚假点评扣6分，每个检查周期为1～7天不等 |
| | 低价承诺 | 客人投诉入住价格低于携程的预订价格 | 每单扣6分 |

美团则采用HOS(Hotel Operation System)指数来评价合作酒店。HOS指数＝HOS基础分＋HOS奖励分。基础分满分为5分，奖励分(0.3～0.5分)为加分项。HOS指数有9项指标，以28天为一个周期进行统计。根据该门店上一周期9项指标的得分情况，综合计算HOS指数，并在本周期授予相应权益和资源。HOS

指数 9 项指标为拒单率、违规违约(作弊、逃单、刷单、推翻确认等)、预留房、预订消费间天、用户满意度、差评维护率、5 分钟确认率、图片和营业额。

飞猪综合分根据最近 30 天的各项基础数据和经营情况加权计算而来,计分依据包括商品丰富度、基础信息分(图片、描述、属性、设施服务)、三免体验分(免押金、免排队、免查房)、酒店产能分、酒店服务分这 5 项。

4. 库存数量

库存数量表示酒店可以正常售卖房间的数量。未来一段时间内,库存数量越多,越有利于排名靠前。如某日酒店满房,则当日库存为零,排名自然就跌落置所在区域的底部。另外,与平台签约的保留房数量越多,越有利于提升排名。

5. 点评详情

点评详情主要包括点评数量、点评分数以及点评质量三个部分。点评数量越多、分数越高、优质点评越多,越有利于酒店排名的上升。

6. 活动参与度

活动参与度是指酒店参与平台推出各种活动的活跃度。各个 OTA 平台会不定期地推出各种促销活动,酒店参与活动的程度越高就越有可能提升在该平台的排名。以携程为例,携程常开展的活动有直通车、闪住闪结、钻石展位、定向优惠券、在线选房等。

7. 信息完整度



酒店信息完整度也是影响排名的一个因素。酒店内容信息越完整,越有利于排名上升。酒店内容信息包括基本信息(酒店名称、区域位置、详细地址、简介、所属品牌、星级、开业时间、客房数量)、房型、设施、图片(外观、客房、公共区域、营业执照等)。

(三)第三方网站或个人

随着互联网技术的发展,第三方网站也成为酒店拓展业务的重要渠道。例如,一些提供位置搜索、导航服务的网站或软件,当顾客搜索目标位置时,地图上会显示附近酒店的信息并提供预订链接;一些购物网站、视频网站,也可以设置类似的功能,向顾客推介酒店并提供预订链接。随着网络自媒体的兴起,微信公众号或微博,也成为酒店宣传推介、获取客源的新型手段。

此外,一些酒店还开发了基于个人手机销售系统,酒店员工下载系统或在酒店提供的官方系统中注册账号,就可以获得发布酒店客房展示界面和购买链接的权利。当顾客通过员工发布的链接进行预订并实际成交之后,酒店即向员工发放一定的奖励。一般认为,这种销售方式兼有直接销售渠道和间接销售渠道两种性质,但当酒店把该权限向酒店员工以外的人开放时,它就成为毫无争议的间接销售渠道了。

(四)全球分销系统

全球分销系统(Global Distribution System,GDS),是一种计算机预订系统,最早应用于航空业，现在广泛应用于旅游、酒店、铁路运输、汽车租赁、娱乐服务等行业的预订。当酒店与某个全球分销系统开发商建立合作关系时，开发商会通过所开发的系统在全球范围内发布酒店信息、促成交易。由于全球分销系统面对的销售对象是全球范围内的众多代理商(包括传统旅行社和在线旅游代理商)，接入全球分销系统会提升酒店将客房和相关服务出售给全球市场，尤其是海外市场的机会。例如，一名海外顾客希望通过一家美国代理商预订中国某酒店的客房，而这家美国的代理商并未与中国这家酒店建立业务关系。此时，如果中国的这家酒店接入了全球分销系统，这家美国代理商就可以通过全球分销系统来帮助这名顾客预订该酒店的客房。

随着互联网的普及，越来越多的酒店建立了自己的官方网站，OTA 的兴起也极大地方便了酒店顾客的预订，这使得全球分销系统的业务受到了一定程度的挑战。然而，时至今日，全球分销系统凭借强大的信息优势、规模经济性和不断升级的网络系统，依然是酒店和各类线上线下代理商的重要合作伙伴。赛博(Sabre)、世界视角(Worldspan)、阿玛迪斯(Amadeus)、伽利略(Cendant-Galileo)、撒哈拉(Sahara)等在全球范围内仍有广泛的影响力；中国的中航信(Travelsky)、东南亚的算盘(Abacus)、韩国的托帕斯(Topas)、日本的爱克森斯(Axess)等服务于特定国家或地区的中小型系统也在发挥着重要作用。

(五)会议及奖励旅游公司

专业性的会议公司、奖励旅游公司等经常需要替客户采购大量的客房、餐饮、会议室等相关产品和服务。酒店与这些公司合作，也可以获得稳定的客源和收入。



## 二、间接销售渠道分析与优化

酒店通过间接销售渠道销售客房，需要向第三方支付佣金及相关费用，这使得酒店实际取得的收入(净收入)低于顾客支付的费用。这两者之间的差距，通常用净平均房价收益率(Net ADR Yield)来衡量：

$$净平均房价收益率=\frac{净平均房价}{标准房价}=\frac{标准房价-平均渠道费用及相关成本}{标准房价} \tag{6-1}$$

表 6-7 显示了某酒店 6 种销售渠道的净平均房价收益率及相关指标。显然，净平均房价收益率越高，越有利于酒店收益和利润的提升。因此，酒店应尽可能地通过净平均房价收益率更高的渠道 1、渠道 2 来销售客房。尤其是在库存有限的情况下，应优先将客房库存分配给渠道 1、渠道 2。这样，通过渠道库存优化，酒店有可能取得更高的收益和利润。

**表 6-7　某酒店各分销渠道的比较**

| 渠道编号 | 净平均房价收益率 | 标准房价/(美元/间天) | 净平均房价/(美元/间天) | 客房销量/间 | 净收益/美元 | 高于/低于平均值的比例 |
|---|---|---|---|---|---|---|
| 1 | 98% | 299.99 | 293.99 | 100 | 29 399 | 10% |
| 2 | 95% | 299.99 | 284.99 | 100 | 28 499 | 6% |
| 3 | 90% | 299.99 | 269.99 | 100 | 26 999 | 1% |
| 4 | 88% | 299.99 | 263.99 | 100 | 263 99 | −1% |

续表

| 渠道编号 | 净平均房价收益率 | 标准房价/(美元/间天) | 净平均房价/(美元/间天) | 客房销量/间 | 净收益/美元 | 高于/低于平均值的比例 |
|---|---|---|---|---|---|---|
| 5 | 85% | 299.99 | 254.99 | 100 | 254 99 | −5% |
| 6 | 80% | 299.99 | 239.99 | 100 | 239 99 | −10% |
| 总计 | — | — | — | 600 | 160 794 | — |
| 平均值 | 89% | 299.99 | 267.99 | 100 | 26 799 | 0% |

不同的销售渠道，除了成本费用存在差异之外，酒店对销售渠道的控制能力也有差别。如表 6-8 所示[①]，直接销售渠道的实际控制人一般为酒店或特许经营授权人，净平均房价收益率往往在 90%～95%；间接销售渠道的控制人多为中间商，净平均房价收益率在 65%～95%。因此，无论为了收益提升的目的，还是出于销售渠道控制的考虑，绝大多数酒店总是倾向于尽可能多地通过直接销售渠道来销售客房。

**表 6-8　不同销售渠道净平均房价收益率及渠道控制情况**

| 销售渠道 | 净平均房价收益率 | 销售渠道控制 |
|---|---|---|
| 在店散客销售 | 90%～95% | 酒店 |
| 在店团队销售 | 90%～95% | 酒店 |
| 电话直销 | 90%～95% | 酒店 |
| 中央预订系统 | 90%～95% | 酒店/特许经营授权人 |
| 酒店网站 | 90%～95% | 酒店/特许经营授权人 |
| 会议与旅游观光局 | 85%～95% | 中间商 |
| 全球分销系统 | 80%～95% | 中间商 |
| 第三方网站 | 65%～85% | 中间商 |

## 本章小结

1. 酒店团队客人的预订模式具有预订周期长、增减不均匀等特点。相对于团队市场，散客预订的周期更短，预订量的增减也相对均匀一些。但散客市场内部的预订进度也有差异。一般而言，休闲度假散客的预订周期比商务散客更长，尤其是在入住日一周内，商务散客的订房量增长很快，而休闲散客预订量增长则缓慢得多。

① David K, Allisha A. Revenue Management for the Hospitality Industry[M]. NYC: Wiley, 2010.

2. 与往年同期的预订进度进行比较，也是预订进度分析的重要内容。如果与往年同期相比，本年度某时段的预订速度偏慢，说明需求可能没有往年旺盛，需要加大低等级价格的容量、采取促销措施；反之，预订进度明显偏快，则说明该时段需求旺盛，应注意避免客房低卖，可视情况关闭低等级价格、加大高等级价格的容量投放。

3. 结合历史销售数据，酒店收益管理者可以进行同日预订分析，进而采取针对性的措施来提升低谷日的客房销量。

4. 预订来源分析主要关注三个方面：顾客来源分析、地域来源分析和渠道来源分析。

5. 酒店采用的直接销售渠道主要包括酒店前台、预订部、销售部、区域销售机构、酒店电子商务平台等。

6. 升档销售是酒店直接销售渠道收益提升的重要策略，它是在客房差异化的基础上，尽量引导客人购买价格较高的客房产品（如高档客房、打包产品等），以提高酒店总体收入。

7. 酒店常见的间接销售渠道包括传统旅行社、在线旅游代理商、第三方网站或个人、全球分销系统、会议及奖励旅游公司等。

8. 净平均房价收益率是酒店进行销售渠道分析的重要指标，基于不同销售渠道净平均房价收益率的比较，酒店可以进行收益优化策略的调整。

## 核心术语

预订进度分析（Booking Pace Analysis）
预订模式（Booking Pattern）
预订增量（Pick-Ups）
同日预订（The Same Day Pick-Ups）
预订来源（Booking Sources Analysis）
直接销售渠道（Direct Sales Channel）
升档销售（Up-Selling）
间接销售渠道（Indirect Sales Channel）
净平均房价收益率（Net ADR Yield）

## 思考练习

1. 酒店常见的直接销售渠道和间接销售渠道有哪些？

2. 图 6-3 显示的是某酒店旅游团队和协议散客的预订模式，请根据该图提供的信息分析该酒店旅游团队和协议散客订房模式的差异。

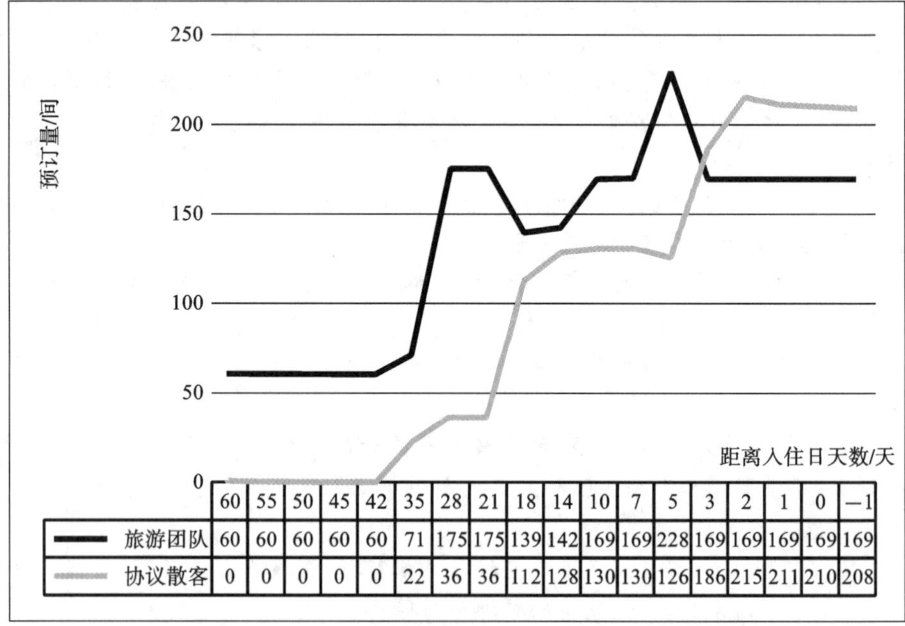


**图 6-3　某酒店旅游团队和协议散客的预订模式**

3. 表 6-9 显示的是 K 酒店过去 4 周的上门散客数。请结合前面表 6-3 K 酒店过去 4 周的同日预订数据分析：

(1)计算过去 4 周上门散客数占同日预订数的比例，完成表 6-9 的空白处；

(2)该酒店上门散客数占同日预订数的比例高吗？这对酒店的收益管理工作有着怎样的影响？

**表 6-9　K 酒店过去 4 周的上门散客数**

报告日期:1 月 29 日

| 时间 | 周一 | 周二 | 周三 | 周四 | 周五 | 周六 | 周日 |
|---|---|---|---|---|---|---|---|
| 12 月 30 日—1 月 5 日 | — | — | 37 | 36 | 30 | 28 | 44 |
| 1 月 6 日—1 月 12 日 | 17 | 37 | 28 | 23 | 75 | 57 | 32 |
| 1 月 13 日—1 月 19 日 | 39 | 47 | 30 | 44 | 34 | 34 | 32 |
| 1 月 20 日—1 月 26 日 | 32 | 47 | 36 | 38 | 50 | 38 | 51 |
| 1 月 27 日—2 月 2 日 | 38 | 27 | — | — | — | — | — |
| **平均值** | **32** | **40** | **33** | **35** | **47** | **39** | **40** |
| 占同日预订的比例 | | | | | | | |

4. 一家拥有 250 间客房的某品牌连锁酒店的收益经理正在考虑下个月第二周周四的客房库存分配。当前，该日的客房销售情况如表 6-10 所示。

表 6-10 某品牌连锁酒店售出客房统计

| | |
|---|---|
| 可用客房/间 | 250 |
| 售出客房/间 | 150 |
| 出租率/(%) | 60.0 |
| 平均房价/(元/间天) | 418.00 |

酒店销售经理相信，他能以 378 元/间天的价格将剩余的客房全部售出。

前厅经理认为，这两天余下的客房应该放到酒店集团的官网上去出售，以便取得更高的平均房价——根据以往的经验和数据，她预计，余下的客房在集团官网销售，可以实现的综合门市价(576 元/间天)执行率为 75%，销售量可以达到余下客房的 90%。

而渠道主管则认为，余下客房的 5%应放到 OTA 平台上作为引流客房，以 358 元/间天的热销价出售；与此同时，再拿出 50%的库存在 OTA 平台上以与集团官网相同的价格出售给客人，剩余的客房可以放在集团官网上销售。这样，预计可以实现 100%的出租率。

收益经理知道，无论从哪个渠道销售客房，都应按总房费收入的 6%支付特许经营费。通过酒店集团官网销售客房，还需要支付 30 元/间天的渠道费用；通过 OTA 销售，酒店须支付 12%的佣金；通过酒店销售部销售客房，营销成本为 3%。

(1)根据上述信息，帮助收益经理完成表 6-11 的信息。

表 6-11 某品牌连锁酒店销售渠道费用及净平均房价收益核算(新增销量)

| 销售渠道 | 销售部 | 集团官网 | OTA 平台+集团官网 |
|---|---|---|---|
| 销售量/间 | | | |
| 价格/(元/间天) | | | |
| 房费收入/元 | | | |
| 特许经营费/元 | | | |
| 销售渠道费/元 | | | |
| 净房费收入/元 | | | |
| 净平均房价<br>/(元/间天)(保留两位小数) | | | |

(2)已知每间客房清扫、一次性用品、水电消耗等的平均费用是 80 元/间天；而之前所销售的客房，扣除特许经营费、销售渠道费之后的净收益为房费收入的 87%。请帮助收益经理完成表 6-12 的信息，并对其库存分配决策提出建议。

表 6-12　某品牌连锁酒店主要收益管理指标核算(全部客房)

| 销售渠道 | 销售部 | 集团官网 | OTA 平台＋集团官网 |
|---|---|---|---|
| 之前销售客房的总收入/元 | | | |
| 之前销售客房的净收入/元 | | | |
| 出租率/(%)(保留两位小数) | | | |
| 总房费收入/元 | | | |
| 净房费收入/元 | | | |
| 平均房价<br>/(元/间天)(保留两位小数) | | | |
| 单房收益<br>/(元/间天)(保留两位小数) | | | |
| 运营利润(元) | | | |
| 单房毛利<br>/(元/间天)(保留两位小数) | | | |



## 案例分析

### 案例 6-1　T 酒店 11 月上旬的同日客房预订分析

T 酒店对 11 月 1 日—10 日的同日客房预订数进行整理，得到表 6-13 所示的汇总和重点细分市场的当日客房预订增量数据。在表 6-14 中，11 月 1 日(周三)的客房销量为 455 间，而前一天的预订数为 461 间，故 11 月 1 日当日的客房新增预订为－6 间。

表 6-13　T 酒店 11 月上旬的同日客房预订汇总(11 月 1 日—11 月 10 日)

报告日期:11 月 11 日

| 分析时段 | 汇总/间 | | 重点细分市场客房预订增量 | | | | | | | | | |
|---|---|---|---|---|---|---|---|---|---|---|---|---|
| | | | 公司会议团队 | | 公司协议散客 | | 旅游团队 | | 网络价客人 | | 折扣价客人 | |
| 11 月 1 日(周三) | 461 | －6 | 370 | －61 | 28 | 39 | 26 | －26 | 9 | 9 | 21 | 26 |
| | 455 | | 309 | | 67 | | 0 | | 18 | | 47 | |
| 11 月 2 日(周四) | 341 | －46 | 225 | －142 | 29 | 64 | 37 | －37 | 17 | 36 | 29 | 22 |
| | 295 | | 83 | | 93 | | 0 | | 53 | | 51 | |
| 11 月 3 日(周五) | 437 | －180 | 348 | －266 | 36 | 29 | 0 | 0 | 24 | 17 | 25 | 34 |
| | 257 | | 82 | | 65 | | 0 | | 41 | | 59 | |

续表

<table>
<tr><td rowspan="2">11月4日（周六）</td><td>313</td><td rowspan="2">−6</td><td>177</td><td rowspan="2">−115</td><td>49</td><td rowspan="2">38</td><td>0</td><td rowspan="2">0</td><td>37</td><td rowspan="2">20</td><td>35</td><td rowspan="2">42</td></tr>
<tr><td>307</td><td>62</td><td>87</td><td>0</td><td>57</td><td>77</td></tr>
<tr><td rowspan="2">11月5日（周日）</td><td>183</td><td rowspan="2">−16</td><td>69</td><td rowspan="2">−49</td><td>51</td><td rowspan="2">18</td><td>23</td><td rowspan="2">−23</td><td>3</td><td rowspan="2">19</td><td>35</td><td rowspan="2">8</td></tr>
<tr><td>167</td><td>20</td><td>69</td><td>0</td><td>22</td><td>43</td></tr>
<tr><td rowspan="2">11月6日（周一）</td><td>152</td><td rowspan="2">46</td><td>41</td><td rowspan="2">−29</td><td>44</td><td rowspan="2">32</td><td>27</td><td rowspan="2">−27</td><td>13</td><td rowspan="2">40</td><td>22</td><td rowspan="2">25</td></tr>
<tr><td>198</td><td>12</td><td>76</td><td>0</td><td>53</td><td>47</td></tr>
<tr><td rowspan="2">11月7日（周二）</td><td>222</td><td rowspan="2">20</td><td>86</td><td rowspan="2">−47</td><td>65</td><td rowspan="2">17</td><td>23</td><td rowspan="2">−23</td><td>28</td><td rowspan="2">21</td><td>14</td><td rowspan="2">41</td></tr>
<tr><td>242</td><td>39</td><td>82</td><td>0</td><td>49</td><td>55</td></tr>
<tr><td rowspan="2">11月8日（周三）</td><td>184</td><td rowspan="2">114</td><td>36</td><td rowspan="2">−9</td><td>83</td><td rowspan="2">54</td><td>29</td><td rowspan="2">−29</td><td>19</td><td rowspan="2">27</td><td>10</td><td rowspan="2">44</td></tr>
<tr><td>298</td><td>27</td><td>137</td><td>0</td><td>46</td><td>54</td></tr>
<tr><td rowspan="2">11月9日（周四）</td><td>588</td><td rowspan="2">−43</td><td>30</td><td rowspan="2">−26</td><td>33</td><td rowspan="2">464</td><td>0</td><td rowspan="2">0</td><td>2</td><td rowspan="2">3</td><td>516</td><td rowspan="2">−488</td></tr>
<tr><td>545</td><td>4</td><td>497</td><td>0</td><td>5</td><td>28</td></tr>
<tr><td rowspan="2">11月10日（周五）</td><td>595</td><td rowspan="2">−110</td><td>0</td><td rowspan="2">2</td><td>516</td><td rowspan="2">113</td><td>0</td><td rowspan="2">0</td><td>0</td><td rowspan="2">0</td><td>50</td><td rowspan="2">−4</td></tr>
<tr><td>485</td><td>2</td><td>403</td><td>0</td><td>0</td><td>46</td></tr>
</table>

**问题：**请根据表6-10所示的数据，分析该酒店经营中存在的问题，并提出改进建议。



## 案例 6-2　您可以从携程下订单

某天，顾客L入住了上海某酒店。第二天中午退房排队等候期间，L注意到，一位客人径直走到前台办理入住，在一旁维持秩序的前台领班将客人引领到排队这里，并问客人办退房还是入住，客人说要办入住并表示没有任何预订。

这时，前台领班对客人说："没有预订呀？——您可以从携程上下一个订单，否则就是前台价1 680元，携程上要便宜一些。"

**问题：**

(1)你是否认可前台领班给予客人的"贴心"建议？为什么？

(2)OTA平台价低于酒店前台价，可能的原因有哪些？

(3)OTA平台价低于酒店前台价，对酒店有哪些损失？

# 第七章

## 客房收益管理的评估

学习目标

◆全面了解酒店客房收益管理评估的各项内部指标，并能运用这些指标进行辅助决策；

◆了解酒店竞争群的概念、竞争群数据的收集途径，掌握竞争酒店选取标准；

◆掌握各项外部评价指标，并能运用这些指标来衡量酒店收益管理工作的效果。

重点难点

◆净平均房价、最低平均房价销售点、单房净收益、单房总收益、单房毛利；

◆竞争酒店选取标准；

◆竞争群分析指标。

酒店客房收益管理的评估，可以从内部、外部两个方面进行。就内部评价而言，除了之前所学习的客房出租率、平均房价、单房收益、修正的单房收益和单房毛利等指标之外，还有一些与平均房价、单房收益、单房毛利相关的指标也起着重要的参考作用；就外部评价而言，通常借助竞争群来进行分析。本章将从内部、外部两个方面，对酒店客房收益管理的评估指标进行梳理。

## 第一节　内部评价指标

### 一、平均房价及相关指标

#### （一）标准平均房价

在没有特殊说明的情况下，我们提到平均房价（ADR）的时候，指的是标准平均房价

(Standard ADR)——那是没有扣除渠道成本及相关费用的平均房价，由特定时段内的客房收益除以该时段占用客房数计算得出：

$$标准平均房价=\frac{客房收益}{占用客房数} \tag{7-1}$$

（二）净平均房价

净平均房价(Net ADR)，是扣除了渠道成本及相关费用之后的平均房价，是特定时段内的客房净收益与该时段占用客房数的比值：

$$净平均房价=\frac{客房净收益}{占用客房数} \tag{7-2}$$

其中，客房净收益(Net Room Revenue/Net Revenue)，是扣除了渠道成本、交易费用、分销渠道佣金、特许经营费等费用之后的客房收益。

（三）最低平均房价销售点

最低平均房价销售点(Minimum ADR Sales Point)，是一个最低的客房报价，在该价格水平下产生的客房收益能够补偿每间占用客房成本(Cost per Occupied Room，CPOR)（主要包括人力成本、客房用品、赠品等）和分销渠道佣金、特许经营权使用费及相关费用等成本。因此，最低平均房价销售点由下列公式计算得出：

$$最低平均房价销售点=\frac{每间占用客房成本}{净平均房价收益率} \tag{7-3}$$

$$净平均房价收益率=\frac{净平均房价}{标准平均房价}=\frac{(标准房价-平均渠道费用及相关成本)}{标准平均房价} \tag{7-4}$$

具体可参考如下例子。

某酒店的每间占用客房成本为40美元/间天，特许经营授权人收取的特许经营权使用费、营销费、CRS使用费等合计为7%，酒店分销渠道的最高佣金为20%。该酒店最低平均房价销售点为多少？

分析：由于该酒店的客房收入中有7%需要交给特许经营授权人，同时可能有至多20%支付给分销商，故该酒店的最低平均房价销售点可设置为：

$$\frac{40}{1-7\%-20\%}=54.79(美元/间天)$$

即54.79美元/间天是该酒店客房能够接受的价格下限——无论酒店出于促销、竞争抑或是其他目的，均不应该提供低于该价格的报价。否则，新增的客房销售不仅不能给酒店带来收益和利润的增长，反而会使酒店蒙受损失。

## 二、单房收益及相关指标

单房收益(Revenue per Available Room，RevPAR)，也可称作“每间可用客房收益”，由某一时段内的客房总收益除以该时段的可用客房数计算得出。也可用该时段的客房出租率，乘以该时段的标准平均房价。与单房收益相似或相近的指标有单房净收益、单房总收益、每间占用房总收益。

(一)单房净收益

单房净收益(Net Revenue per Available Room,NRevPAR),也可称作“每间可用客房净收益”,由某一时段内的客房净收益除以该时段的可用客房数计算得出;也可用该时段的客房出租率乘以该时段的净平均房价。

$$单房净收益=\frac{客房净收益}{可用客房数}=客房出租率\times净平均房价 \tag{7-5}$$

(二)单房总收益

单房总收益(Total Revenue per Available Room,TRevPAR、TrevPAR 或 Total RevPAR),也可称作“每间可用客房总收益”,由某一时段内的总收益(客房收益与非客房收益之和),除以该时段的可用客房数计算得出。

$$单房总收益=\frac{客房收益+非客房收益}{可用客房数} \tag{7-6}$$

其中,非客房收益的来源包括:

(1)食物;

(2)饮料;

(3)会议室;

(4)会议服务;

(5)视听服务;

(6)礼品商店;

(7)入场费;

(8)通信费;

(9)停车费;

(10)高尔夫球场使用费;

(11)高尔夫用品店;

(12)客用洗衣房;

(13)健康中心/水疗服务;

(14)泳池;

(15)网球场;

(16)网球用品店;

(17)其他运营部门;

(18)租金及其他收入。

(三)每间占用房总收益

每间占用房总收益(Total Revenue per Occupied Room,TRevPOR、TrevPOR 或 RevPOR),也可称为“每间售出客房总收益”,由某一时段内的总收益(客房收益与非客房收益之和),除以该时段的占用客房数计算得出。

$$每间占用房总收益=\frac{客房收益+非客房收益}{占用客房数} \tag{7-7}$$

## 三、单房毛利及相关指标

### (一)单房毛利

单房毛利,即每间可用客房运营利润(Gross Operating Profit per Available Room,GOPPAR),是一个反映酒店整体盈利能力的收益管理指标,由特定时间段内的运营利润除以该时段的可用客房数计算得出:

$$单房毛利=\frac{运营利润}{可用客房数} \tag{7-8}$$

其中,运营利润等于总收益减去总的运营部门费用(Total Operated Department Expenses)和总待摊销运营费用(Total Undistributed Operating Expenses),详见表7-1[①]。

**表7-1 利润表**

| 序号 | 项目 | 金额/美元 | 在总收益中的占比 |
|---|---|---|---|
| 1 | 收益 | | |
| 2 | 客房收益 | 1 200 000 | 57.1% |
| 3 | 非客房收益 | 900 150 | 42.9% |
| 4 | 总收益=客房收益+非客房收益 | 2 100 150 | 100.0% |
| 5 | 运营部门费用 | | |
| 6 | 客房运营费用 | 353 100 | 16.8% |
| 7 | 非客房运营费用 | 558 300 | 26.6% |
| 8 | 运营部门总费用=客房运营费用+非客房运营费用 | 911 400 | 43.4% |
| 9 | 运营部门总利润=总收益-运营部门总费用 | 1 188 750 | 56.6% |
| 10 | 总待摊销的运营费用 | 560 760 | 26.7% |
| 11 | 总运营利润=运营部门总利润-总待摊销的运营费用=总收益-客房运营费用-非客房运营费用-总待摊销的运营费用 | 627 990 | 29.9 % |
| 12 | 租金、资产税及保险费 | 146 700 | 7.0% |
| 13 | 折旧和分期摊销 | 105 000 | 5.0% |
| 14 | 净运营利润=总运营利润-(租金、资产税及保险费)-折旧和分期摊销 | 376 290 | 17.9% |
| 15 | 利息 | 106 000 | 5.0% |
| 16 | 税前利润=净运营利润-利息 | 270 290 | 12.9% |
| 17 | 所得税 | 108 116 | 5.1% |
| 18 | 净利润 =税前利润-所得税 | 162 174 | 7.7% |

① David K,Allisha A. Revenue Management for the Hospitality Industry[M]. NYC:Wiley,2010.

（二）每间可用客房净运营利润

每间可用客房净运营利润（Net Operating Income per Available Room，NOIPAR），也可称作“单房净运营利润”，由特定时间段内的净运营利润除以该时段的可用客房数计算得出：

$$每间可用客房净运营利润=\frac{净运营利润}{可用客房数} \tag{7-9}$$

（三）每间可用客房净利润

每间可用客房净利润（Net Income per Available Room，NIPAR），由特定时间段内的净利润除以该时段的可用客房数计算得出：

$$每间可用客房净利润=\frac{净利润}{可用客房数} \tag{7-10}$$

综上，我们已经比较全面地了解了酒店客房收益评价的内部指标。酒店的收益管理者可以根据实际工作的需要，从上述指标中选取一个或多个，用于业务分析、决策参考和收益管理效果评价。而且，酒店收益管理者还可以将本年度的收益指标与上年同期进行比较，从而得到同比变化率。借助同比变化率指标，酒店收益管理者可以从某种程度上了解本年度的业务发展情况。此外，酒店收益管理者还可以将本酒店的相关指标与竞争对手进行比较，从而更加客观地了解本酒店收益管理工作在同业竞争者中的位置。



## 第二节 外部评价指标

用于衡量本酒店在同业竞争者中的位置的指标，可以称之为“外部评价指标”。常见的外部评价指标包括市场份额、市场渗透指数、平均房价指数、收益指数等。通常，在计算这些外部指标之前，酒店首先要确定自身的比较对象，即确定竞争对手或竞争群，进而通过适当的渠道取得竞争群的经营数据。在此基础上，就可以借助外部评价指标来进行竞争群分析。

### 一、竞争对手的确定

（一）竞争对手的选取标准

酒店在确定竞争对手时，应尽可能选择那些与本酒店相似度高、可比性强的酒店。一般情况下，酒店竞争对手的选取标准包括：

1. 服务等级相同

如果同属于星级酒店，则被列入竞争对手名录的酒店与本酒店应处于同一星级水平。如果不属于星级酒店，则被列入竞争对手名录的酒店与本酒店在服务水准、价格水平方面应处于同一区间。

2. 地理位置相近

毫无疑问，竞争酒店与本酒店应处于同一区域。然而，在不同的城市或地区，“同一区域”有着不同的含义。就北京、上海等超大型城市而言，酒店数量多、密度大，“同一区域”可能对应着一个较小的空间范围，如同一商圈内、同一交通站点附近或某一知名景区景点周围等。但在一些中小型城市，市区内的所有酒店都有可能被认为处于“同一区域”。

3. 设施设备相似

设施设备的相似性主要考虑客房的数量、类型、规模和宴会厅、会议室的面积与数量，以及康体娱乐项目的类型与容量等。一般地，会议型酒店、商务型酒店、度假型酒店都应尽可能选择与自身类型一致的酒店作为竞争对手。

4. 客源结构一致

作为竞争对手，团体订房与散客订房的比例、商务客人与休闲度假客人的比例等不宜差距过大，否则，被比较的酒店与本酒店可能不具有相似性。

以上四点是酒店在选取竞争酒店时应主要考虑的因素。此外，酒店的建成时间、分销渠道、社会认可度的相似性等也可作为参考依据。当然，上述标准也不是绝对的，尤其是当某一区域或城市内酒店总量不多时，可能很难找到在上述四个方面和本酒店都具有相似性的酒店。这时，可适当放宽竞争对手的遴选标准，以保证有足够数量的竞争酒店构成本酒店的竞争群。

（二）竞争群的构成

竞争群是酒店选取的、用于进行同业竞争力评估的、与自身具有相似性的竞争酒店的集合。在确定竞争群时，很多酒店会参照酒店业数据服务商史密斯旅游研究（Smith Travel Research，STR）的竞争群构成标准：

（1）一家酒店的竞争群至少包括 4 家酒店（不含本酒店）；

（2）一个竞争群中，一家酒店或同一品牌酒店的客房数，不超过 50%；

（3）一个竞争群中，同一个业主或同一个酒店管理集团的客房数不超过 70%；

（4）竞争群的每次调整至少包括两家酒店，且这两家酒店为非本酒店管理集团旗下的酒店。

## 二、竞争群的数据收集

竞争群确定之后，酒店的收益管理团队应对竞争群的经营数据进行长期跟踪。一般地，获取竞争群经营数据的途径有通过公开渠道直接收集、直接与竞争对手交换数据、购买酒店咨询公司的数据等。

（一）通过公开渠道直接收集

在信息化条件下，酒店收益管理团队可以在很多公开渠道（如酒店官方网站、微信、微博、OTA、第三方网站等）了解酒店客房价格、促销活动及销售情况。但是，通过公开渠道，很难获取精确的出租率、平均房价等信息。

（二）与竞争对手交换数据

当酒店之间签订有数据互换协议时，酒店收益管理团队可以根据协议，通过电话、电子邮件等手段定期相互交换有关客房出租率、平均房价等方面的信息。这是酒店取得竞争群数据最简单、直接和经济的方式。但在实际的工作中，酒店之间往往不愿意这样做，或者虽然达成协议但不提供真实的数据，从而使得信息交换工作难以进行。因此，竞争群数据的获取常常不得不借助第三方机构来完成。

（三）向酒店咨询公司购买

一些酒店倾向于向专业的行业数据服务商购买竞争群的数据。其中，史密斯旅游研究是最受欢迎的酒店数据服务商之一。酒店向该公司支付年费成为会员之后，每周向该公司填报客房出租率、各细分市场的客房出租情况和客房收入、餐饮收入、其他收入情况；同时，会员酒店会获得本酒店竞争群的整体经营业绩。基于保护商业机密的需要，史密斯旅游研究不会向会员提供某一家竞争酒店的经营数据，而是向其提供整个竞争群的总体数据。有了竞争群总体数据作参照，会员酒店就可以采用相关指标对自身的经营情况进行评估。

## 三、竞争群的分析指标

常见的竞争群分析指标包括实际市场份额、应有市场份额、市场渗透指数、平均房价指数、收益指数等。

（一）实际市场份额

实际市场份额（Actual Market Share），也可称为“实际市场占有率”，是一个反映酒店市场竞争力的指标，一般以酒店客房销量占所在地区（或商圈）客房总销量的比例来衡量：

$$\text{实际市场份额}=\frac{\text{本酒店客房销量}}{\text{所在地区客房总销量}}\times 100\% \qquad (7\text{-}11)$$

有时，为了分析本酒店某种房型（如套房）在该地区的竞争力，也可采用上式来计算该房型的实际市场份额。此时，上式中的分子、分母同时替换为该类房型的相应数据即可。



（二）应有市场份额

应有市场份额（Market Fair Share）是指酒店可用客房数占所在地区可用客房总量的比重，该指标反映了酒店的供给能力或市场潜力。

$$\text{应有市场份额}=\frac{\text{本酒店可用客房数}}{\text{所在地区可用客房总量}}\times 100\% \qquad (7\text{-}12)$$

在实际经营活动中，应有市场份额是酒店经营业绩的重要参照点：当实际市场份额低于应有市场份额时，表明本酒店在竞争中处于不利地位；反之，则表明本酒店在市场竞争中占据一定优势。

（三）市场渗透指数

市场渗透指数（Market Penetration Index，MPI），是一个反映酒店自身的客房出租率与竞争群平均出租率相对高低的指标，可用下式来计算：

$$\text{市场渗透指数}=\frac{\text{本酒店客房出租率}}{\text{竞争群平均出租率}}\times 100 \qquad (7\text{-}13)$$

显然，当市场渗透指数高于100时，说明本酒店的客房畅销度优于竞争群。

（四）平均房价指数

平均房价指数（Average Rate Index，ARI），是一个反映酒店自身的房价水平与竞争群平均房价相对高低的指标，可用下式来计算：

$$\text{平均房价指数}=\frac{\text{本酒店平均房价}}{\text{竞争群平均房价}}\times 100 \qquad (7\text{-}14)$$

同理，当平均房价指数高于100时，说明本酒店的客房价格高于竞争群的平均水平。

（五）收益指数

收益指数（Revenue Generator Index，RGI），是一个反映酒店利用可用客房创造收益的能力与竞争群的相对强弱的指标，可用下式来计算：

$$收益指数=\frac{本酒店单房收益}{竞争群单房收益}\times 100 \tag{7-15}$$

显然，当收益指数高于100时，说明本酒店利用可用客房资源创造收益的能力优于竞争群的平均水平，即本酒店的单房收益高于竞争群的单房收益。

需要说明的是，式（7-10）、式（7-11）中，分母"所在地区客房总销量""所在地区可用客房总量"为本酒店与竞争群内所有竞争酒店客房销量或数量之和；而式（7-12）、式（7-13）、式（7-14）中，分母提到的"竞争群"数据，为竞争群中所有竞争对手的数据之和，本酒店的数据是不被计算在内的。

具体可参考如下例子。

某酒店为了提升客房收益，采取了降价促销策略。酒店收益管理团队收集了同期竞争群的经营数据，包括平均房价、客房出租率和单房收益（见表7-2）。如何根据这些数据评估该酒店促销措施的有效性呢？

**表7-2　促销前后本酒店与竞争群的经营指标**

| 酒店 | 经营指标 | 促销前 | 促销后 |
|---|---|---|---|
| 本酒店 | 平均房价/（元/间天） | 605 | 580 |
| | 客房出租率 | 68% | 75% |
| | 单房收益/（元/间天） | 411 | 435 |
| 竞争群 | 平均房价/（元/间天） | 600 | 602 |
| | 客房出租率 | 72% | 77% |
| | 单房收益/（元/间天） | 432 | 464 |

分析：由表7-2可知，降价促销之后，本酒店的客房出租率是上升的，客房单房收益也是上升的。但是，同一时期，竞争群的平均房价、客房出租率和单房收益也都是上升的。因此，很难直接判断说，本酒店的降价促销措施提升了酒店的单房收益。

计算促销前后本酒店的平均房价指数、市场渗透指数和收益指数后发现，尽管降价促销之后，本酒店的市场渗透指数提升了，但是由于平均房价指数下降，本酒店收益指数由降价前的95.14下降到降价后的93.75（见表7-3）。因此，促销之后，尽管市场渗透指数上升了，但平均房价指数和收益指数下降了，本酒店整体表现相对更差了。

**表7-3　促销前后本酒店与竞争群的分析指标**

| 本酒店的分析指标 | 促销前 | 促销后 |
|---|---|---|
| 平均房价指数 | $\frac{605}{600}\times 100=100.83$ | $\frac{580}{602}\times 100=96.35$ |

续表

| 本酒店的分析指标 | 促销前 | 促销后 |
| --- | --- | --- |
| 市场渗透指数 | $\frac{68\%}{72\%}\times100=94.44$ | $\frac{75\%}{77\%}\times100=97.40$ |
| 收益指数 | $\frac{411}{432}\times100=95.14$ | $\frac{435}{464}\times100=93.75$ |

## 本章小结

1. 客房净收益是扣除了渠道成本、交易费用、分销渠道佣金、特许经营费等费用之后的客房收益，净平均房价是扣除了渠道成本及相关费用之后的平均房价。

2. 最低平均房价销售点，是一个最低的客房报价，在该价格水平下产生的客房收益能够补偿客房占用成本和分销渠道佣金、特许经营权使用费及相关费用等成本。

3. 酒店竞争对手的选取标准包括服务等级相同、地理位置相近、设施设备相似、客源结构一致。

4. 获取竞争群经营数据的途径包括通过公开渠道直接收集、与竞争对手交换数据、向酒店咨询公司购买。



5. 常见的竞争群分析指标包括实际市场份额、应有市场份额、市场渗透指数、平均房价指数、收益指数等。

## 核心术语

标准平均房价(Standard ADR)

净平均房价(Net ADR)

客房净收益(Net Room Revenue/Net Revenue)

最低平均房价销售点(Minimum ADR Sales Point)

每间占用客房成本(Cost per Occupied Room, CPOR)

单房净收益(Net Revenue per Available Room, NRevPAR)

单房总收益(Total Revenue per Available Room，TRevPAR、TrevPAR 或 Total RevPAR)

每间占用房总收益(Total Revenue per Occupied Room，TRevPOR、TrevPOR 或 RevPOR)

每间可用客房运营利润(Gross Operating Profit per Available Room, GOPPAR)

每间可用客房净运营利润(Net Operating Income per Available Room,NOIPAR)
每间可用客房净利润(Net Income per Available Room,NIPAR)
实际市场份额(Actual Market Share)
应有市场份额(Market Fair Share)
市场渗透指数(Market Penetration Index,MPI)
平均房价指数(Average Rate Index,ARI)
收益指数(Revenue Generator Index,RGI)

## 思考练习

1. 标准平均房价与净平均房价有何区别?

2. 最低平均房价销售点对收益管理而言有何意义?

3. 每间可用客房运营利润、每间可用客房净运营利润与每间可用客房净利润有何区别?

4. 酒店选取竞争对手的主要标准有哪些?

5. 史密斯旅游研究公司确定竞争群的标准有哪些?

6. 酒店进行竞争群分析的指标有哪些?

7. 如果某酒店 MPI、ARI、RGI 均大于 100,且高于上年指标,而 OCC、ADR、RevPAR 指标的同比变化率为负值,意味着什么?

8. 如果某酒店 OCC、ADR、RevPAR 指标的同比变化率为正值,而 MPI、ARI、RGI 均小于 100,意味着什么?

9. A 是一家拥有 180 间客房的酒店的收益经理。由于对去年的出租率比较失望,他决定今年削减 10%的房价,以便提高销量、改善单房收益。这项措施的确导致了出租率的上升——从去年的 75%,提升到了 85%,上升了 13.3 个百分点。

去年,该酒店的平均可控运营成本是 61 美元/间天,今年上升到 62 美元/间天,仅仅上升了 1.6 个百分点。请帮助 A 完成表 7-4,并评估其收益优化策略的效果。

**表 7-4 某酒店收益优化策略效果评估**

| 经营指标 | 去年 | 今年 |
|---|---|---|
| 出租率 | 75% | 85% |
| 客房销量/间天 | | |
| 平均房价/(美元/间天) | 129.99 | 116.99 |
| 房费收入/美元 | | |
| 单房收益/(美元/间天) | | |
| 运营总成本/美元 | | |
| 运营利润(毛利)/美元 | | |
| 单房毛利/(美元/间天) | | |

10. P是一家酒店的收益经理。过去12个月，她非常努力地优化酒店收益。刚刚，她收到了如下的酒店绩效数据。请帮她完成表7-5，并评价其去年收益优化工作的有效性。

**表7-5　某酒店与竞争群过去一年客房收益指标**

| 客房出租率 | | 本酒店 | 竞争群 | 市场渗透指数 |
|---|---|---|---|---|
| | 本月 | 57.2% | 58.1% | |
| | 过去3个月 | 55.1% | 57.7% | |
| | 过去12个月 | 55.4% | 55.6% | |
| 平均房价 | | 本酒店 | 竞争群 | 平均房价指数 |
| | 本月(美元/间天) | 276.57 | 270.15 | |
| | 过去3个月(美元/间天) | 274.91 | 269.69 | |
| | 过去12个月(美元/间天) | 271.45 | 268.95 | |
| 单房收益 | | 本酒店 | 竞争群 | 收益指数 |
| | 本月(美元/间天) | | | |
| | 过去3个月(美元/间天) | | | |
| | 过去12个月(美元/间天) | | | |



11. L是一家拥有250间客房的全服务酒店的收益经理。其所在酒店的竞争群包括A、B、C、D、E 5家全服务或有限服务酒店，各酒店的客房数如表7-6所示。L所在酒店1月到5月这段时间的客房销量和收益在竞争群中的表现如表7-7所示。

**表7-6　竞争群酒店客房数**

| 竞争群酒店 | 客房数/间 |
|---|---|
| A | 235 |
| B | 220 |
| C | 271 |
| D | 314 |
| E | 210 |

**表7-7　L所在酒店1—5月客房收益表现**

| 月份 | 客房销量占比/(%) | 客房收益占比/(%) |
|---|---|---|
| 1 | 16.2 | 23.7 |
| 2 | 18.5 | 15.5 |
| 3 | 16.7 | 17.1 |
| 4 | 20.1 | 20.5 |
| 5 | 23.7 | 16.2 |

请根据以上信息,回答下列问题:

(1)L所在酒店的客房供应在整个竞争群中占比多少?

(2)哪些月份,L所在酒店的客房出租率超过了竞争群酒店的平均值?

(3)哪些月份,L所在酒店的平均房价超过了竞争群酒店的平均值?

(4)基于1月份的数据,你会给L什么建议?

(5)基于5月份的数据,你会给L什么建议?

12. P是一家拥有125间客房的有限服务酒店的前厅经理兼收益经理。她刚接到一个电话——来自她的朋友M,他同时也是其竞争群中一家酒店的收益经理。由于内部的疏忽,M的酒店下个周六超售了70间团体客房。M希望以他们之前约定好的转客价75美元/间天,从P这里采购70间那晚的客房。

P所在酒店的门市价是129美元/间天,当前已经以门市价销售了那天的客房55间。她估计,在周六之前,她还可以以门市价销售另外30间客房。作为收益经理,P知道,其所在酒店占用客房的其他收益为8美元/间天,而平均运营成本是55美元/间天。

请帮助P完成表7-8,并回答:如果你是P,你会接受M的请求吗?

**表7-8 酒店客房转客请求评估**

| 评估指标 | 接受M的团队转客 | 不接受M的团队转客 |
|---|---|---|
| 客房销量/间天 | | |
| 平均房价/(美元/间天) | | 129.00 |
| 客房总收益/美元 | | |
| 每日每间客房其他收益/(美元/间天) | 8.00 | 8.00 |
| 其他总收益/美元 | | |
| 每间占用房总收益/(美元/间天) | | |
| 总收益/美元 | | |
| 运营总利润(毛利)/美元 | | |
| 单房毛利/(美元/间天) | | |



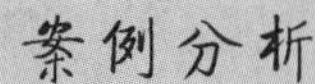

## 案例分析

### 案例7-1 来自校友会的团队

温莎酒店有400间客房,客房的单位运营成本为17美元/间天,另外要按房费收入的4%和3%向品牌方交纳加盟费和营销费。当地一所大学的商科专业校友会计划举办一次聚会,希望以65美元/间天的价格预订3月6日—8日的客房。聚会期间所需的客房数量和餐饮、会议服务需求如表7-9所示。另外,活动组织者相信,70%的参加者会每天购买1份饮料。

**表 7-9　团队需求信息**

| 日期 | 房间数/间 | 早餐/份 | 午餐/份 | 晚餐/份 | 会议室使用费用/美元 |
|---|---|---|---|---|---|
| 3月6日 | 85 | 85 | 0 | 85 | — |
| 3月7日 | 80 | 80 | 0 | 0 | 300 |
| 3月8日 | 70 | 70 | 40 | 0 | 300 |
| 合计 | 235 | 235 | 40 | 85 | 600 |

酒店收益管理团队根据历史数据和当前数据预测3月6日—8日酒店可以分别销售客房365间、360间、310间。因此，接受该团队预订，意味着需要拒绝部分散客预订。另外，历史数据显示，3月份散客客房平均售价为142美元/间天，散客选择早餐、午餐、晚餐、饮料的比例分别为70%、20%、40%、40%。提供给散客的早餐、午餐、晚餐、饮料的成本比例和售价如表7-10所示。

**表 7-10　提供给散客的餐饮项目售价及材料成本**

| 项目 | 售价/美元 | 餐饮项目成本占比 |
|---|---|---|
| 早餐 | 12 | 30% |
| 午餐 | 28 | 34% |
| 晚餐 | 40 | 32% |
| 饮料 | 6 | 29% |



提供给团队的早餐、午餐、晚餐及饮料与提供给散客的成本是相同的，但价格略有不同，分别为10美元、24美元、32美元和6美元。

**资料来源**　Forgaces G. 收益管理：饭店运营收入最大化[M]. 王立，伍波，王晓宽，译. 北京：中国旅游出版社，2014.

**问题：**

(1)接受团队预订，增加的净房费收入是多少？因此而放弃的潜在净房费收入是多少？

(2)接受团队预订，增加的净餐饮收入是多少？因此而放弃的潜在净餐饮收入是多少？

(3)接受团队预订，增加的其他收入是多少？总净收入是多少(会议室运营成本忽略不计)？因此而放弃的总净收入是多少？

(4)是否应该接受该团队订房？

# 第八章

## 餐厅和会议收益管理

### 学习目标

◆了解餐厅收益管理的概念、内容和宴会收益管理的流程；

◆理解顾客公平感知及其对餐厅差别定价、动态定价的影响；

◆理解并掌握餐厅差别定价、动态定价、时间管理、餐位组合、菜单管理的内容和策略；

◆理解宴会会议收益提升策略；

◆掌握餐饮、宴会会议收益管理的衡量指标。

### 重点难点

◆餐饮、宴会会议收益管理的衡量指标；

◆餐厅差别定价、动态定价、时间管理、餐位组合、菜单管理的内容和策略；

◆宴会会议收益提升策略。

对于大多数酒店而言，客房是最主要的收入来源，一些有限服务酒店甚至只提供客房产品和服务。因此，客房通常是酒店收益管理的重点。然而，在一家全服务酒店，餐饮及相关业务往往构成酒店收入的第二大来源，餐饮部是仅次于客房部的第二大利润中心。在一些酒店，餐饮部的收入可以达到酒店整体收入的 30%甚至更多。据赵焕炎统计，2020 年湖北省 934 家酒店的客房和餐厅收入分别为 57.22 亿元、30.87 亿元，分别占总营业额的59.26%和 31.88%[①]。而在江苏省，上述两个比例分别为 47.98%和 41.69%[②]。因此，酒店经营者在应用收益管理的理论和方法提升客房收益的同时，应尽可能地提升餐厅及相关业务的收入和利润，这对酒店的整体收入水平和盈利能力的提升而言具有重要意义。

本章将在餐厅运营管理特点分析的基础上，介绍餐厅收益管理的概念和衡量指标，并从

---

① 数据来源于微信公众号“赵焕炎”2021 年 12 月 16 日的视频资料《湖北 934 家酒店 2020 年经营分析》。

② 数据来源于微信公众号“赵焕炎”2021 年 12 月 12 日的视频资料《江苏 1 312 家酒店 2020 年经营分析》。

差别定价、时间管理、餐位组合、菜单管理等方面介绍餐厅收益优化策略。同时，对宴会会议收益管理的流程、衡量指标、优化策略进行介绍。本章的内容既适用于酒店餐饮部，也适用于社会餐厅的收益优化。

## 第一节　餐厅收益管理概述

### 一、餐厅运营管理的特点

作为顾客用餐、休闲、交流的场所，有些餐厅以风味突出、质量上乘的菜肴吸引住店客人或外来客人；有些餐厅以精致的装修、舒适的环境和令人愉悦的氛围来打动顾客；有些餐厅以精彩的表演、周到的服务，让人流连忘返；有些餐厅环境一般，但菜品质量可靠、价格适中，以较高的性价比取胜……无论是哪一种类型，餐厅均是以一定的营业空间和工作人员为基础，向顾客提供餐饮服务的营业场所，都具有以下特征。

#### （一）生产能力相对固定

一个餐厅建造、装修完工之后，其经营面积基本就固定下来了。当餐厅正式营业之后，厨师及服务人员的数量、餐桌及座位数量也都基本固定了。因而，在特定时间内，餐厅能够接待的顾客数量也就确定了。即便在旺季，餐厅通过临时增加桌椅来提升的容量也是有限度的。而后厨灶台数、厨师数量则在很大程度上决定了出菜速度和每餐能够生产的菜品数量。因此，从某种程度上说，餐厅每餐能够接待的顾客总量存在一个理论上的最大值，这就是餐厅生产能力的相对固定性。



#### （二）座位价值的易逝性

与飞机座位一样，餐厅座位价值也具有易逝性。在一个用餐时段，如果餐厅某些座位被闲置，意味着这些座位在该时段未能实现其应有的价值，即便在下一个用餐时段所有的座位都被占用，上一个时段内座位资源未被充分利用的事实也无法被改变。可以说，在每一个用餐时段，餐厅座位的价值随着时间的流逝而不断衰减，这就是餐厅座位价值的易逝性。

除了座位价值的易逝性之外，餐厅生产菜品所需的原材料、调味品等也都有一定的保质期。尤其是新鲜蔬菜、水果、蛋、奶、豆制品等，它们的保质期往往较短，具有易腐性。而新鲜的肉类、禽类、海鲜等食材，过了一定的时间期限，虽然可以通过冷冻保鲜进行保存，但冷冻之后，其品质和价值均有所下降。这些问题都可以归因于食材的易腐性，它们对餐厅经营收益尤其是利润有着很大的影响。

而在餐厅的收益管理中，人们更多地关注座位价值的易逝性。而对易腐性食材的管理，往往通过优化餐厅的采购、储存制度和程序来加强。

#### （三）固定成本相对较高

与客房相比，餐厅经营中的变动成本，如食材、调味品、酒水饮料、能源及水电消耗、餐具清洁费用等，在成本构成中的比例更大。然而，餐厅经营中的固定成本，如房屋建造投资或租赁费用、餐厅设计及装修费、厨房及仓库设施设备的购置安装费、餐厅桌椅餐具的采购成本以及人力成本中难以变动的部分等，通常数额较大，在餐厅经营总成本中仍然占有较大的比重。

### （四）需求波动且可预测

从大的时间尺度来讲，餐饮产品的需求受到“食物期”的影响。通常，下半年的需求比上半年旺盛。对于一些度假型酒店而言，酒店餐饮服务的需求量与客房产品的需求量一样，存在明显的淡旺季。例如，温泉酒店、滑雪度假村的餐厅冬季需求量大，而夏季通常顾客较少。避暑酒店则刚好相反。对于一些商务型酒店而言，由于其餐厅服务对象主要来自住店客人，因而其餐厅需求量随着一周中每一天客房业务繁忙程度的变化而变动。即便是在一天之中，通常早餐、晚餐的需求量会高于午餐。

与酒店客房产品相类似，酒店餐厅的需求量虽然有波动，但是依然可以通过一定的方法进行预测。在餐厅的需求预测中，一方面要预测顾客的数量及其变化趋势，另一方面还要预测不同时段顾客的需求偏好，从而提供与客流规模、菜品偏好相匹配的产品和服务。

### （五）客源市场可以细分

与酒店客房市场一样，酒店餐饮消费的群体也可以细分为团队和散客两个大类。团队客人主要包括会议团队、旅游团队、婚宴寿宴等。散客又可进一步划分为住店散客和外来散客，或者划分为预订散客与非预订散客等。由于每个细分市场对菜品价格的敏感程度不同，餐厅可以通过不同菜品的搭配来开发适应不同细分市场消费层次的产品组合。



### （六）产品服务接受预订

和酒店客房产品相类似，酒店餐厅通常是接受提前预订的。通过提前预订，餐厅管理者可以更好地进行需求预测，并根据预测数据安排原材料的采购和人员班次，以确保餐饮服务质量，并尽量提高人力及相关资源的利用率。此外，提前预订还为餐厅的容量控制和时间管理提供了便利。借助有效的容量控制和时间管理策略，餐厅可以更大程度地提高餐桌、座位的利用率，尽可能地避免餐桌、座位的闲置浪费造成的潜在损失。

综上，酒店餐厅生产能力具有相对固定性，其座位价值具有易逝性，固定成本占比较高，需求具有波动性且可以预测，客源市场可以细分，产品可以提前预订。以上这些特征都表明，酒店餐厅和酒店客房一样，非常适合采用收益管理的理论和方法来提升收益。而餐厅收益管理，就是要将适当的餐桌、座位、菜品，在适当的时间，通过合适的渠道，以适当的价格销售给适当的顾客（党印，2020）。

## 二、餐厅收益的衡量指标

### （一）餐厅收入指标

#### 1. 营业收入

餐厅营业收入（Restaurant Operating Revenue），即餐厅从主营业务中取得的收入，是指特定时段内餐厅为顾客提供菜品、酒水饮料及相关服务所获得的收入。餐厅的营业收入不包括其他业务收入，如空酒瓶、包装盒回收收入，以及营业外收入，如政府补贴。

酒店经营者关注度比较高的餐厅收入指标包括日收入、月收入及年收入。一般地，餐厅日收入和月收入受到需求量的影响,波动较大。就日收入而言,商务型酒店在平日(周一到周四)取得的日收入通常高于周末,而度假型酒店则可能刚好相反。在很多商务型酒店,周二到周四是一周中需求量较高的日子,相应地,酒店餐厅每日的业务量和营业收入也是一周中较高的。而餐厅月收入则随着酒店住宿业务的淡旺季更替而波动。餐厅年收入则相对稳定。在宏观经济形势、地区人流量等未发生明显改变的情况下,餐厅的年收入主要受自身经营策略和竞争对手的数量及经营策略的影响。

2. 人均消费额

人均消费额(Average Check),也可称为"客单价",通常是指特定时段内餐厅顾客消费总额与用餐人数之比,也可理解为特定时段内餐厅营业收入与用餐人数的比值。其计算公式为:

$$人均消费额=\frac{该时段顾客消费总额}{该时段用餐人数} \tag{8-1}$$

一般地,酒店在计算餐厅人均消费额时,需要按餐次分别计算,即按早餐、午餐、晚餐等分别计算。当一家酒店有多个餐厅时,也需要计算各个餐厅的人均消费额。通常情况下,人均消费额的高低,代表了一个餐厅的服务水平和档次。而在餐厅档次和服务水平既定的情况下,人均消费额的高低也在很大程度上影响着餐厅的收入和利润。

(二)资源利用指标

1. 上座率



上座率(Seat Occupancy)是某个特定时点或特定时间段内餐厅接待的顾客总数与餐位总数的比值,通常用百分数来表示。其计算公式为:

$$上座率=\frac{顾客总数}{餐位总数}\times 100\% \tag{8-2}$$

由上座率的定义可知,它可以是一个时点概念,也可以是一个时间区间概念。前者是某个特定时点(如上午 8:00 或中午 12:30)餐厅正在接待的顾客总数占餐位总数的比重。作为一个时点概念,餐厅的上座率通常低于 100%,即有些座位是空的。只有在极少数的用餐高峰,它可能大于 100%。在这种情况下,餐厅的每一个座位都被占用,并且增加了一些额外的座位来满足顾客的用餐需求,如原本的十人桌提供给了 12 位顾客用餐。

在时间区间概念上,上座率可以低于 100%,也可以高于 100%。例如,一家拥有 100 个座位的餐厅,在整个午餐时段一共接待了 85 位顾客,则该餐厅午餐上座率为 85%。而该餐厅在晚餐时段接待了 221 位顾客,则晚餐的上座率为 221%。显然,如此之高的上座率是无法通过额外增加座位来实现的。通常,那需要通过翻台才能做到。

如果一个餐厅每日开餐两次,则在计算日平均上座率时,应采用下列公式:

$$日平均上座率=\frac{当日顾客总数}{餐位数\times 餐次}\times 100\% \tag{8-3}$$

当然,在实际工作中,也有一些酒店在计算日平均上座率时,不考虑餐厅开餐次数,直接用当日顾客总数除以餐位数得到当日的上座率。

2. 翻台率

翻台是指在一个特定的餐次中餐桌在接待完一拨顾客之后经过清扫整理之后又重新

接待下一拨顾客。

衡量翻台频次的指标即为翻台率(Table Turnover Rate),也可称之为“餐桌周转率”,它是指餐桌在一个特定餐次(如早餐、午餐或晚餐)中或一个特定的时间段内被重复使用的次数。

某个餐次的翻台率,由下列公式计算:

$$\text{某餐次的翻台率}=\frac{\text{该餐次桌位使用总数}-\text{桌位总数}}{\text{桌位总数}}\times 100\% \tag{8-4}$$

某日翻台率,由下列公式计算:

$$\text{某日翻台率}=\frac{\text{当日桌位使用总数}-\text{桌位总数}\times\text{餐次}}{\text{桌位总数}\times\text{餐次}}\times 100\% \tag{8-5}$$

相应地,某月的翻台率,由下列公式计算:

$$\text{某月翻台率}=\frac{\text{当月桌位使用总数}-\text{桌位总数}\times\text{餐次}\times\text{天数}}{\text{桌位总数}\times\text{餐次}\times\text{天数}}\times 100\% \tag{8-6}$$

上述4个指标分别从不同的方面反映了餐厅的经营效益:营业收入反映了餐厅总体的收入水平;人均消费额(客单价)反映了餐厅的档次和消费水平;上座率、翻台率反映了餐厅座位的利用效率。由于每个指标都只能从某个侧面反映餐厅的经营状况,如果经营者只关注其中的一个或几个指标,则难以充分地掌握餐厅的运营状况。和酒店客房收益管理相类似,酒店经营者也需要掌握反映餐厅整体运营效率的综合指标。

(三)综合效率指标



餐厅综合效率指标通常包括平均每座收入、每餐位小时收益和近年来日趋受到重视的餐厅坪效和餐厅人效。

1. 平均每座收入

平均每座收入(Average Revenue per Available Seat),是指特定时段内(通常为一个餐次)平均每个可用餐位取得的营业收入,其计算公式为:

$$\text{平均每座收入}=\frac{\text{该时段取得的营业收入}}{\text{该时段可用座位总数}} \tag{8-7}$$

需要说明的是,在计算平均每座收入时,某时段内的可用座位数与该时段内的餐次有关。例如,酒店某餐厅有座位100个,一日开餐3次,在该餐厅每日的可用座位数为300个。

2. 每餐位小时平均收入

每餐位小时平均收入(Revenue per Available Seat-Hour,RevPASH)是餐厅收入管理效率的一项基本衡量指标,1988年由康奈尔大学提出,它是指每单位可用座位小时收入。类似于客房的RevPAR,RevPASH根据时间(小时)和容量(座位)表示收入。通过跟踪RevPASH,餐厅管理者可以更有效地来衡量绩效并指导其决策以增加收入。

用$[t_1,t_2]$表示考察时段,$TR(t_1,t_2)$表示该时段的收益,$S$表示座位数,$C(t_1,t_2)$表示该时段内接受服务的顾客数,AMT表示顾客平均用餐时间,那么该时段的每餐位每小时平均收入为:

$$\text{RevPASH}=\frac{TR(t_1,t_2)}{S\times(t_2-t_1)} \tag{8-8}$$

用 $T$ 表示翻台数(客转数),$T=\frac{t_2-t_1}{\text{AMT}}$,SO 表示餐厅上座率,则:

$$\text{SO}=\frac{C(t_1,t_2)}{S\times T} \tag{8-9}$$

用 AC 表示人均消费额,则有:

$$\text{AC}=\frac{TR(t_1,t_2)}{C(t_1,t_2)} \tag{8-10}$$

将式(8-9)和式(8-10)代入式(8-8)可得到:

$$\text{RevPASH}=\text{SO}\times\text{AC}\div\text{AMT} \tag{8-11}$$

3. 餐厅坪效

坪效(Revenue per Available Square Meter)指单位面积的产出,就餐厅而言,坪效就是特定时间内(如日、周、月等)餐厅每平方米所产生的营业收入。在计算某日的坪效时,用餐厅当日取得的营业收入除以餐厅的面积;计算某月的坪效时,则用当月产生的营业收入除以餐厅面积:

$$\text{当日坪效}=\frac{\text{当日营业收入}}{\text{餐厅总面积}} \tag{8-12}$$

$$\text{当月坪效}=\frac{\text{当月营业收入}}{\text{餐厅总面积}} \tag{8-13}$$

由上述公式也不难推知,如果要计算特定时间内的日均坪效,只需把式(8-12)的分子替换为该时段内餐厅平均每日营业收入即可。类似地,如果要计算某年度月均坪效,只需把式(8-13)的分子替换为该年度餐厅月平均收入即可。



4. 餐厅人效

人效是以餐厅劳动力为基础的收益衡量指标,具体衡量指标包括雇员人均收益/净利润和单位工时收入/净利润。

雇员人均收益/净利润(Revenue/Net Profit per Labor),即特定时间内餐厅员工人均营业收入或人均净利润,其计算公式为:

$$\text{雇员人均收益}=\frac{\text{营业收入}}{\text{雇员总数}} \tag{8-14}$$

$$\text{雇员人均净利润}=\frac{\text{净利润}}{\text{雇员总数}} \tag{8-15}$$

单位工时收益/净利润(Revenue/ Net Profit per Labor Hour),即特定时间内餐厅员工平均每个工作小时取得的营业收入或人均净利润,其计算公式为:

$$\text{单位工时收益}=\frac{\text{营业收入}}{\text{总工时}} \tag{8-16}$$

$$\text{单位工时净利润}=\frac{\text{净利润}}{\text{总工时}} \tag{8-17}$$

## 第二节　餐厅价格制定策略

通过前面的学习,我们已经知道,用多样化的价格替代统一的价格(差别定价)、用动态的价格替代固定的价格(动态定价)是酒店客房收益优化的重要手段。然而,与客房产品相比,餐饮产品的差别定价和动态定价会困难得多,一不小心可能就会引起顾客反感,导致客源流失。如何在实施差别定价、动态定价的同时,尽可能避免客人反感,是餐厅经营者在收益管理策略制定时必须考虑的因素。因此,必须对餐饮差别定价中可能用到的各种价格围栏和时间围栏进行甄别,挑选那些使顾客有更好的公平感知的围栏来设计差别定价和动态定价策略。

## 一、公平感知与差别定价

### (一)价格围栏与公平感知

杨慧等(2008)对餐厅不同价格围栏(Rate Fence)下差别定价策略引起的顾客公平感知(Perceived Fairness)程度进行了研究(见表 8-1)。

**表 8-1 价格围栏与公平感知**

| 围栏类型 | 围栏 | 定价策略 | 均值 | 总均值 | 总标准差 |
|---|---|---|---|---|---|
| 非物质型(可控围栏) | 限用优惠券与任意使用优惠券 | 发放优惠券,但有使用条件 | 4.01 | 3.44*** | 1.29 |
| | | 优惠券无使用条件 | 2.81*** | | |
| 非物质型(特征围栏) | 会员与非会员 | 非会员额外收取费用 | 5.00*** | 3.95 | 1.42 |
| | | 会员打折 | 2.96*** | | |
| 物质型 | 风光区与非风光区 | 风光区加收费用 | 4.69*** | 4.03 | 1.43 |
| | | 非风光区打折 | 3.30*** | | |
| | 有演出与无演出 | 有演出时额外收费 | 4.58*** | 3.73* | 1.42 |
| | | 非演出时段打折 | 2.93*** | | |

注:① * 表示显著水平 $P<0.1$,*** 表示显著水平 $P<0.01$。

②研究采用李克特七级量表。其中,"1"表示"绝对合理","7"表示绝对不合理,"4"表示中立。故均值越接近 1,则顾客公平感知越高。当均值高于 4 时,则说明顾客有反感情况。

由表 8-1 可以看出,餐饮产品的价格围栏可以分为两种类型:物质型和非物质型。物质型围栏包括餐桌位置、包间摆设、娱乐表演、风光等;非物质型围栏包括用餐方式、顾客特征、可控性手段(如优惠券的使用)以及就餐时间等。价格围栏在具体应用时有不同的表达方式,例如,餐厅在向顾客传达"周末比平时定价高"这一信息时,可以表述为"周末提价",也可以表述为"平时降价"。

由表 8-1 可知,顾客对因优惠券而设置的价格围栏接受度较高,尤其是当优惠券的使用没有限制条件时。如果餐厅在发放优惠券的同时设置优惠券使用的限制条件,则有可能会引起部分顾客的反感。

顾客对会员与非会员差别定价的公平感知主要受表述方式的影响:会员享受折扣在顾客看来是公平合理的,但对非会员额外收费则是不能容忍的。虽然这两种差别定价措施在实质上并无多大差异，但由于表述方式的不同，顾客的公平感知存在显著差别。

与对会员与非会员差别定价的反应类似，顾客对风光区就餐额外加收费用比较反感，但对非风光区给予优惠则认为是比较合理的。然而，也有研究表明，对风光区打折会降低顾客的自尊感，对风光区加价更易被顾客所接受。

顾客对有演出时就餐额外收费比较反感，但对在非演出时段就餐给予折扣的做法则表示认可。

（二）餐厅的差别定价策略

综合上述餐厅差别定价顾客公平感知研究结果和餐饮业一些较为有效的实际做法，本章将餐饮产品差别定价策略概括为如下几个方面。

1. 基于优惠券的差别定价

如前所述，在优惠券不设置任何使用条件时，顾客认为给予持有优惠券的客人的折扣不存在不公平。然而，如果不对优惠券的使用加以限制，很多时候餐厅方面不但不能从这种定价策略中受益，而且很有可能造成收益和利润的损失。因此，在实际的运营中，很少有餐厅对优惠券的使用不加约束。但是，餐厅在设置优惠券使用条件时，必须慎之又慎，避免限制过多或使用条件过于苛严而导致顾客的反感。

2. 基于顾客特征的差别定价

如前所述，虽然顾客对非会员提价很反感，但是对会员优惠的接受度较高。因此，建立合理的会员制度，设计一些针对会员的优惠措施对餐厅而言是可行的。类似的，针对老年人顾客或当日过生日的顾客的优惠措施，通常也易于被顾客接受。



3. 基于座位位置的差别定价

尽管有研究表明，对非风光区打折不会引起顾客的反感，但是那有可能降低顾客的自尊感。因此，对普通位置，如大厅打折的做法还是应该保持警惕。结合国外的一些研究结论和国内一些餐厅的实际做法，我们认为对风光区提价可能更加合适。例如，湖北省宜昌市西陵峡风景区附近的一家岩洞餐厅——放翁酒家，一直以来对临江座席设置更高的价格门槛。而实际的市场反馈表明，该措施是客观有效的。

4. 基于演出项目的差别定价

显然，基于演出项目的差别定价，应该采取非演出时段打折而非演出时段加价的方式来进行。

5. 基于菜品规格数量的差别定价

从实际的情况来看，对大、中、小份菜品或饮料进行差别定价，得到顾客的普遍认可。同时，数量折扣，如第二份半价、满减折扣等，也容易得到顾客的认同。

## 二、公平感知与动态定价

（一）时间围栏与公平感知

如表 8-2 所示，餐饮产品的时间围栏（Time Fence）主要包括周末与平时、晚餐与午餐、高峰与非高峰、超时与提前等。

表 8-2　时间围栏与公平感知

| 围栏类型 | 具体围栏 | 定价策略 | 均值 | 总均值 | 总标准差 |
|---|---|---|---|---|---|
| 非物质型（时间围栏） | 周末与平时 | 周末提价 | 4.87*** | 4.52** | 1.37 |
| | | 平时打折 | 4.14* | | |
| | 晚餐与午餐 | 晚餐提价 | 4.92*** | 4.55*** | 1.33 |
| | | 午餐打折 | 4.14** | | |
| | 高峰与非高峰 | 高峰时段提价 | 5.02*** | 4.62*** | 1.34 |
| | | 非高峰时段打折 | 4.15** | | |
| | 超时与提前 | 超出建议用餐时间加收费用 | 5.04*** | 4.38* | 1.42 |
| | | 提前用餐有折扣 | 3.77*** | | |

注：①* 表示显著水平为 $P<0.1$，** 表示显著水平 $P<0.05$，*** 表示显著水平 $P<0.01$。

②研究采用李克特七级量表。其中，“1”表示“绝对合理”，“7”表示绝对不合理，“4”表示中立。故均值越接近 1，则顾客公平感知越高。当均值高于 4 时，则说明顾客有反感情况。

研究表明，顾客对周末与平时的差别定价持反感态度，且对周末提价的做法尤其反感；顾客对晚餐与午餐的差别定价亦持反感态度，且对晚餐提价表现出明显的不接受；顾客对高峰与非高峰时段的差别定价总体上也是不接受，但对高峰时段提价的做法反感度更高。顾客对是否超出用餐时间的差别定价的态度，则因具体措施而异：超时收费普遍不受认可，但对提前用餐给予折扣的做法则是接受的。

这与国外的研究结果有所区别。国外消费者对时间围栏的认同度较高，认为餐厅根据用餐时段和时间来差别定价是合理的，他们尤其认同根据高峰与非高峰时段来差别定价的方式；而总的来看，国内消费者不太能够接受与时间有关的价格围栏。

（二）餐厅的动态定价策略

与客房相比，餐厅实施动态定价会困难得多，这从杨慧等(2008)关于时间围栏的研究中得到了验证。从实际的情况来看，餐厅可以实施的动态定价策略如下。

1. 今日特惠

“今日特惠”即一周中的每一天挑选一道或几道菜以折扣价销售，通过特惠菜肴提升餐厅的用餐人数，带动其他菜品的销售，从而提升餐厅的整体收益。从实际的情况来看，大部分客人不会认为该措施存在不公平，相反，客人可能会认为自己从折扣菜中得到了实惠。

2. 节事价

餐饮产品节事价最典型的例子是“年夜饭”。在春节假期，一些酒店餐厅或社会餐厅推出的年夜饭，往往价格比平时更高。但是，从实际的情况来看，顾客对年夜饭的高价格接受度比较高。一方面，春节假期往往食材价格上涨，用工成本更高，在顾客看来餐厅适当提高价格被认为具有合理性。另一方面，中国人非常注重春节团聚，加上春节前后企事业单位会向员工发放年终奖、新年红包等，因而大部分人在春节期间的价格敏感性会比平时低，对涨价的承受能力大幅提升。

尽管如此，餐厅在实施“节事价”时必须小心谨慎——在提高菜品、饮料价格的同时，相应地，应尽可能地提升餐饮服务水平，为顾客创造更好的用餐环境和用餐体验，尽可能地让顾客感到节事期间额外付出的费用是“物有所值”乃至“物超所值”的。

## 第三节 餐厅时间管理策略

传统观念认为，餐厅出售的产品是食品和酒水，实际上，为了实现管理的精准化，管理者不得不预测顾客就餐消耗的时间，因此餐厅也在向顾客出售“时间”。由于餐厅的容量相对固定，在需求旺盛时会出现大量顾客等候甚至流失的情况，因此，时间管理策略（Time Management Strategy）是餐厅收益管理的重要组成部分。

### 一、餐厅服务时间结构

餐厅向顾客提供的产品和服务，与飞机座位、酒店客房不同的是其所占用的时间是不确定的（因人而异），这就增加了餐厅经营者管理和决策的难度。顾客用餐时间受其到达时间和当时的餐位占用情况的影响，且与顾客自身的个性、消费心理等有关，一般包括餐前等待时间、用餐时间和餐后时间三部分（见图 8-1）[①]。



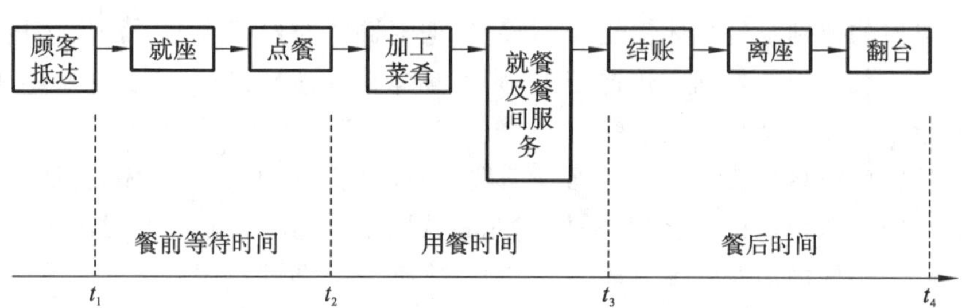


图 8-1 餐厅服务时间结构

#### （一）顾客餐前等待时间

顾客餐前等待时间可从两个方面分析：一是顾客实际等候时间，二是顾客感知等候时间。

1. 顾客实际等候时间

顾客实际等候时间属于运营管理（Operations Management）的范畴。相关研究表明，关于“如何应对客人实际等候时间”的关键是认识到以下几个因素对顾客的影响。客人实际等候时间受到有效资源（如服务流程设计）、员工数量的影响。服务设计应涵盖服务产品（Service Product）和流程属性（Process Attributes），两者皆会影响客人实际等候时间和服务递送成本。服务流程设计与两点相关：一是提供服务的设施的组合；二是整个服务运作，从构建到投递的流程。服务流程很大程度上决定了客人在等候期内的体验。任何由于服务流程设计改善而出现的等候时间缩减现象，必然能够降低顾客的不满程度。技术支持是另外一个影响顾客实际

① 牛星，杨慧．餐饮服务收益管理的时间控制策略研究[J]．中国管理科学，2011(19)．

等候时间的重要因素，为此，一些餐饮企业开发出了“顾客在线点餐系统”。

2. 顾客感知等候时间

一些学者认为，学界普遍假定顾客的平均感知等候时间与实际等候时间是不同的。当顾客由于赶时间而无法细读菜单和仔细选择食物时，如果服务的速度不够快，他们会更容易感到懊丧。由于这种负面情绪，顾客会感到等候时间比实际的更漫长。还有研究发现，顾客在排队时的体验将会明显影响到他们对餐厅整体服务质量的感知。基于等待心理学提出的顾客候餐心理包括如下几点：①“无所事事”让人感到时间更漫长；②过程前和过程后的等待时间让人感到更漫长；③“焦虑等待”让人感到时间更漫长；④“不确定的等待”让人感到时间更漫长；⑤“无人搭理”让人感到时间更漫长；⑥不公平的对待让人感到时间更漫长；⑦服务的价值越高，人们愿意等待的时间越长；⑧一个人等待让人感到时间更漫长；⑨令人身体不舒适的等待让人感到时间更漫长；⑩不熟悉的等待让人感到时间更漫长。

根据 2010 年美国餐饮协会的数据，2009 年美国餐饮业销售额约 5 160 亿美元。按照 Deloitte 和 Touche 在 *Restaurant Industry Operations Report*（2004）中提出的理论来推算，如果餐厅能够有效缩短顾客等候时间，就能获得 2%～5%的营业额增长，边际税前利润率将有 4%～7%的增长，总共能创造 4 亿～18 亿美元的收益。Thompson（2008）构建了一个关于“缩短等候时间与实际收益增长关系”的模型，将 1 296 家餐厅分成 5 个观察组，每个组分别采取 5 种长短不一的“等候时间”方案，最终采集了 9 720 组数据。研究结果表明，减少顾客 20%的等候时间，将能提高 4.9%的收益。顾客等候时间包括以下几个方面：顾客等候点餐的时间；顾客点餐之后到服务员上第一道菜的时间；服务员清理餐桌至新一桌顾客就座的时间。



（二）顾客用餐时间

一般来说，顾客整体用餐时间是大于顾客真正用于进食的就餐时间的，因为顾客用餐时间还包括点菜、加工菜品、结账和离座时间。餐厅运用信息技术，可以简化顾客下单和预约的步骤，从而提高服务团队的效率，减少顾客等候时间，优化顾客的用餐体验。顾客可以直接在自助终端上，通过手机点餐下单，点餐系统可以与其他的商业系统一起结合应用，为后台业务提供参考，如菜品和饮料的销量统计可用于采购或营销工作。

（三）顾客餐后时间

顾客餐后结账买单是餐饮服务的最后一个环节，也是最重要的一个环节。服务人员收到顾客餐后支付的餐饮消费费用，不仅表明餐厅与顾客的交易正式完成，顾客对餐厅的印象定格和顾客满意度也是在这个环节最终完整地形成。因此，餐厅和服务人员必须高度重视顾客餐后结账买单的服务工作。如果餐厅和服务人员能够提供准确无误的结账服务，那么可以节省服务时间，提高服务效率，进一步提升顾客满意度，减少客源流失。

## 二、时间控制对收益率的影响

餐饮业是一个提供产品和服务的行业，其产品和服务的供应具有一定的时效性，由于受到空间和时间的限制，供应能力非常有限，借助 RevPASH 进行管理，对于实现企业收益的最大化具有重要现实意义。近年来，RevPASH 指标这一管理方法逐渐成熟，并在餐饮业、航空业得到了广泛应用。它是通过对产品的价格进行优化，控制企业的整个销售流程，进而使产品供应与市场需求达到平衡状态，最终实现企业经济效益的最大化。

餐位是餐厅的基本销售单位，具有不可储存性，而且可以在较短时间内多次售出(多次翻台)。如果仅用上座率来衡量餐厅效益，在平均消费额偏低的情况下，高上座率会导致利润水平偏低；而如果仅用人均消费额来衡量餐厅效益，在高需求时段，高人均消费额的顾客用餐时间往往较长，会减少翻台的机会。RevPASH 不但考虑了顾客数量和平均消费额，而且还与顾客用餐时间直接相关，是一个更为全面的衡量指标。显然，控制顾客用餐时间能够提高餐厅收益率。

例如，春天餐厅有 100 个座位，顾客的平均用餐时间为 60 分钟，在 4 个小时内餐厅有能力接待 400 位顾客(翻台数=4)。如果顾客的平均消费额是 30 元，那么餐厅的收益是 30×400=12 000(元)，RevPASH=12 000÷400=30(元/座位・时)。如表 8-3 所示，如果顾客平均用餐时间可减少到 40 分钟(翻台数=6)，则餐厅收益的增长可高达 50%。

**表 8-3 顾客用餐时间对餐厅收益的影响**

| 顾客用餐时间/分钟 | 翻台数/台 | 餐厅收益/元 | 上座率/(%) | 增长率/(%) | 累计增长率/(%) |
|---|---|---|---|---|---|
| 60 | 4.00 | 12 000 | 30.00 | — | — |
| 55 | 4.36 | 13 090 | 32.72 | 9.08 | 9.08 |
| 50 | 4.80 | 14 400 | 36.00 | 10.01 | 20.00 |
| 45 | 5.33 | 16 000 | 40.00 | 11.11 | 33.33 |
| 40 | 6.00 | 18 000 | 45.00 | 12.50 | 50.00 |



## 三、餐厅时间管理策略

通常将顾客占用一张餐桌的小时数作为衡量顾客停留时间长短的标准。由于餐厅的容量是相对固定的，在需求旺盛时期经常会出现顾客等待和客源流失的情况，面对这种情况，可用时间管理策略来提升座位的周转率。

餐饮企业的管理者必须转变用产品衡量企业业绩的观念，充分认识到餐厅所提供的产品具有一定的时间性，从产品和时间两方面进行控制，特别是要对时间进行有效管理，对顾客的用餐时间进行控制，尽量将顾客等待的时间缩到最短，使餐厅的翻台率和售出率得以提高，最终增加高峰期的收入和利润。

除了翻台间隔时间较容易控制，顾客等待时间还受到顾客到达时点、当时的座位占用情况的影响。顾客的用餐时间则受到顾客个性特征、消费心理等因素的影响，因此随机性比较强。餐厅经营者应综合各方面的因素，采取相应的时间管理策略，在餐厅需求旺盛时，尽量缩短顾客等待的时间，减少顾客的流失。

时间管理策略重点包括以下几种。

### (一)服务蓝图区间法

根据 Shostack(1992)的研究，服务蓝图区间法主要描绘了餐厅服务过程中各个相关主体、资源和服务的传递步骤，基本形式类似于流程图。整个用餐过程包含顾客用餐行为、前台服务行为、餐厅后台行为和后台支持行为 4 个部分，分别由外部相互作用线、可见线和内部相互作用线水平划分。横向以时间为顺序，描绘顾客和服务者采取的动作；纵向描绘的是相同时间点服务工作被逐步分解的动作，体现各个主体及要素之间的相互关系（见图 8-2）。

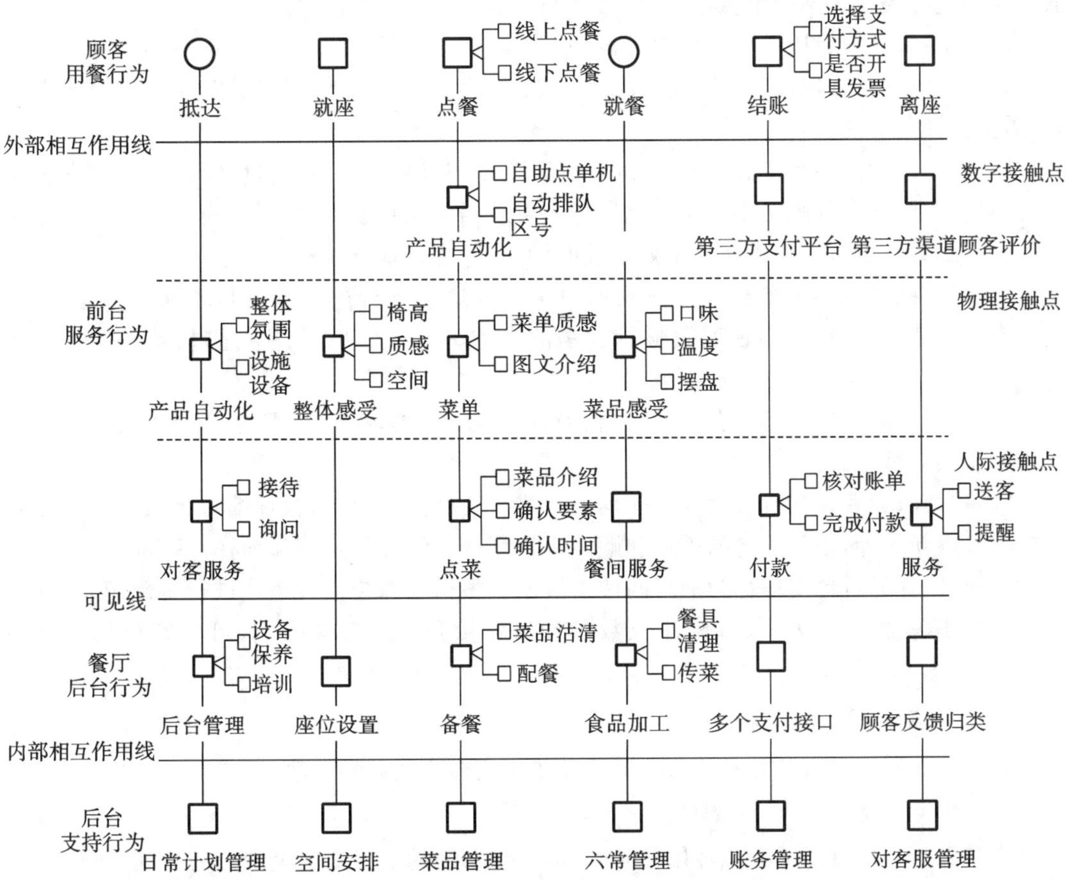

顾客用餐行为
线上点餐
线下点餐
选择支付方式
是否开具发票
抵达
就座
点餐
就餐
结账
离座
外部相互作用线
自助点单机
自动排队区号
产品自动化
数字接触点
第三方支付平台
第三方渠道顾客评价
物理接触点
前台服务行为
整体氛围
设施设备
椅高
质感
空间
菜单质感
图文介绍
口味
温度
摆盘
产品自动化
整体感受
菜单
菜品感受
人际接触点
接待
询问
菜品介绍
确认要素
确认时间
核对账单
完成付款
送客
提醒
对客服务
点菜
餐间服务
付款
服务
可见线
餐厅后台行为
设备保养
培训
菜品沽清
配餐
餐具清理
传菜
后台管理
座位设置
备餐
食品加工
多个支付接口
顾客反馈归类
内部相互作用线
后台支持行为
日常计划管理
空间安排
菜品管理
六常管理
账务管理
对客服管理

**图 8-2　顾客餐厅用餐全流程服务蓝图**

顾客在餐厅的用餐时间有较强的随机性，餐厅管理者可以从减少用餐时间的均值和降低用餐时间的波动两个目标入手，结合服务蓝图的不同过程，构建时间控制策略框架（见图 8-3）。

服务过程类型
前台服务行为
后台服务行为
后台支持行为
Ⅱ
Ⅰ
Ⅲ
Ⅳ
Ⅵ
Ⅴ
减小均值
降低波动
目标维度

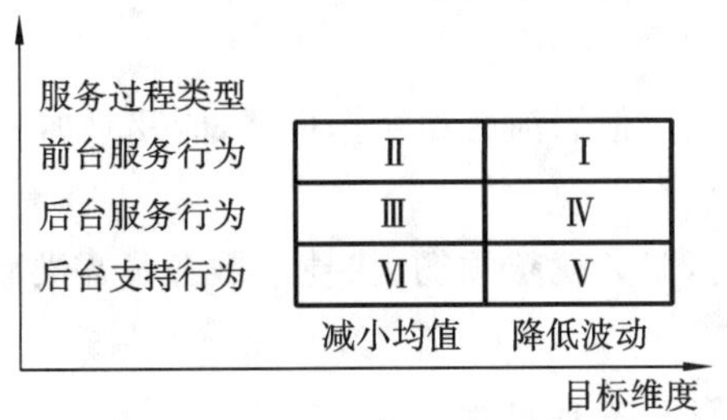

**图 8-3　餐厅时间控制策略框架**

从时间控制的目标来看，主要有两个方面：一是减小就餐时间的均值；二是降低就餐时间的方差，即波动性。另外，从服务类型来看，餐饮服务的各项活动可以分为与顾客接触性

较强的前台服务行为和与顾客非接触性后台服务行为、后台支持行为三类。前台服务行为指点餐、预约等与顾客交互进行的服务，后台服务行为主要指备餐、配送、加工等不直接接触顾客的活动，后台支持行为指的是相对独立于顾客之外的内部运作管理过程。基于目标维度和服务过程类型这两个维度，可将策略空间分成Ⅰ～Ⅵ6个区间。

区间Ⅰ：降低前台服务行为的时间波动策略。就餐期间，可以在客人同意时主动帮客人清理桌面。餐厅可采取限时用餐优惠活动，或针对优惠政策不敏感的顾客采取超时收费活动（需要慎评估后实行）。

区间Ⅱ：减少前台服务行为的时间均值策略。主动给等待超过30分钟的顾客提供菜单，并对就餐频率高的顾客提供个性化服务。可适当应用自动点菜系统、自动排队叫号系统等信息化工具。也可以在餐厅显眼处悬挂时钟，给予客人视觉暗示。

区间Ⅲ：减少后台服务行为的时间均值策略。适当进行员工培训和高峰期合理排班。优化自动点菜系统，在菜品说明页显示食物的名称、分量、效果图、主/配料、辣度和烹饪方式等。

区间Ⅳ：对原材料实行库存控制，以便及时准确地供应菜品，厨师与餐厅楼面人员及时沟通菜品供应情况。

区间Ⅴ：减少后台支持行为的时间均值策略。巧妙设计厨房，合理缩短传菜通道。或对菜单进行重新设计，按照一定的模块和顺序进行划分，降低厨师备菜时间的不确定性。

区间Ⅵ：降低后台支持行为的时间波动策略。根据客源结构对座位进行重新组合，计算不同容量餐桌的需求因子、分配座位数量和餐桌数量。就餐高峰期，可对座位组合适当调整。



（二）提高餐厅座位周转率

以下是在不损害服务质量的情况下提高餐桌周转率的几种方法。

1. 战略性地使用音乐、灯光和色彩

快节奏的音乐可以减少顾客用餐时间，但伴随而来的缺点是客单价也会受到影响。

2. 巧妙提醒客人服务已经结束

单桌客人就餐时间过长，影响翻台率，此时巧妙地提醒客人控制就餐时间就很有必要。例如，服务员可以这样说："您好！您的菜已上齐，请问还有其他需要吗？"这个问题鼓励顾客考虑他们下一步再做什么，并接受点餐已经结束的事实。

3. 雇佣熟练的厨房员工并开展培训

受过培训的厨房工作人员，他们沟通和合作良好，能及时加工并提供食物。

4. 确保服务员训练有素

服务员的工作效率越高，服务就越顺畅、快捷。服务员需要快速清理桌子，及时照顾客人，并维持提供足够的服务。

（三）合理控制候餐时间及不确定性

一个餐厅的产能是指在常态中和一定的时间内，其能达到的资源利用率的最大值。当顾客需求大于餐厅产能的时候，顾客的等候时间毫无疑问地将会增加，而其满意度很有可能会降低。顾客候餐时间的调控可从以下几个方面考虑。

1. 选择合适的排队结构与提供等待信息可以防止不确定和不公平的等待

选择合适的排队结构，减少顾客焦虑。服务管理中的排队是指等待消费服务的顾客在进入点前排队，排队结构是指排队的人数、排队位置、在空间上的分布及其对顾客行为的影响。有三种常见的排队结构可供选择：多条队、单条队和叫号。每种排队结构都有自身的优点和缺点，服务企业应该根据服务能力以及服务的特点选择适当的排队结构，以缓解顾客焦虑。

提供等待信息会增加顾客对环境的可预测性，降低不确定性，刺激顾客重新评价等待，使顾客感觉到等待是可知可控的，从而积极地接受等待。此外，对延迟的解释使顾客了解必须等待的原因，表明服务企业对顾客的负责态度和他们对顾客的重视与由衷的歉意，可以舒缓顾客的不满情绪，促使顾客较平静地接受等待。因此，在顾客等待时，服务提供者应该适时提供有关的等待信息，并对餐厅延迟服务做出合理的解释。

2. 舒适的排队等候区域能够让顾客更耐心地等待

为顾客建立一个舒适的等待环境。现在很多餐厅都会在室内专门设立一个区域以供顾客等待，并为顾客提供舒适的座位，这样顾客就不需要站着等待，也不会受恶劣天气的影响。同时还为顾客提供免费茶水、报纸、杂志，以帮助顾客打发时光。

3. 安排一些活动或提供一些点心能避免顾客等待时无所事事

人们对空虚与无聊的等待有一种天然的畏惧。因为近乎无所事事的等待过程是从我们可自由支配的时间（可用于娱乐、学习、休息、工作等）中活生生扣除的，而且无聊状态下排队的姿势、环境，以及对局面无法控制的感受都会让顾客觉得难以忍受。因此，从顾客意识中删除这种空虚无聊的感觉是管理的重要目标。最简单的管理方案莫过于为等待的顾客提供一些舒适的座椅；在等待区域内渲染一种活泼、振奋的气氛（如色彩明丽的布景、新型产品的展示、优雅促销小姐的穿梭、轻快的背景音乐等）；播放一些娱乐节目或与服务相关的科普节目。这些管理策略大都普遍适用，核心手段在于分散顾客注意力、平和顾客心态、促进顾客间的交流，从而在顾客意识中去除空虚。

尽量使顾客等待的时候有事可做，并使得等待更为轻松有趣。例如，在候餐区，可以提供大的电视显示屏幕，顾客等待时可以观看后厨制作的整个过程，帮助他们轻松度过等待的时间，同时展示后厨管理能力和效率。当顾客等待服务的时候，播放一些新闻和其他信息，可以分散顾客的注意力，也可以提高顾客对等待时间的容忍度。

4. 合理有效的安排和亲切的服务能减轻顾客的焦虑情绪

事实证明，服务人员的控制能力会影响顾客对等待的反应，当顾客认为服务人员能够对等待进行控制而未控制时，他们会比较生气，认为服务人员是不可靠、不可信赖的，觉得等待是不可以接受的。服务企业应该赋予一线服务人员适当的权利，让他们在一定范围内为顾客解决人为不可控因素以外的等待问题，减少顾客的不满。

## 第四节　餐位组合优化策略

学界普遍认为，在前线服务的业务操作中，降低服务中的不确定性是运营管理的其中一个目标。而顾客等候时间的长短不但受到服务时间、订单处理速度的影响，而且还受到设施容量的影响，因此我们还需要考虑如何管理餐厅的容量。容量分配本意是指为不同价格等级的产品分配一定数量的库存。在餐饮业，尽管供给能力在很大程度上受到设施规模、员工数量和流程能力的限制，较为固定，然而其供应结构却具有一定的灵活性，如果一个餐厅的座位组合可以更好地与顾客团体规格相匹配，就可以实现更高的收益。因此供应结构的优化，即座位组合与分配也是餐饮收益管理中重要的容量控制方法。

## 一、餐厅容量及其影响因素

餐厅容量是指就餐顾客的最大接待数量，该数量既能满足就餐顾客的合理需求，又不会造成顾客就餐环境拥挤，也不会因超过最大接待数量对就餐设施造成破坏。餐桌的客座数会影响到餐厅的容量，也会影响餐具的摆设，所以选择不同规格餐桌及数量时，除了要考虑符合餐厅面积并能最有效使用的尺寸外，也应考虑到客人舒适度以及服务人员、工作人员工作方便程度，如桌面不宜过宽，以免占用餐厅过多的空间面积(李宏斌，2007)。

提高销售额的要诀除了增加来店消费顾客的点单数量或商品单价之外，还有就是增加顾客人数。在餐厅，顾客上门惠顾的时间段是固定的，一次性可以容纳的人数有限。若不通过改变店内排列来增加座位数的话，就很难使销售额大幅攀升。在这一点上，餐厅与零售商店截然不同。那么，哪些因素会对餐厅容量管理(Capacity Management)有影响呢？

### (一)餐厅座位数



餐厅座位数，即餐厅内座位的总和。比如一家餐厅共有 50 个座位，每天有 150 名顾客光顾。那么，该餐厅 1 天的翻台率＝150÷50＝3，即 3 次翻台。

### (二)翻台率

如前所述，翻台率是指每个座位在 1 天(或者一个固定的时间段内)接待了多少名顾客，反映固定时段内(一般为一天)的座位周转次数。

### (三)座位利用率

一般来说，餐厅的座位不会全部是单人座。有 2～4 人座、4～6 人座，或还设置有更多人可以同时坐下的大桌。这种情况下，来餐厅消费的顾客中既有由多人组成的团体顾客，也有单客。一般来说，2～3 位的顾客会坐四人座，有时候一位顾客也可能会坐四人座，极少有人愿意与陌生人拼桌。这就造成了即使店里的桌子全部被占，但座位却不是满座的情况。因此，仅靠翻台率来判断餐厅容量会出现偏误。餐厅管理者在努力增加上门顾客人数的基础上，还需要避免座位的浪费。因此，通过座位利用率这一指标可以更加详细地理解座位的使用状况。请注意，满桌时的状态并不代表满座。假设六人桌只坐了 3 位顾客，那么座位利用率为 50%。把握好座位利用率，并且巧妙利用座位数与翻台率、客单价的话，就可以提高销售额。

### (四)餐次

一般餐厅的餐次都是 2 次，24 小时营业的餐厅一般为 4～5 次，具体可以分为：早餐(早茶)、午餐、下午茶、晚餐、夜宵等。餐次越多，餐厅容量越大，接待能力越强；反之，餐厅容量就小。分析时，应结合计划期内餐厅座位数、翻台率和座位利用率一起考虑。

## 二、餐厅容量控制管理

### (一)餐桌安排方式选择

民航业、酒店业的容量控制策略是在某一时刻决定是否接受顾客对某一类型产品需求的问题。航空中的容量分配管理中,最有名的为 Littlewood 准则。假设只有折扣票和全价票两种票价,Littlewood 准则认为只要卖出一张折扣票的收益不小于将其保留为一张全价票所获得的期望收益,即只要满足以下不等式,就应该接受折扣票的订票请求:

$$P_2 \geqslant P_1 \times F_P(x_1 \geqslant y_1)$$

其中,$P_1$ 表示全价票的价格,$P_2$ 表示折扣票的价格,$x_1$ 表示全价票的随机需求,$y_1$ 表示全价票的保护水平,$F_P(x_1 \geqslant y_1)$ 表示全价票需求高于保护水平的概率。但是,利用 Littlewood 准则求解多级问题中的最优预订限额和保护水平的计算量非常大,在短时间内难以得到最优预订限额。因此,现在往往会选择期望边际座位收益(EMSR)启发式算法,确定一个接近最优预订限额的预订量。

在一定时间段内,餐厅容量会受到生产能力和接待能力的限制,合理的餐厅容量控制可以提高收益。容量控制即在规定的时间及既定的人员、设备、设施下实现产量最大化或盈利最大化。在餐厅的收益管理中,容量控制策略是在高需求时段容纳尽可能多的顾客,从而有效提高服务效率。容量控制在餐厅实践中要同时考虑预订、顾客类型和餐桌安排三个方面的因素。



1. 预订

目前,预订系统已被很多餐厅采用,特别是中高档餐厅,为了更好建立科学的预订系统,餐厅要记录顾客“取消”“无故不出现”及“晚到”的信息,为超额预订等措施提供依据。

2. 顾客类型

餐厅规模大小、餐桌间的空间要求、不同就餐团体的人均消费额、顾客愿意等待的时间和高峰期持续时间等,都是影响餐厅选择有价值顾客决策的因素。有研究表明,随着就餐人数的增加,平均消费额也会增加,但是就餐人数的增加也会延长其就餐时间,使餐厅翻台率降低。因此,一部分餐厅管理者也会倾向于选择就餐人数较少的就餐团体,为餐厅带来更大利润,他们认为就餐人数较多的就餐团体平均消费较低,而就餐时间则更长;也有餐厅等其他小就餐团体入座时才接纳大的就餐团体。

3. 餐桌安排

餐桌管理与等待时间相关,较长的等待时间是顾客不满意度的来源,要根据就餐团体不同人数及到达时间采取不同的餐桌安排策略。漫长的等待时间可能是顾客不满意的主要来源之一。餐桌管理是一种有效的经营策略,可以用来减少等待时间,提高座位周转率,并提高顾客满意度,而且并不需要对餐厅容量进行额外扩张。根据 Hwang(2008)开展的餐桌安排实验研究结果,一般有 4 种餐桌安排方式,分别为从前到后、从外到内、从内到外及随机模式(见图 8-4)。

(1)从前到后的餐桌安排策略,使顾客远离餐厅厨房或洗手间等嘈杂的区域而避免受到干扰。

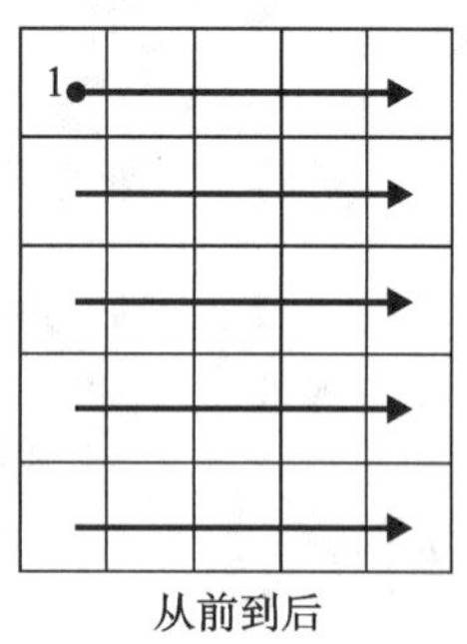

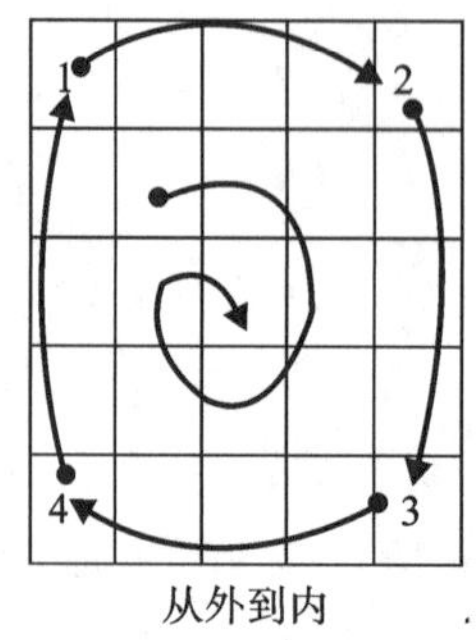

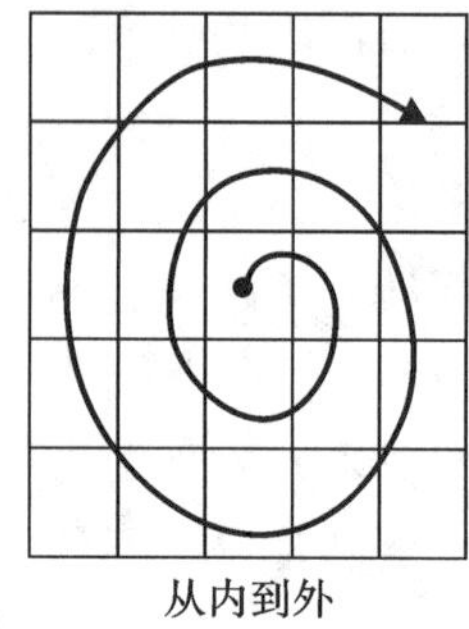

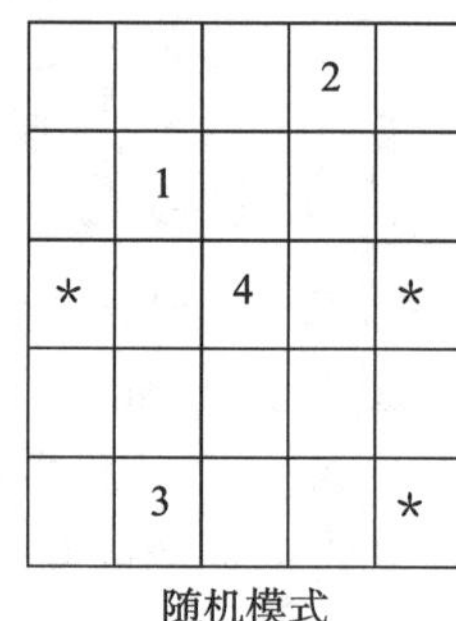


**图 8-4　餐桌安排的常见 4 种方式**

(2)从外到内的餐桌安排策略，优先安排顾客坐在餐厅的外部区域（如靠近临街窗户、外墙），顾客可以欣赏美景，坐在墙壁或窗户附近还可以保护其隐私。

(3)从内到外安排则正好相反，先安排顾客坐在位于餐厅中心的座位，顾客往往希望坐在方便参与餐厅组织有趣活动的地方。

(4)随机模式则随机安排客人入座。

这 4 种安排方式中，随机及从内到外的模式难以实现餐桌组合。从前到后及从外到内的模式有利于减少顾客等待时间，提高顾客满意度，增加餐厅收益。

互联网环境下，餐饮业及其供应链的数字化变革，使新零售业务以及数字化赋能成为行业发展趋势。随着网络时代的来临，越来越多的顾客在网上进行预订，很多餐厅将剩余座位数量信息在网络发布。餐厅的剩余数量对顾客选择行为的影响存在着这样一种现象：当顾客在线搜索到餐厅信息时，如果发现餐厅预订很少，剩余座位数很多时，多数顾客会认为餐厅食物不好或者服务不好，从而放弃在该餐厅预订；如果餐厅预订多，剩余座位数很少或需要顾客等待时，顾客会认为预订后用餐人数太多太拥挤或上菜速度慢，从而放弃预订。可见，顾客对餐厅容量紧缺性的感知与顾客价值感知、公平度感知之间关系较为复杂，餐厅是否实时向顾客公布空座信息，需要审慎地进行决策。



### （二）座位组合仿真优化方法

在座位组合计算方面，Thompson(2002)曾经提出一种粗算法，即根据不同就餐团体的比例确定不同规模的餐桌数量。根据餐厅收益率的概念，可以看出粗算法忽略了平均消费额和用餐时间的差异，而这两者也是影响餐厅收益的重要因素。综合考虑不同就餐团体人数、平均消费额、用餐时间的差异这三类因素，才能有效提高餐厅收益，同时兼顾到对顾客服务水平的提升。

以下案例基于 Kimes 和 Thompson(2003)对一家 230 座的餐厅进行了实证研究，从 POS 机获取相关数据，采用枚举法找到了最符合需求特征的座位组合。

这家餐厅名为 Chevys，位于购物中心附近，共计 56 张餐桌，其中 53 张四人桌、3 张六人桌，其晚餐为繁忙时段，经常出现大量顾客排队等候的情况。Kimes 等首先从 POS 终端机中提取了近两个月的营业数据，计算出平均消费额、收益率、上座率、用餐团体类型以及用餐时间的平均值和标准偏差等数据，部分数据如表 8-4 所示。结果发现，一方面高峰时段顾客等待时间很长，另一方面上座率却很低，大部分时间上座率只有 20%左右，Kimes 等希望改变座位组合,以提高上座率,实现餐厅增加收益的目的。

**表 8-4 Chevys 餐厅用餐团体类型与特征**

| 用餐团体人数/人 | 晚餐时间段/(%) | 平均到达间隔/分钟 | 平均消费/美元 | 平均用餐时间/分钟 |
|---|---|---|---|---|
| 1 | 3 | 16.81 | 24.93 | 52.52 |
| 2 | 53 | 0.95 | 27.71 | 49.93 |
| 3 | 21 | 2.40 | 31.38 | 50.13 |
| 4 | 15 | 3.36 | 42.44 | 54.23 |
| 5 | 4 | 12.61 | 45.07 | 54.43 |
| 6 | 1 | 50.42 | 56.30 | 60.78 |
| 7 人及以上 | 3 | — | — | — |

在此基础上,杨慧等(2013)提出餐厅座位组合仿真优化方法,通过应用 Flexsim 系统仿真分析和实例研究,验证了该优化方法能够有效提高餐厅繁忙阶段的资源分配效率,显著增加餐厅收益,提高收益率;通过缩短顾客排队的平均等待时间,可以提高顾客满意度。

用 $C$ 表示餐桌容量(该餐桌配有的座位数量),$\text{lim}_C$ 表示餐饮服务标准中可引领到该餐桌的最小顾客团体规模,$\text{PROBPart}_k$ 表示规模(人数)为 k 的就餐群体出现的概率,$\text{AverCheck}_k$ 表示规模(人数)为 $k$ 的就餐群体的平均消费额,$\text{AverDur}_k$ 表示规模(人数)为 $k$ 的就餐群体的平均用餐时间。则确定容量为 $C$ 的餐桌数量的计算方法如下。



第一步,计算需求因子。用$\text{DF}_C$表示为容量是 $C$ 的餐桌所配置座位的需求因子,它能够表达如下三方面信息:①容量为 $C$ 的餐桌可以接待规模为$[\text{lim}_C, C]$的就餐团体,团体出现的概率越大,则该类型座位的需求因子越大;②团体的人均消费额越高,该类型座位的需求因子越大;③团体的平均用餐时间越长,该类型座位的需求因子越小。用公式表示为:

$$\text{DF}_C = \sum_{k=\text{lim}_C}^{C} \text{ProbPart}_k \times \text{AverCheck}_k / \text{AverDur}_k \tag{8-18}$$

第二步,分配座位数量。容量是 $C$ 的餐桌分配的总座位数量为:

$$\text{SeatNum}_C = T\text{seat} \times \frac{C \times \text{DF}_C}{\sum_{j \in C} j \times \text{DF}_j} \tag{8-19}$$

第三步,计算餐桌容量。容量是 $C$ 的餐桌数量为:

$$\text{TableNum}_C = \text{SeatNum}_C / C \tag{8-20}$$

利用表 8-4 的数据做一个算例。该餐厅设置两人、四人、六人三种容量的餐桌,餐桌的分配原则是:1～2 人团队安排在两人桌就餐;3～4 人团队安排在四人桌就餐;5～6 人团队只能在六人桌就餐;7 人及以上的顾客团体流失。利用以上计算方法获得座位组合方案的过程如下。

两人桌的需求因子:$\text{DF}_2 = 3\% \times 24.93/52.52 + 53\% \times 27.71/49.93 = 0.308$

四人桌的需求因子:$\text{DF}_4 = 21\% \times 31.38/50.13 + 15\% \times 42.44/54.23 = 0.249$

六人桌的需求因子：$DF_6=4\%\times45.07/54.43+1\%\times56.3/60.78=0.042$

$$\sum_{j\in C}j\times DF_j=2\times0.308+4\times0.249+6\times0.042=1.864$$

两人桌的数量：$SeatNum_2=230\times2\times0.308/1.864=76$

四人桌的数量：$SeatNum_4=230\times4\times0.249/1.864=123$

六人桌的数量：$SeatNum_6=230\times6\times0.042/1.864=31$

则两人桌的数量为：$76/2\approx38$

四人桌的数量为：$123/4\approx31$

六人桌的数量为：$31/6\approx5$

因此，最终计算出的餐桌数量为：两人桌38张、四人桌31张、六人桌5张。根据杨慧等(2013)仿真优化分析，优化后的座位组合无论从人均消费额还是平均用餐时间都有利于增加餐厅收益。

该计算方法尤其适用于具有如下特点的餐厅：一是需求旺盛，在高峰时段会出现顾客排队等候的情况；二是从顾客入座到结账离去之间的用餐时间较短，翻台率较高；三是空间布局柔性大，变动成本低。必胜客、肯德基等西式快餐显然具备这些特点，而中式餐厅却有很大的不同。例如，中高档餐厅一般是包间设计，翻台率也很低。对于包间设计的餐厅，不容易重新布局，可以在规划之初，采用餐厅座位组合仿真优化计算方法并应用同类餐厅的业务数据给出优化方案，这一点类似于酒店房间的布局分配。对于在厅堂消费的中式餐厅，由于比较容易改变布局，在需求旺盛的情况下也非常适合使用此方法。



## 三、餐厅容量管理策略

### （一）有效利用空间和座位组合

管理者可以对餐厅座位使用的实际情况进行调查研究。比如，即便是餐饮连锁店，因不同区域、不同面积的单店座位使用情况也存在差异，也需要根据每个单店情况进行调研。可以通过改进座位组合类型，优化容量分配，有效降低顾客等待时间，从而实现餐厅服务能力和顾客需求之间的平衡。例如，一家餐厅虽然有10张四人桌，但是来客为成双成对，所以20位客人即无空桌。此时，餐桌空缺率高达50%，即餐桌利用率也只有50%。因此，统计单独来店顾客占多大比率，以及两人同行、四人同行的百分比，改变座位的布局要和实际使用保持一致。四人桌、两人桌的数量，要根据每家餐厅来客的具体数据做出判断。

对餐厅而言，容量分配更多体现在对餐厅现有空间和餐桌椅的有效利用上。尽管餐厅供给能力受到空间面积、设施规模、员工数量和服务能力的限制，但是，相对饭店客房来说，其供应结构的调整却更具有灵活性。也就是说，如果把餐厅的座位很好地组合起来，使之能够更好地与客源结构相匹配，则可以用来提高收益。在餐位的组合优化中，有两种模式可供选择：一种是可拼拆式餐桌，另一种则为固定式布局。可拼拆式餐桌多为小容量餐桌，譬如两人桌或四人桌，如果顾客用餐人数多于4人，则可通过拼桌来解决；固定式布局是指餐桌椅组合一旦设定，无论顾客的需求如何，都不会改变，顾客只能按现有的布局落座。

餐桌的大小会影响餐厅的容量，也会影响餐具的摆设，所以决定桌子的大小时，除了符合餐厅面积并能最有效使用的尺寸外，也应考虑到客人的舒适以及工作人员在工作时方便与否。桌面不宜过宽,以免占用餐厅过多的空间面积。座位的空间配置上,在有柱子或角落处,可单方靠墙用作三人桌,可也变成面对面或并列的两人桌。餐桌椅的配置应考虑餐厅面积的大小与客人餐饮性质的需要,随时能做适当的调整。例如,周末与非周末或不同时间段上门的顾客群体是不一样的,可以根据餐厅类型,在不同时间段内改变店内座椅布局,根据顾客人数来安排座位和配置座位,在这方面多下工夫非常重要。

(二)合理安排厨房和餐厅面积比例

厨房和餐厅面积比对餐厅容量也有影响,同时它还影响厨房员工工作效率和工作质量。面积过小,会使厨房拥挤和闷热,不仅影响工作速度,而且还会影响员工的工作情绪;面积过大,员工工作时行走的路程就会增加,工作效率自然会降低,同时挤占了餐厅可布局座位的面积。厨房面积的确定一般需要考虑原材料的加工作业量、经营的菜式风味、厨房生产量的多少、设备的先进程度与空间的利用率、厨房辅助设施状况等因素。在一家中型酒店,中心厨房的整体面积一般与整个餐饮经营服务面积的比例为 3∶5 或 4∶5,天花板与地面之间的高度为 3～4 米,设备之间的主要通道宽度不少于 1.6 米,进货口和出菜口通道宽度不少于 2.2 米。

确定厨房面积的方法一般有三种。一是以餐厅就餐人数为参数来确定(见表 8-5)。通常,就餐规模越大,就餐的人均所需厨房面积就越小,这主要是因为小型厨房的辅助间和过道等所占的面积不可能按比例缩得太小。二是按餐厅或以餐饮面积作为依据,来确定各部门之间的面积比例,通常厨房(不含辅助间)面积应是餐厅面积的 40%～50%,占餐饮总面积的 21%左右。厨房面积比例中应留有一定的弹性幅度,这是因为各酒店的餐饮定位、档次、功能以及用料情况、制作工艺、设备设施、场地的可用面积等因素的情况各异。三是根据不同类型的餐厅每餐位所需的厨房面积进行估算。不同类型的餐厅,由于供应食品的种类、规格、数量不同,对厨房面积的要求也有所不同。一般来说,酒店正餐厅,即各类餐桌服务餐厅,因其供应食品种类齐全、规格较高、烹调精细复杂、使用设备较多,其厨房面积也较大。

**表 8-5 厨房面积与就餐人数参考**

| 厨房供餐人数/人 | 平均每位用餐者所需的厨房面积/平方米 |
|---|---|
| 100 | 0.697 |
| 250 | 0.48 |
| 500 | 0.46 |
| 750 | 0.37 |
| 1000 | 0.348 |
| 1500 | 0.309 |
| 2000 | 0.279 |

(三)提升顾客候餐区的服务体验

候餐区,顾名思义就是顾客等待就餐的区域。餐厅容量管理中不应忽视候餐区的价值,候餐区就像“蓄水池”,可以有效调节餐厅容量,并聚集餐厅人气。餐厅在向顾客提供微信、电话、网站、现场排号等多种预约方式的同时,也让客人在订桌时清楚地知道了前面有几桌客人在等候、大约多长时间才能轮到自己，这样，顾客就可以建立合理心理预期，自由安排时间到达，减少现场焦急等候的情况。餐厅可提供多样化的免费消遣方式，有效缓解现场等候的客人的焦虑情绪。餐厅服务人员在忙碌中给予客人的真诚微笑、遇见时热情的招呼、主动问候，给予细致的安排、周到的服务等，都可以增强客人服务体验感。

（四）加大外卖力度

传统餐饮企业应在“互联网＋”的时代背景下尽快适应互联网思维，并在互联网的浪潮中有所创新。随着新零售渗透到生活的各个场景中，餐饮外卖进一步扩大了服务承载，与闪购、新零售品类关联。Analysys易观千帆检测数据显示，截至2020年底，全国外卖用户规模接近5亿人，总计订单量达到171.2亿单，同比增长7.5%；交易规模同比增长14.8%，高达8 352亿元，比之前机构预测的6 600亿元多出1 750亿元，受益于年轻消费群体的线上消费倾向、疫情等影响，中国外卖行业实现快速增长。

餐厅容量毕竟有限，从这个意义上说，设法增加外卖的做法可以增加餐厅的销售额。无论是外卖配送品类的拓展，还是新零售全场景的覆盖，餐饮外卖服务承载仍是基于配送服务为中心，叠加多样化的配送服务，全面提升配送运力流转是餐厅经营者一直以来关注的核心议题。未来，可加大对新技术的研发投入，诸如无人配送、智能语音、智能调度等。

## 第五节　餐饮菜单优化策略



“菜单”一词是指餐厅的食物以及这些食物的实际印刷品或清单。菜单是一种营销工具，可显示餐厅提供的食品和饮料清单。一般来说，菜单内容决定了餐厅采购、生产、服务和营销策略，一份好的菜单一定是符合当前餐饮市场潮流的。

餐饮企业必须密切注意餐饮市场的变化，了解菜品销售趋势，据此对菜式品种做出相应的调整。由试营业阶段向正式经营阶段的转化，一般是经过试营业阶段对拟定菜单的考核，并做出必要的调整后，才能转入正式经营阶段。对于经营的转变来说，不论是要扭转生意衰退的局面，还是经营格局的转变或市场定位的调整，菜单上所展示的菜品品种、价格及由此所体现的菜品规格、质量和特点等，都应做出相应的调整或重新设计。很多餐厅出于传统的经营习惯，都会在菜单上开列比较多的菜品。但是在实际经营中，有一部分的菜品根本没有被顾客关注过。因此，为了更好地适应市场竞争环境，餐厅就需要定期调整菜单和菜价，对菜单进行优化。

酒店餐饮部门或餐厅对菜单进行调整，应做好以下几方面的工作。

### 一、把握餐饮市场变化

了解餐饮市场变化，注意市场菜品销售趋势，掌握本企业或餐厅菜品销售动态，是菜单调整优化的前提。了解餐饮市场变化和菜品流行潮流，应对店内、店外进行细致的调查和分析研究。在店内，调研的对象主要餐厅主管（或领班）或服务员、后厨的员工、营业部有关人员和就餐顾客。店外，调研的对象有竞争对手、有关企事业单位的人员和顾客等。餐饮市场调研的内容包括以下几个方面。

(一)餐饮市场容量

餐饮市场容量是指目标市场上对某餐饮产品可能拥有的最大消费量和本企业可能占有的比例。

(二)餐饮顾客需求特点

可以分别从市场营销组合的各个因素入手,对顾客的需求特点逐一调查,重点调研产品、价格和促销方面顾客的需求特征。

(三)餐饮企业的主要竞争对手及潜在竞争者

餐饮企业的主要竞争对手及潜在竞争者主要包括:竞争对手的品牌、规模、质量、价格、市场地位;可能的潜在竞争者;即将进入的竞争者;替代产品的情况。

(四)目标顾客调查

目标顾客调查主要是了解什么样的顾客最有可能成为本企业或某餐饮产品的目标顾客,为确定目标市场提供依据。

(五)市场环境

市场环境主要包括调查经济环境、人口环境、科学技术环境、自然环境、政治环境、法律环境和社会文化环境。

## 二、做好菜品销售分析



菜单所列出的各种菜品,受到顾客欢迎程度是不同的。有些菜品受到多数顾客的欢迎,销售量比较多;有的菜品仅受到某类顾客的欢迎,销售量一般;还有的菜品不太受顾客的欢迎,销售量很少。菜单所列出的各种菜品,不仅受顾客欢迎程度不同,其盈利能力也不一样。有的菜品虽然销量不高,但盈利能力强;有的菜品虽然销量很高,但盈利能力差。为此,要对菜单上所列出的各种菜品进行销售分析,做好对菜单上所列出的菜品进行调查的依据,进而确定产品的营销策略。

对菜单上所列出的各种菜品进行销售分析,应有完整的餐厅菜品销售统计数据,下面以某酒店中餐厅盐焗羊腩、糖醋里脊、大红袍熏肥肝、田螺肉炒通菜梗、双芥炒酿杏鲍菇5种菜品为例,进行销售分析。5种菜品的销售统计如表8-6所示。

**表8-6 某酒店中餐厅5种菜品销售统计**

| 菜品 | 销售数/份 | 销售数占比/(%) | 单价/元 | 销售额/元 | 销售额占比/(%) |
|---|---|---|---|---|---|
| 盐焗羊腩 | 406 | 40.60 | 70.00 | 28 420.00 | 47.30 |
| 糖醋里脊 | 330 | 33.00 | 30.00 | 9 900.00 | 16.48 |
| 大红袍熏肥肝 | 134 | 13.40 | 120.00 | 16 080.00 | 26.76 |
| 田螺肉炒通菜梗 | 82 | 8.20 | 40.00 | 3 280.00 | 5.46 |
| 双芥炒酿杏鲍菇 | 48 | 4.80 | 50.00 | 2 400.00 | 3.99 |
| 总计 | 1 000 | — | — | 60 080.00 | 100.00 |

(一)菜品畅销度分析

菜品畅销度可以用顾客欢迎指数来衡量。指数值大于1,表明受到顾客欢迎,菜品畅销;指数值小于1,表明不受顾客欢迎,菜品不畅销。

$$顾客欢迎指数=\frac{某菜品销售数占比}{各菜应售占比} \tag{8-21}$$

$$各菜应售占比=\frac{100\%}{被分析菜品总数} \tag{8-22}$$

以表8-6为例,盐焗羊腩销售数为406份,被分析菜品总数为5,销售总数为1 000份,以销售份数计算的销售份额为40.60%,则盐焗羊腩的顾客欢迎指数如下:

$$顾客欢迎指数=\frac{40.60\%}{100\%/5}=2.03$$

依次可计算出糖醋里脊、大红袍熏肥肝、田螺肉炒通菜梗、双芥炒酿杏鲍菇这4种菜品的顾客欢迎指数为1.65、0.67、0.41、0.24。结果表明,盐焗羊腩、糖醋里脊2种菜品的顾客欢迎指数值大于1,表明菜品畅销;大红袍熏肥肝、田螺肉炒通菜梗、双芥炒酿杏鲍菇3种菜品顾客欢迎指数小于1,表明菜品滞销。

(二)菜品盈利能力分析

菜品盈利能力可以用销售额指数来衡量。指数值大于1,表明盈利能力强;指数值小于1,表明盈利能力弱。



$$销售额指数=\frac{某菜品销售额占比}{各菜应售占比} \tag{8-23}$$

采用上述公式进行计算,得到该餐厅的5种菜品的畅销程度和盈利能力情况如表8-7所示。

**表8-7 菜单优化策略**

| 菜品 | 顾客欢迎指数 | 销售额指数 | 畅销盈利分析 | 菜单优化策略 |
|---|---|---|---|---|
| 盐焗羊腩 | 2.03 | 2.365 | 畅销、高利润 | 保留 |
| 糖醋里脊 | 1.65 | 0.824 | 畅销、低利润 | 具体分析 |
| 大红袍熏肥肝 | 0.67 | 1.338 | 不畅销、高利润 | 具体分析 |
| 田螺肉炒通菜梗 | 0.41 | 0.273 | 不畅销、低利润 | 取消(优化) |
| 双芥炒酿杏鲍菇 | 0.24 | 0.200 | 不畅销、低利润 | 取消(优化) |

从表8-7可以看出,盐焗羊腩畅销、盈利能力强,菜单优化时应予保留。

田螺肉炒通菜梗和双芥炒酿杏鲍菇2种菜品不畅销、盈利能力差,又是5种被分析菜品中的2种,对销售额影响很大,菜单优化时,应以其他畅销、盈利能力强的菜品取代。

大红袍熏肥肝的产品策略要慎重。因为该菜品虽不畅销,但盈利能力强,而且菜品档次高,每份菜品售价为120元,其销售额占比大,为26.76%,以不调整为宜,应采取各种推销手段,提高其销售量。

对糖醋里脊的调整也应该慎重对待。该菜品受顾客欢迎,属畅销范围,但盈利能力差、菜品规格低,单位菜品售价为30元,是否需要调整,应从对客流量和对其他菜品销售的影响等方面，全面分析研究后决定取舍，或采取提高售价等其他产品销售策略。

（三）菜单分析矩阵

菜单分析矩阵是菜单销售分析的常用工具。进行菜单分析（Menu Analysis）时，应先将菜单的菜品按不同类别进行分类，如开胃菜类、汤类、主菜类（大菜）、甜点类等。然后，使用菜品分析矩阵对同一种类各菜品顾客满意程度和菜品营业收入两个维度进行分析（见图8-5）。

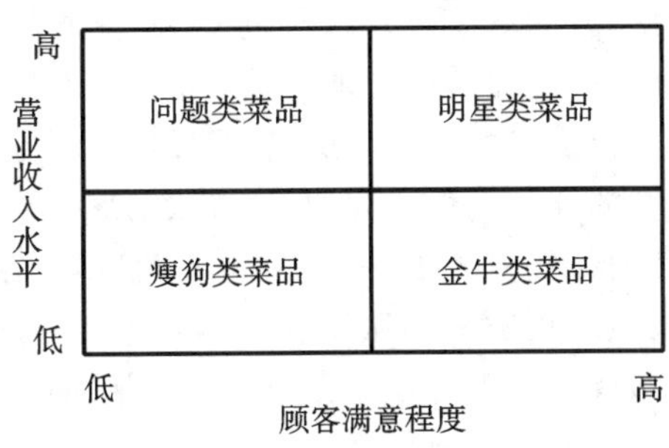


图 8-5　菜单分析矩阵

菜单分析矩阵中，横轴表示顾客对该菜品满意程度，纵轴表示该菜品为饭店带来的营业收入，4 个方框分别表示明星类菜品、金牛类菜品、问题类菜品与瘦狗类菜品这 4 种菜品类别的经营状况以及受欢迎程度和利润水平。由此，得出的菜单优化策略如表 8-8 所示。



表 8-8　菜单优化策略

| 菜品类别 | 营业收入水平 | 顾客满意度 | 策略 |
| --- | --- | --- | --- |
| 明星类菜品 | 高 | 高 | 非常成功，应保留 |
| 金牛类菜品 | 低 | 高 | 调整原料、技术及成本以吸引目标顾客 |
| 问题类菜品 | 高 | 低 | 调整原料、技术及成本以吸引高消费顾客 |
| 瘦狗类菜品 | 低 | 低 | 更换为其他具有营销潜力的菜品 |

1. 明星类菜品

该类菜品有特色，市场吸引力强，顾客满意程度高，需求量大，并为企业提供较高的营业收入，是菜单筹划中最成功的菜品。

2. 金牛类菜品

这类菜品特色突出，有一定的市场吸引力，但由于价格较低，它为企业带来的营业收入不高。可以调整其原料、技术，以吸引目标顾客。

3. 问题类菜品

这类菜品的特色突出，由于价格较高，可为餐厅带来一定的营业收入。然而，其价格高而需求量不高，因此该菜品应在食品原料的搭配和成本等方面进行调整，以吸引更多的顾客。

4. 瘦狗类菜品

这类菜品特色不突出，也没有市场吸引力，常为传统而呆板的大众化菜品，不受顾客的欢迎，不能为酒店带来收入和利润。因此，应删去这类菜品，重新开发受顾客欢迎的产品。

## 三、实现餐饮菜单优化

### （一）重视菜单中的“金三角区域”

餐厅通常把招牌菜放在菜单最显眼的位置，方便顾客一眼看见。一般来说，顾客进入一家餐厅后，肯定最想品尝招牌菜。点完招牌菜，顾客可能会点什么呢？凉菜和饮品是继招牌菜之后顾客想点的品类。有一些餐厅把饮品放在前几页，服务员会先对顾客说：“您可以先点杯喝的，饮品上得快，而且您可以边喝边等菜。”说不定等顾客喝完了，菜才吃一半，那么顾客就可能再点一些其他饮品，形成二次购买。所以，餐厅经营者在确定菜单版式时一定要了解顾客的消费心理，将所销售的菜品以最合理的、最舒服的形式呈现给顾客。

使用菜单销售更多产品的最佳方式之一是在“金三角区域”放置高利润的菜品。“金三角区域”是菜单上的“黄金区域”，用餐者的眼睛在阅读菜单时自然会被吸引过去。“金三角区域”，即根据浏览习惯，当顾客看菜单时，眼睛通常先移到中间，然后移动到右上角，再到左上角。顾客眼睛的运动导致看起来像三角形的形成。

### （二）保持菜单精简

大量的研究表明，分类太多，会让消费者犯“选择困难症”，而太少又会让消费者感觉没菜可点。这些相同的原则适用于餐厅菜单。因此，餐厅可适当减少菜单类别数量，建议菜单类别控制在 7 个以内。



### （三）优化菜单结构，合理分类菜品

菜品的基础结构是爆品、主次、分类、搭配。爆品突出、主次分明、分类明确、搭配合理，才是一个好的菜单应该呈现的。菜单的结构主次不分，主推菜品与其他菜品同序列排版，并没有突出，也没有对应的品牌形象化展示，所以主推菜品与其他菜品并没有实质上的区别。如此排列降低了消费者选择主推菜品的概率，消费者对主推菜品的印象也不会深。

而有些菜单在分类上杂乱无章。分类，是一个菜单的关键，是以食材分、烹饪方式分，还是有所总结、创新，如“网红必点”“厨师精选”等，这是非常值得推敲的，因为这是消费者搜寻菜品的一级导航。

### （四）选择高利润且销量高的菜品，确保餐厅盈利能力

餐厅的最终经营目标是获得利润。因此，菜单的设计也必须以帮助餐厅获取利润为出发点，了解和把握餐厅经营的目标成本比例和目标盈利额，根据市场上食品原料价格的波动情况，回避选择那些高成本的菜品。

在菜单的设计过程中，应考虑各式菜品的原料成本、销售价格和毛利率。有些菜品很受顾客欢迎，并且它们的销售可能会对同类其他菜品产生影响。为此，餐厅应注重选择那些既畅销又为餐厅带来高利润的菜品作为餐厅菜单上的主打菜品。在这基础上，适当辅以一些不畅销但利润高的菜品，摒除不畅销且低利润的菜品，点缀并控制部分虽畅销但低利润的菜品。需要注意的是，一些低利润的畅销菜品只能成为“诱饵”，作为吸引消费者进餐厅就餐进食的手段，并且这些菜品在菜单上的数量不宜过多，否则会造成消费者大量点选这些低利润的畅销菜，导致顾客盈门但利润很低的局面产生。

## 第六节　宴会会议收益管理

在实施客房收益管理的过程中，一些酒店经营者逐渐意识到，团队客房的销售和收益优化经常会受到宴会会议场地及餐饮设施设备的影响。因此，将宴会会议收益管理纳入酒店收益管理团队的工作范围，对这些酒店来说十分必要。本节将从宴会会议的类型、组织、特点、收益管理流程，以及宴会会议收益衡量指标、宴会会议价格体系构建、宴会会议收益优化策略等方面对酒店宴会会议的收益管理进行介绍。

### 一、宴会会议收益管理概述

#### （一）宴会会议的类型

1. 宴会的类型

从宴会的主题来看，宴会既包括个人举办的婚宴、寿宴、升学宴等，也包括各企业和机关事业单位举办的迎宾宴、庆功宴、答谢宴、纪念宴会等，以及慈善机构、非营利性组织举办的慈善筹款宴会等。

从宴会餐品饮料的内容来看，除了常见的以餐为主、以酒为辅的正餐宴会外，还有以酒为主、以餐为辅的各种酒会。正餐宴会通常采用圆桌的形式，餐品包括凉菜、热菜、汤品、果盘以及酒水饮料等。酒会一般安排在正餐宴会的前后或间隙，不安排席次、座次，以便与会者可以随意走动、自由交谈。常见的酒会主要包括冷餐酒会和鸡尾酒会，可以在室内举办，也可以在露天花园、露天草坪或顶楼平台举办。



2. 会议的类型

按照会议代表的区域来源构成来划分，会议可以分为国际会议、全国性会议、区域性会议、单位会议及部门会议等；按照会议周期来划分，会议可以分为定期举办的会议（如一年一度的年会）和非定期举办的会议；按照会议采用的手段和工具来划分，会议可以分为常规会议、电话会议、电视会议、网络会议等；按照会议组织者的来源来划分，会议可以分为政府会议、公司会议、教育及科研机构会议、协会会议、个人会议（如宗亲联谊会）等。

#### （二）宴会会议的组织

在大多数酒店，宴会会议由餐饮部管理，宴会部是餐饮部的一个下属部门。在一些酒店，宴会部是与中餐厅、西餐厅平级的机构，管理酒店的宴会厅和会议室，是酒店宴会会议活动的主要场所。宴会厅通常是一块空地，酒店可以根据需要来摆放会议桌或餐桌。比如，白天搭建主席台、摆放会议桌，供顾客开会使用；晚上撤掉会议桌，换成餐桌，供顾客举办宴会。或者前一天供某个单位举办宴会，后一天供另一个单位举办会议。会议室可以摆放固定的会议桌，也可以是一块空场地。在一些酒店，宴会厅、大的会议室设置有隔板，一块大的场地可以根据需要分割成若干小的场地。比如，一个大型会议室，可供会议方举办全体会议；全体会议结束后，将会议室分隔成若干个小会议室，供与会者举办平行论坛；平行论坛结束后撤去隔板，又可供全体成员举办总结大会。这样，酒店会议室资源得到了更加高效的利用，

而会议举办者则可以节约部分场地租赁费。

在一些会议型酒店，宴会厅、会议室资源丰富，类型繁多，宴会部的工作人员数量也多，酒店可能会将宴会部从餐饮部独立出来，使宴会部成为与餐饮部、客房部平级的部门。

无论采用哪种组织结构，宴会部通常负责宴会会议的日常运营，包括场地搭建、摆台、餐品准备、用品摆放以及会议服务等。而宴会会议的销售则通常由市场与销售部负责。

（三）宴会会议的特点

与酒店客房和餐饮产品类似，酒店的宴会会议也具有供给能力相对固定、场地资源价值易逝、固定成本相对较高、需求波动且可预测、客源市场可以细分、产品服务可以预订等特点。因此，宴会会议业务非常适合采用收益管理的理论和方法来提升收入、增加利润。

（四）宴会会议的收益管理流程

与客房收益管理流程类似，宴会会议的收益管理流程通常包括数据收集、数据分析、市场预测、价格制定、收益评估与策略调整等。

宴会会议收益管理中需要收集的数据主要包括：酒店自身的基础数据，如宴会厅的面积、会议室面积及其容纳的最大人数和最适宜人数；竞争对手的基础数据；历史接待数据；市场数据，如本商圈、本地区的发展趋势，以及影响酒店及会议市场的未来事件等。

在数据收集的基础上，可以进行横向、纵向的比较分析，采用适当的方法对未来的需求进行预测。以需求预测为基础，确定各时段的报价，并定期对实际运营情况进行评估，进而根据评估结果对原有的定价方案或销售计划进行调整、优化。



## 二、宴会会议收益衡量指标

（一）场地出租率

场地出租率(Venue Occupancy Rate)，又可称为“场地使用率”，是一个衡量宴会会议场所使用效率的指标，由特定时间内实际出租的场地面积占可供出租的场地面积的比例来衡量。具体计算公式为：

$$场地出租率=\frac{实际出租的场地面积}{可供出租的场地面积}\times 100\% \qquad (8\text{-}24)$$

对酒店而言，如果宴会会议场所每天都能出租，场地出租率达到 100％当然是最好的。显然，这几乎是不可能的事情。一些酒店运营管理水平较高，可以在一年的 2/3 以上的时间实现 100％的客房出租率，但是极少有酒店能将宴会会议场地的出租率做到这个水平。一般而言，酒店宴会会议场地在一年之中的平均出租率能达到 50％就已经非常优秀了。

（二）已用场地（每时段）每平方米收益/利润

已用场地（每时段）每平方米收益/利润(Revenue/Profit per Occupied Square Meter)是一组衡量已出租场地的产出水平的指标，具体公式如下：

$$已用场地(每时段)每平方米收益=\frac{已出租场地的收益}{已出租场地面积\times 实际使用时长} \qquad (8\text{-}25)$$

$$已用场地(每时段)每平方米利润=\frac{已出租场地的利润}{已出租场地面积\times 实际使用时长} \qquad (8\text{-}26)$$

(三)可用场地(每时段)每平方米收益/利润

可用场地(每时段)每平方米收益/利润(Revenue/Profit per Available Square Meter)是一组衡量宴会和会议整体产出水平的指标,类似于客房收益衡量中的 RevPAR 和 GOPPAR,是宴会会议收益评估的核心指标。具体公式如下:

$$可用场地每时段每平方米收益=\frac{已出租场地的收益}{可出租场地面积\times可用时长} \tag{8-27}$$

$$可用场地每时段每平方米利润=\frac{已出租场地的利润}{已出租场地面积\times可用时长} \tag{8-28}$$

需要说明的是,宴会会议的成本构成与客房有很大差别。一般而言,客房每天的固定成本和单位变动成本都相对稳定,因而利润估算相对容易,可接受的最低价格也容易确定。而宴会会议的成本中,可变成本变化的幅度非常大。即便是在相同的宴会会议场所举办的、时长相同的两场活动,其总成本的差别也可能非常大。因为接待的流程、规格、要求不同,就会导致接待成本的差别。因此,酒店在衡量宴会会议的产出水平时,除了关注收入,还应该关注与利润相关的系列指标。

(四)与会者密度

与会者密度(Density of the Participants)是宴会会议运营和收益管理的专用指标,可用来衡量宴会会议场地的利用情况和拥挤程度,计算公式如下:

$$与会者密度=\frac{与会者人数}{已用场地面积} \tag{8-29}$$



一次精心筹划、有效运营的宴会会议,与会者密度应处于合理区间。如果密度过小,宴会会议现场气氛不够热烈甚至会显得冷清,同时也可能意味着场地资源的浪费或主办方承担的成本过高。反之,如果密度过高,虽然现场气氛很热烈,但是可能会有一些宾客无处落座或得不到及时的服务与关照。

(五)与会者平均收益

与会者平均收益(Average Revenue per Participant),类似于餐厅的客单价,是指酒店在一次宴会会议活动中平均从每个与会者身上取得的收益,其计算公式为:

$$与会者平均收益=\frac{已出租场地的收益}{与会者人数} \tag{8-30}$$

显然,在与会者密度适中的情况下,与会者平均收益越高,场地的单次收益就越高。

## 三、宴会会议价格体系构建

与客房以"间天"为计价基础不同,酒店宴会会议服务的计价方式更加多元化,常见的有以会议场地为基础的价格体系、以时长服务为基础的价格体系、以消费档次为基础的价格体系等。

(一)以会议场地为基础的价格体系

表 8-9 是一个以场地为基础的酒店宴会会议价格体系参照表。由该表可知,酒店的宴会会议场所种类越多,销售的基本时间单位越短,价格体系表就越复杂。表中的上午、下午、晚上和一整天的时段细分只是一个参照,现实中各酒店可能以 3 小时、2 小时甚至 1 小时为

时间单位。如果顾客一次性购买多个时段，则在多时段价格总和的基础上给予一定的折扣。

通常，在以场地为基础的宴会会议价格体系中，需要区分平日和周末。一般地，对于商务型酒店而言，平日的价格高于周末。

**表 8-9　以场地为基础的酒店宴会会议价格体系参照表**　　单位：元

| 场地 | 时间段 | 周一 | 周二 | 周三 | 周四 | 周五 | 周六 | 周日 |
|---|---|---|---|---|---|---|---|---|
| 1 号宴会厅 | 上午 | 4 800 | 4 800 | 4 800 | 4 800 | 4 800 | 4 800 | 4 800 |
| | 下午 | 6 800 | 6 800 | 6 800 | 6 800 | 6 800 | 6 800 | 6 800 |
| | 晚上 | 6 800 | 6 800 | 6 800 | 6 800 | 6 800 | 6 800 | 6 800 |
| | 一整天 | 15 800 | 15 800 | 15 800 | 15 800 | 15 800 | 15 800 | 15 800 |
| 2 号宴会厅 | 上午 | 6 800 | 6 800 | 6 800 | 6 800 | 6 800 | 6 800 | 6 800 |
| | 下午 | 8 800 | 8 800 | 8 800 | 8 800 | 8 800 | 8 800 | 8 800 |
| | 晚上 | 8 800 | 8 800 | 8 800 | 8 800 | 8 800 | 8 800 | 8 800 |
| | 一整天 | 20 800 | 20 800 | 20 800 | 20 800 | 20 800 | 20 800 | 20 800 |
| 1 号会议室 | 上午 | 3 000 | 3 000 | 3 000 | 3 000 | 3 000 | 2 600 | 2 600 |
| | 下午 | 3 000 | 3 000 | 3 000 | 3 000 | 3 000 | 2 600 | 2 600 |
| | 晚上 | 2 000 | 2 000 | 2 000 | 2 000 | 2 000 | 1 600 | 1 600 |
| | 一整天 | 6 800 | 6 800 | 6 800 | 6 800 | 6 800 | 5 800 | 5 800 |
| 2 号会议室 | 上午 | 2 600 | 2 600 | 2 600 | 2 600 | 2 600 | 2 200 | 2 200 |
| | 下午 | 2 600 | 2 600 | 2 600 | 2 600 | 2 600 | 2 200 | 2 200 |
| | 晚上 | 1 800 | 1 800 | 1 800 | 1 800 | 1 800 | 1 500 | 1 500 |
| | 一整天 | 5 800 | 5 800 | 5 800 | 5 800 | 5 800 | 5 000 | 5 000 |
| 3 号会议室 | 上午 | 1 800 | 1 800 | 1 800 | 1 800 | 1 800 | 1 500 | 1 500 |
| | 下午 | 1 800 | 1 800 | 1 800 | 1 800 | 1 800 | 1 500 | 1 500 |
| | 晚上 | 1 200 | 1 200 | 1 200 | 1 200 | 1 200 | 1 000 | 1 000 |
| | 一整天 | 4 080 | 4 080 | 4 080 | 4 080 | 4 080 | 3 500 | 3 500 |



### （二）以时长服务为基础的价格体系

表 8-10 是一个以时长和服务为基础的酒店会议厅价格体系表[①]。由该表可知，该酒店会议厅设置了最低接待人数——25。通常，最低接待人数的确定可以采用盈亏平衡分析。采用盈亏平衡分析得到的盈亏平衡时的销量，即为会议厅的最低接待人数。在这个人数规模下，以现有的价格水平接待该活动，会议厅的固定成本和该活动的变动成本都可以得到弥补。最低接待人数之上的收入扣除变动成本即为该活动的毛利。

---

① 党印.酒店收益管理[M].北京：经济科学出版社，2020.

表 8-10　以时长和服务为基础的酒店会议厅价格体系表

| 价格 | 700 元/位(25 位起订) | 800 元/位(25 位起订) |
| --- | --- | --- |
| 时长与服务明细 | 享用半天商务会议场所<br>签到台及指示牌<br>会议用纸、笔、矿泉水、薄荷糖<br>免费无线宽带网络<br>投影设备一套<br>会议室电子显示屏<br>舞台及立式讲台<br>话筒两个<br>上午或下午茶歇一次<br>每位顾客一份午餐 | 享用全天商务会议场所<br>签到台及指示牌<br>会议用纸、笔、矿泉水、薄荷糖<br>免费无线宽带网络<br>投影设备一套<br>会议室电子显示屏<br>舞台及立式讲台<br>话筒两个<br>上午、下午茶歇各一次<br>每位顾客一份午餐 |

注:①以上报价已包含 15%的服务费。
②以上价格适用于 25 人及以上的会议。

由表 8-10 可知,该酒店会议厅一天的报价仅比半天的报价高出 14%。之所以这样定价,其主要原因在于鼓励顾客在酒店停留更长时间,以带动餐饮、客房的销售,从而提升酒店的整体收益。



(三)以消费档次为基础的价格体系

在酒店宴会会议服务的定价中,除了上述定价方式外,还可以根据消费项目及其档次来定价。例如,婚宴、寿宴、庆祝宴会等一般不按场地收费,而是按照每桌消费的菜品来收费。酒店通常设置不同档次的菜品组合供顾客选择,当桌宴桌数达到一定规模时,酒店通常会给予一定的折扣或提供额外的服务。

表 8-11 是某酒店婚宴价格体系表①,表中显示了两种价格的婚宴适用的时间范围、包含的内容及起订数量要求。实际上,酒店的婚宴产品通常不止两种,因为更多价位的产品和服务内容可以服务于不同需求的客人,有利于酒店宴会产品的销售和收益优化。

表 8-11　某酒店婚宴价格体系表

| 价格 | 5 999 元/桌 | 6 999 元/桌 |
| --- | --- | --- |
| 时间 | 淡季、平季(1—3 月、6—8 月、11 月、12 月) | 旺季(4 月、5 月、9 月、10 月) |
| 数量 | 预订 10 桌以上可以享受以下优惠 | 预订 10 桌以上可以享受以下优惠 |

① 党印.酒店收益管理[M].北京:经济科学出版社,2020.

续表

| 不同价格所含产品和服务 | 免费使用音响视听设备<br>免费婚礼专用红地毯<br>免费提供香槟塔及祝酒香槟<br>免费提供一个 8 寸的婚礼蛋糕<br>免费提供新娘化妆间一间<br>婚礼场地布置免场租<br>免费提供婚礼指示牌<br>免费提供来宾签到台<br>精品婚宴菜单<br>用餐期间提供软饮、果汁及精选本地啤酒的无限畅饮<br>自带酒水免收开瓶费<br>新婚夜免费入住豪华大床房<br>免费提供次日精品双人早餐<br>免费 3 小时地下停车场停车券 5 张 | 免费使用音响视听设备<br>免费婚礼专用红地毯<br>免费提供香槟塔及祝酒香槟<br>免费提供一个 8 寸的婚礼蛋糕<br>免费提供新娘化妆间一间<br>婚礼场地布置免场租<br>免费提供婚礼指示牌<br>免费提供来宾签到台<br>为一个主桌免费提供名字桌卡及鲜花<br>精品婚宴菜单<br>用餐期间提供软饮、果汁及精选本地啤酒的无限畅饮<br>自带酒水免收开瓶费<br>新婚夜免费入住风格套房<br>免费提供次日精品双人早餐<br>免费 3 小时地下停车场停车券 10 张 |
|---|---|---|

## 四、宴会会议收益优化策略



### (一)宴会会议价格的动态调整

酒店的宴会会议通常存在着明显的淡旺季。就城市酒店而言,形成淡旺季的原因多种多样:一是岁末年初的年会,包括年度总结大会、新年誓师大会等,会议举办者不仅需要租用会议场所,通常还需要酒店提供宴会、餐饮、客房等相关产品;二是节事活动的举办,如车展、家具展、美术展、电影展、进出口交易会、糖酒交易会等,参会者除了在展览现场工作外,也会在酒店举办或大或小的会议;三是日历上的“好日子”,包括元旦、“五一”和“十一”等固定节日以及 2 月 18 日、6 月 18 日、10 月 18 日等寓意吉祥的日期,这些日子往往婚宴比较集中。而对于度假型酒店而言,宴会会议的淡旺季一般与酒店自身的淡旺季规律一致。主办者往往会挑选最适宜度假的日期举办活动,从而提升会议的吸引力,使与会者在商务公务之余得到休闲和放松。另外,从小的时间尺度来说,宴会会议需求在一天之中也有强弱之分。

以需求变化波动规律为基础,持续地对市场进行跟踪监测,酒店的销售人员和收益管理者能够对宴会会议的需求进行预测。有了预测结果作为依据,就可以对宴会会议的价格进行动态调整。比如,可以以旺季需求为基准设置标准价格,平季和淡季在标准价格的基础上分别给予一定的折扣。

### (二)宴会会议渠道组合的优化

与客房、餐饮的销售渠道相类似,酒店宴会会议的销售渠道也包括直接渠道和间接渠道两种。直接渠道包括酒店官网、官方微信及微博、电话销售、邮件销售、酒店销售部、酒店集团销售部等;间接渠道包括传统旅行社、会议公司、OTA 平台以及专门从事酒店会议室、宴会厅预订的网站,如会小二、酒店哥哥、会唐网、到喜啦等。

直接渠道和间接渠道，究竟以何者为主、何者为辅，取决于酒店自身销售能力的强弱。如果酒店自身的销售能力很强，就可以以直接渠道为主、以间接渠道为辅。通过间接渠道销售，酒店不仅需要付出一笔佣金，而且间接渠道销售所占比重越大，酒店对渠道的控制能力就越弱。但是，如果酒店自身的销售能力有限，就必须借助于各种间接渠道来扩大销售、提升收益。因此，酒店应根据自身的实际情况和需求来优化渠道组合。如果酒店的销售团队业务能力很强，则可以更多地倚重自身的销售人员；如果酒店的官方网站或微信公众号运营优秀，则可以更多地倚重这些自有平台；如果直销渠道销售能力较弱，则可以借助于一些合作良好的第三方伙伴。

（三）宴会会议预订转化率提升

与客房的销售有所不同，宴会会议的销售往往周期较长。一般地，顾客在预订宴会、会议时，往往会询问多家酒店，进行反复的比较、酝酿，最终确定一家酒店。站在酒店的角度，最初询问的顾客中，只有一小部分达成意向、产生预订。而最终预订顾客数与起初询问的顾客数之比，就是预订转化率。

预订转化率的高低，是衡量酒店销售能力强弱的重要指标，也是影响酒店宴会会议收益的重要指标。如果一家酒店接待的询问者众多，而实际预订宴会会议的人很少，说明酒店没能把潜在的顾客转化成真实的客源，酒店的销售人员需要认真反思、改进。

宴会会议的预订状态可以分为四种：预定、待定、确定、取消（党印，2020）。

预定，是指顾客有预订的意向，向酒店咨询场地的大小、设施及使用时间、价格等信息。顾客往往会询问多家酒店，综合比较之后选择其中一两家进行进一步的筛选。



待定是顾客在初步了解信息之后有了一定的意向，酒店已经把合同发给了顾客，等待顾客反馈。一旦顾客确认，则待定转化为预订。而预订数与待定数的比率，为待定转化率。待定向预订转化，是酒店宴会会议销售中的关键环节。在此阶段，顾客对本酒店已经有了一定的意向，将本酒店作为备选项之一。如果酒店的报价、服务等达到顾客的预期，顾客与酒店签约的可能性是很高的。

确定是顾客已经与酒店签订合同，支付全部或部分款项。

取消是顾客方面由于种种原因取消预订，酒店按照合同约定向顾客返还预收款并收取违约金。

在整个预订产生的过程中，酒店需要密切关注预定和待定状态的数量，及时回复顾客的咨询，跟进顾客动态，也可邀请顾客前来酒店考察场地或酒店工作人员登门拜访，向顾客推荐酒店的设施和服务，尽力促使预定、待定向下一步转化，提升宴会会议的预订转化率。

（四）宴会会议的团队置换分析

当酒店的宴会或会议场地在同一时段面临多个预订需求时，酒店就需要在多个团队中进行权衡取舍，选择整体利益最大的团队。除了顾客来源、顾客背景、顾客客史等因素外，团队类型也是一个重要因素。通常，在合同收入相近的情况下，“带会带房带餐”的团队优于纯会议团，因为“带会带房带餐”的团队可以产生康乐、水疗等方面的消费。当然，如果酒店本身处于客房销售的旺季，则纯会议团可能比“带会带房带餐”的团队更能提升酒店的整体收益。因为，纯会议团一方面能够使酒店的会议资源得到利用，同时不至于占用过多的客房库存，使酒店能够为愿意出高价的客人保留足够的客房库存。为了精确地比较两个或多个会议团队的收益贡献，可以采用第五章所介绍的团队置换分析方法进行更加具体细致的分析。

## 本章小结

1. 餐厅生产能力相对固定、座位价值具有易逝性、固定成本相对较高、需求波动且可预测、客源市场可以细分、产品服务接受预订。因此，和客房一样，酒店餐厅非常适合于采用收益管理的理论和方法来提升收益。

2. 餐厅收益管理，就是要将适当的餐桌、座位、菜品，在适当的时间，通过合适的渠道，以适当的价格销售给适当的顾客。

3. 餐厅收益管理的衡量指标包括餐厅收入指标、资源利用指标、综合效率指标三类。

4. 与客房产品相比，餐饮产品的差别定价会困难得多，一不小心可能就会引起顾客反感，导致客源流失。餐厅可用于差别定价的价格围栏主要包括：优惠券、顾客特征、座位位置、演出项目和菜品的规格数量等。

5. 基于餐厅时间围栏的分析，餐厅可以实施的动态定价策略主要体现在今日特惠和节事价上。

6. 顾客用餐时间对餐厅收益有显著影响，基于顾客用餐全流程服务蓝图划分区间，针对各区间采用不同的时间管理策略，能有效提升餐厅收益。提高餐厅座位周转率、合理控制候餐时间及不确定性等方面的措施，都有助于提升餐厅的整体收益。



7. 有效利用空间和座位组合、合理安排厨房和餐厅面积比例、提升顾客候餐区的服务体验、加大外卖力度等容量控制措施，也有助于提升餐厅收益。

8. 以菜单分析为基础，对菜单进行优化调整，也是餐厅提升收益的重要途径。

9. 与酒店客房和餐饮产品相类似，酒店的宴会会议也具有供给能力相对固定、场地资源价值易逝、固定成本相对较高、需求波动且可预测、客源市场可以细分、产品服务可以预订等特点。因此，宴会会议业务非常适合采用收益管理的理论和方法来提升收入、增加利润。

10. 宴会收益管理中常用的衡量指标包括场地出租率、已用场地（每时段）每平方米收益/利润、可用场地（每时段）每平方米收益/利润、与会者密度、与会者平均收益。

11. 与客房以“间天”为计价单位不同，酒店宴会会议服务的计价方式更加多元化，常见的有以会议场地为基础的价格体系、以服务时长为基础的价格体系、以消费档次为基础的价格体系等。

12. 宴会会议价格的动态调整、渠道组合的优化、预订转化率提升、团队置换分析等，都是宴会会议收益优化的重要途径。

## 核心术语

餐厅营业收入(Restaurant Operating Revenue)
人均消费额(Average Check)
上座率(Seat Occupancy)
翻台率(Table Turnover Rate)
平均每座收入(Average Revenue per Available Seat)
每餐位小时平均收入(Revenue per Available Seat-Hour,RevPASH)
坪效(Revenue per Available Square Meter)
雇员人均收益/净利润(Revenue/Net Profit per Labor)
单位工时收入/净利润(Revenue/ Net Profit per Labor Hour)
价格围栏(Rate Fence)
公平感知(Perceived Fairness)
时间围栏(Time Fence)
时间管理策略(Time Management Strategy)
容量管理(Capacity Management)
菜单分析(Menu Analysis)
场地出租率(Venue Occupancy Rate)
已用场地每平方米收益/利润(Revenue/Profit per Occupied Square Meter)
可用场地每平方米收益/利润(Revenue/Profit per Available Square Meter)
与会者密度(Density of the Participants)
与会者平均收益(Average Revenue per Participant)

## 思考练习

1. 餐厅运营管理具有哪些特点?
2. 餐厅收益管理的常用指标有哪些?
3. 餐厅可用的差别定价策略有哪些?
4. 餐厅动态定价体现在哪些方面?
5. 如何通过时间管理提升餐厅收益?
6. 如何通过容量控制措施来提升餐厅收益?
7. 菜单分析的内容有哪些?
8. 如何对宴会会议进行定价?
9. 如何衡量宴会会议的收益?

10. 如何提升宴会会议的收益？

11. 表 8-12 显示的是一个有 100 个座位的餐厅上周五晚上的运营情况，请根据表中数据和本章所学知识，完成表格中的空白部分。

**表 8-12　某餐厅上周五晚上的运营情况**

| 时间段 | 接待的顾客数/位 | 营业收入/元 | 每餐位小时平均收入/元 |
|---|---|---|---|
| 17:00—18:00 | 35 | 1 500 | |
| 18:00—19:00 | 75 | 4 700 | |
| 19:00—20:00 | 98 | 9 674 | |
| 20:00—21:00 | 86 | 8 639 | |
| 21:00—22:00 | 23 | 3 021 | |
| 合计 | | | |
| 客单价/(元/位) | | | |

12. 表 8-13 是某酒店 3 个餐厅在上个月的营业情况，请根据表中的数据和所学的知识，完成表格中的空白部分。

**表 8-13　某酒店餐厅上个月的运营情况**

| 餐厅 | 面积/平方米 | 总工时/小时 | 营业收入/元 | 当月坪效/(元/平方米) | 单位工时收入/(元/小时) |
|---|---|---|---|---|---|
| A | 390 | 1 440 | 118 500 | | |
| B | 550 | 1 160 | 160 500 | | |
| C | 600 | 1 640 | 129 250 | | |
| 合计 | | | | | |

13. 表 8-14 是某餐厅新推菜肴在最近一个月中的销售情况。请根据表中数据进行菜单分析，并根据菜单分析结果提出新推菜肴的保留或淘汰意见。

**表 8-14　某餐厅新推菜肴近一个月的销售情况**

| 菜肴 | 售价/元 | 销量/份 | 单位成本/元 | 销售占比/(%) | 畅销度 | 销售收入/元 | 销售额指数 | 成本/元 | 毛利/元 | 分类 |
|---|---|---|---|---|---|---|---|---|---|---|
| 砂锅土鸡 | 58 | 286 | 30 | | | | | | | |
| 藜蒿炒腊肉 | 18 | 380 | 8 | | | | | | | |
| 烟笋腊肉钵 | 22 | 169 | 11 | | | | | | | |
| 霸王肘子 | 38 | 148 | 20 | | | | | | | |
| 怪味鸡 | 28 | 410 | 15 | | | | | | | |
| 大盆花菜 | 14 | 265 | 6 | | | | | | | |
| 鳝鱼烧肚条 | 28 | 195 | 21 | | | | | | | |

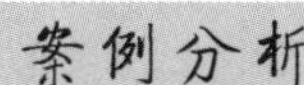

## 案例分析

### 案例 8-1　MM 互联网餐厅

在传统的餐饮业，点餐的速度是衡量服务质量的一个要素。许多人都有这样一种期待：在眨眼之间就能够把客人点的东西送到他们面前。而在“MM 互联网餐厅”却是另外一番景象。“MM 互联网餐厅”所有的菜谱都显示在游戏桌旁的触摸屏幕上，顾客选中菜单直接通过网络传递到后厨，然后，只需要 7～12 分钟，服务员就可以把配餐送到顾客的面前。更加激动人心的是，“MM 互联网餐馆”提供了一些带触摸按钮的四方桌，桌面就是一个显示屏。在顾客等待用餐的时候，可以和伙伴们一起享受游戏带来的快乐。

**问题：**

(1)与传统餐厅相比，“MM 互联网餐厅”在时间控制上采取了哪些有效的措施？

(2)用服务蓝图区间法分析“MM 互联网餐厅”的时间控制策略。

### 案例 8-2　宴会厅收益分析

表 8-15 是某高档酒店宴会厅 2013 年 1—12 月的收入情况。请根据表中的数据完成表格中的空白部分，并回答下面的问题：

(1)该酒店宴会厅业务需求波动大吗？是否存在明显的淡旺季？

(2)已知该酒店主力房型的面积约为 41 平方米，2013 年度酒店客房的单房收益为 423.24 元/间天。与客房相比，宴会厅的坪效如何？

**表 8-15　某高档酒店宴会厅 2013 年 1—12 月的收入情况**

| 经营指标 | 1月 | 2月 | 3月 | 4月 | 5月 | 6月 | 7月 | 8月 | 9月 | 10月 | 11月 | 12月 | 2013 年全年 |
|---|---|---|---|---|---|---|---|---|---|---|---|---|---|
| 食品收入/(万元) | 287.69 | 68.65 | 222.56 | 28.38 | 192.10 | 296.32 | 104.43 | 88.10 | 170.37 | 262.40 | 217.09 | 241.26 | |
| 酒水收入/(万元) | 32.83 | 4.41 | 20.49 | 3.25 | 14.95 | 21.21 | 7.17 | 12.03 | 12.96 | 19.54 | 13.46 | 21.37 | |
| 场租收入/(万元) | 54.71 | 21.51 | 29.68 | 13.48 | 9.88 | 21.07 | 15.53 | 22.95 | 38.36 | 16.11 | 26.18 | 46.41 | |
| 其他收入/(万元) | 25.73 | 8.79 | 24.14 | 4.63 | 19.62 | 27.31 | 8.42 | 13.77 | 17.58 | 31.31 | 22.35 | 23.37 | |
| 收入合计/(万元) | 400.96 | 103.36 | 296.87 | 49.74 | 236.55 | 365.91 | 135.54 | 136.86 | 239.27 | 329.36 | 279.09 | 332.41 | |
| 面积/(平方米) | 1 688 | | | | | | | | | | | | |
| 平均每平方米收益 | | | | | | | | | | | | | |

数据来源：对国内某知名品牌酒店经营数据脱敏处理而来。

# 第九章

## 酒店收益管理组织实施

◆了解酒店收益管理部门的组织结构及各岗位的职责；
◆理解酒店收益管理会议的内容；
◆理解酒店收益管理部跨部门协作的必要性；
◆掌握酒店收益管理部跨部门协作的要点；
◆了解酒店收益管理常用的软件。

◆酒店收益管理会议的内容；
◆酒店收益管理部与前厅部、销售部协作的必要性；
◆酒店收益管理部与前厅部、销售部协作的要点。

理论方法是基础，组织构建是保障。要顺利开展酒店收益管理工作，实现酒店收益最大化的目标，除了学习和掌握相关的概念、理论、方法之外，还需要配备专业的收益管理人员，构建相应的组织体系。随着收益管理在酒店运营中的作用日益凸显，收益管理逐渐成为酒店管理中的一个重要领域，越来越多的酒店倾向于设置专职的收益管理岗位，设立独立的收益管理部门，由此，酒店收益管理部应运而生。

作为酒店运营的决策参谋，酒店收益管理部肩负着酒店收益最大化的使命：依据顾客购买需求和消费行为，进行市场细分挖掘潜在收入；应用一定的技术手段，对未来市场进行预测分析为决策者提供参考依据；实时掌握未来市场发展趋势，制定未来市场发展战略和经营策略，提升市场竞争力；将收益管理方法引入预算管理，合理制定酒店经营目标及各具体指标；根据预测结果构建合理的价格体系，进行动态定价、容量控制，优化配置存量客房，并进行预订和渠道的管理；协调各相关部门的关系，使前厅、营销等部门协调一致，求同存异，确保酒店收益最大化目标的达成。

本章将系统介绍酒店收益管理部门的设置，包括组织结构、人员设置、会议制度、常用软件、跨部门协调等。

# 第一节　收益管理部门的组织结构

对中国酒店业来说，收益管理是一个比较新的领域，因其颠覆了传统的酒店销售理念，且其所需要的专业人才较为缺乏，常用的软件成本也较高，因而执行过程中的实际效果千差万别。故各酒店对收益管理的认同程度和重视程度难以一概而论，组织机构设置也不尽相同。

目前，国内市场上大部分酒店具备了收益管理的意识和理念，能够在日常销售工作中使用相关的原理或操作方法，但也有部分酒店因客源和企业经营战略的特殊性完全不使用收益管理。从酒店业发展趋势上看，重视收益管理职能，在酒店中设置专职的收益管理部门将成为必然。

重视收益管理工作的酒店，为保证该项工作的落地，最大化地实现收益目标，往往采用两级管理，即成立酒店收益管理领导小组，并设立收益管理部或收益分析员。

## 一、酒店收益管理领导小组

酒店收益管理领导小组是酒店组织和领导开展酒店收益管理工作的一级组织，是酒店收益管理的战略层面，其主要职责是优化资源配置，确保收益管理工作能够获得足够的人力、物力、财力等方面的支持；在收益管理部门的协助下负责组织召开酒店层面的收益管理会议(Revenue Management Meeting)，并对收益管理部门提出的战略目标和各项方案进行决策。

酒店收益管理领导小组一般由总经理或主管副总经理担任组长，成员包括收益管理部、销售部、前厅部、餐饮部等相关营业部门总监或经理(见图 9-1)。

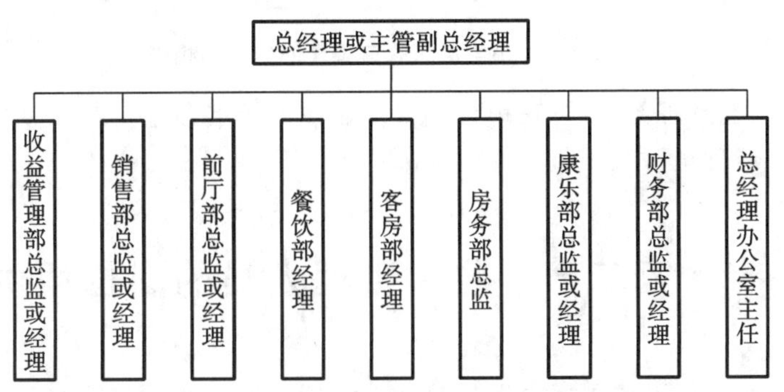


**图 9-1　酒店收益管理领导小组组织结构图**

## 二、酒店收益管理部

在酒店收益管理领导小组领导下开展酒店收益管理工作的，可以是独立设置的收益管理部(Revenue Management Department)，也可以是销售部设置的一名收益分析员(或收益经理)。考虑到组织效能的充分发挥和人工成本的控制，酒店在设置独立的收益管理部时，应本着结构扁平化的原则，组织设计既要尽可能简单，又要确保充分发挥组织效能。

大型酒店设置的收益管理部，往往与房务部、财务部等部门同等级别。细化内部分工，设计专业化的工作流程。下设收益部、预订部、渠道部三个职能部门，每个部门配备一名主管或经理，下设若干名管理员（见图 9-2）。

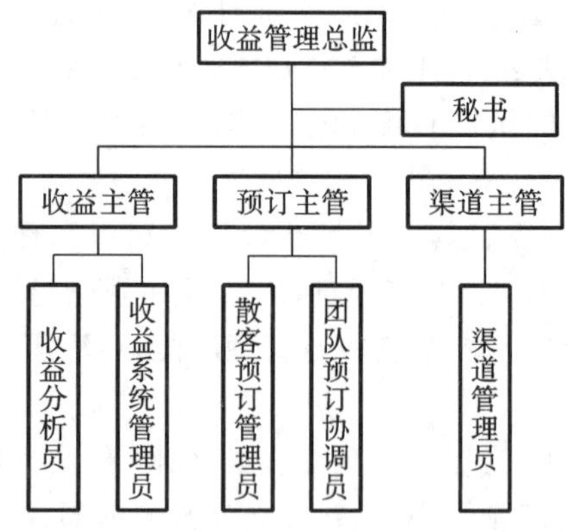


**图 9-2　大型酒店收益管理部组织结构图**

中小型酒店可以在销售部下设置收益管理部，收益管理经理（Revenue Manager）向销售总监汇报，下设收益分析员、预订管理员、渠道管理员（见图 9-3）。



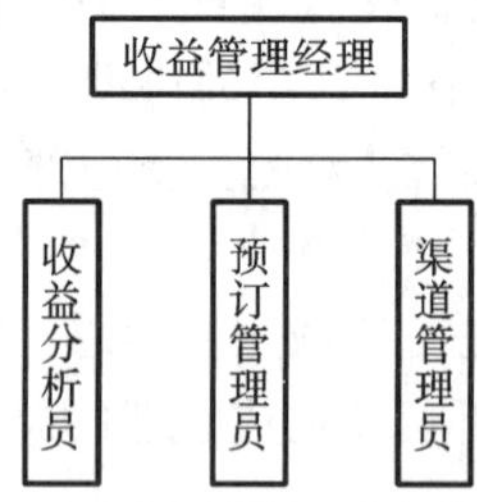


**图 9-3　中小型酒店收益管理部组织结构图**

如果不设立收益管理部，也可在销售部设一名或若干名收益分析员专职从事收益管理工作，销售总监或经理也可兼职收益管理工作。

## 第二节　收益管理人员的岗位职责

为达成收益管理目标，各酒店根据自身条件设置不同的收益管理岗位。围绕收益管理的各项任务指标，各岗位被授予一定权力并承担相应的职责。为实现部门人力资源的合理配置，保证各岗位工作有序开展，防止工作中因职能划分不清而导致的纠纷，规范操作流程，提高工作效率，酒店需要对各岗位明确制定相应的岗位职责。

酒店收益管理一般有三个层面的工作：以总经理或主管副总经理牵头的收益管理领导小组站在战略层面，优化资源配置，确保收益管理工作能够获得足够的人力、物力、财力等方面的支持，在收益管理部的协助下做出酒店收益管理的战略决策，配合收益管理工作进行品牌建设及产品服务的更新；收益管理部总监及相关部门总监，是收益管理的战术层面，主要根据市场环境和预测结果，对收益管理相关工作进行战术层面的安排，如价格体系的更新完善、动态定价、容量控制等；收益管理基层工作人员，是该项工作的操作层面，要明确自身岗位职责，掌握实际操作方法，在总监的指导下进行预测、定价、库存分配等具体工作。

下面以大型酒店收益管理部为例，着重介绍酒店收益管理部门主要岗位的岗位职责。

## 一、酒店收益管理总监岗位职责

酒店收益管理总监(Director of Revenue Management)向总经理或主管副总经理汇报，负责收益管理部日常管理和运行，统领部门各项分析、管理、决策工作。其岗位职责如下。

(1)制定收益管理战略和策略，负责酒店收益管理工作的运行，负责为酒店相关部门提供市场预算任务指标，并对全过程进行跟踪，对最终管理结果负责。

(2)负责组织分析历史数据，收集市场变化信息，进行精准的市场预测，以此为基础制定客房最优可用房价，构建酒店客房价格体系，实施动态定价，尽可能挖掘潜在收益。

(3)负责组织各销售渠道的评估和管理，实时掌握酒店不同房型在各销售渠道的销售数量、销售价格、可用房数量以及成本费用等，评估各渠道价值，优化存量控制，捕捉每一个酒店潜在收入的机会，实现收益最大化。

(4)负责组织对酒店市场的细分，分析顾客的消费行为、兴趣和偏好，实施预订控制，寻求有价值的顾客，以提高酒店的收益。

(5)定期组织酒店市场竞争环境分析，就市场占有率指数、价格指数、收益指数三项竞争指标的完成情况经常与前厅部和销售部进行沟通，以求达到目标要求。

(6)组织管理酒店各类收益管理工具，包括收益管理系统软件、中央预订系统、酒店管理信息系统以及各类智能云端管理系统等，保障其正常运行。

(7)组织管理散客预订工作，积极参与团体预订工作，包括定价、报价、预订担保的落实等。协调散客预订与团体预订的关系，合理分配存量，确保酒店客房实现收益最大化。

(8)定期组织召开并主持部门收益管理会议，确定会议议题和内容，组织讨论并形成决策。

(9)负责协调收益管理部与前厅部、销售部等相关部门之间的关系，化解部门之间的矛盾，实现各部门共同协作，确保酒店收益管理各项措施落地，促使收益最大化目标最终实现。

(10)定期组织对收益管理工作效果进行评估，并进行本部门工作自查。

(11)负责本部门团体管理，建立并不断完善部门的工作流程体系，制定有效的业绩考核制度，对本部门员工进行日常管理，了解员工思想动态，调动员工工作积极性。

(12)负责本部门各岗员工的招聘、选拔、培养，定期组织各相关部门相关岗位员工参加收益管理培训，提升收益管理工作水平。

(13)完成直接上级交办的其他工作。

## 二、酒店收益主管岗位职责

酒店收益主管/经理(Revenue Supervisor/Manager)协助收益总监的工作并向其汇报，

主要分管与市场预测、市场指标、市场细分、收益工具、收益报表等相关的工作。其主要岗位职责如下。

(1)协助收益总监制定收益管理战略和策略,制定预算任务指标。

(2)负责主持本部门的日常运行和管理,对部门所属岗位人员进行日常管理和业绩考评,并对最终管理结果负责。

(3)组织部门人员进行环境监测,定期收集酒店经营环境信息,包括政治、经济、社会文化、行业、竞争群、特殊事件等,结合历史数据,借助一定的工具,对无限制需求量、酒店预订量、房价、超额预订等进行预测,获得尽可能精准的预测结果。

(4)组织本部门工作人员从顾客消费行为、出行目的、来源渠道等角度进行市场细分,研究客史档案,寻求和挖掘新兴市场,寻找新的市场机会。

(5)负责酒店客房价格管理工作,根据不同渠道、不同细分市场的特点进行差别定价,形成以最优可用房价为基础的酒店客房产品价格体系,并根据需求的价格弹性进行动态定价,实现价格的优化。

(6)定期组织人员进行酒店主要市场指标的研究,主要分析各项指标,如单房收益、市场占有率指数、价格指数、收益指数等的完成情况,制定相应的收益策略以促使各项目标的实现。

(7)定期通过预测值与实际结果的比对分析预测结果的准确性,及时修正存在的偏差,不断提升预测精准度。

(8)组织人员进行计算机收益管理系统的使用和维护,负责历史数据采集、遴选和录入,并每日对系统提供的预订量、房价、单房收益以及超额预订量等指标进行分析和整理,定期提供给直接上级用于执行决策。



(9)每日对各类收益报表进行分析,关注房价的执行情况,并根据市场需求变化和新市场事件的发生对价格进行及时的调整。

(10)负责与预订部和渠道管理部做好协调工作,以保障职能工作和经营工作的一体性。

(11)完成直接上级交办的其他工作。

## 三、酒店预订主管岗位职责

酒店预订主管/经理(Reservation Supervisor/Manager)协助收益管理总监完成散客预订、容量控制等相关的工作。其岗位职责如下。

(1)从预订工作的角度,协助收益管理总监制定收益管理战略和策略,负责主持本部门的日常运行和管理,对部门所属岗位人员进行日常管理和业绩考评,并对最终管理结果负责。

(2)负责酒店各渠道散客订房,根据已有价格体系和客房存量分配方案取舍散客订单。

(3)负责酒店客房的容量控制。根据市场预测结果,对客房存量在不同渠道或细分市场间进行合理分配,形成客房优化组合分配方案,为本部门散客订房及销售部团体订房决策提供参考;每日核定各渠道或细分市场的客房预订量,不断优化分配方案。

(4)组织人员进行顾客消费行为分析,包括各细分市场的顾客预订时间、入住时间、入住天数等,建立并完善客史档案,从中发现提升酒店收益的机会。

(5)当市场需求旺盛时,根据预测结果及往期数据,进行客房超额预订量的计算,以此作为客房超订的依据。

(6)负责处理好散客订房与团体订房的关系,掌握团体订房的动态,包括预订数量、价格、取消情况等;协调销售部团体预订工作,分配客房供给数量,并对团体订单的合同条款进行审定或建议。

(7)负责与前厅部、销售部等同样具备预订职能的部门加强沟通,对客房存量进行合理分配,营造部门间优势互补、资源共享的工作环境。

(8)组织人员根据不同市场环境制定不同的预订方案,包括促销方式、价格等,尽最大可能提高房价,减少空置。

(9)完成直接上级交办的其他工作。

## 四、酒店渠道主管岗位职责

酒店渠道主管/经理(Channel Supervisor/Manager)主要负责酒店直销和分销渠道的运营、管理、维护等工作,通过对渠道各方面数据的分析,为收益管理的预测、定价、容量控制等工作提供依据。其岗位职责如下。

(1)从渠道管理的角度,协助收益管理总监制定收益管理战略和策略,负责主持本部门的日常运行和管理,对部门所属岗位人员进行日常管理和业绩考评,并对最终管理结果负责。

(2)负责组织酒店直销渠道,如酒店官网、App、微平台、网店及社交媒体等的运营、管理与维护工作。

(3)负责组织酒店分销渠道——主要是在线旅游服务商、订房组织等的运营、管理与维护工作,并协助销售部做好旅行社、政府、企业等分销渠道的分析和管理工作。

(4)负责执行酒店价格体系,根据酒店客房动态定价决策,及时对各直销和分销渠道的不同价格等级进行开放或关闭操作。

(5)负责执行酒店容量控制决策,组织人员根据客房存量分配方案对各渠道客房分配数量进行调整。

(6)关注直销和分销渠道比例的变化情况,组织人员对各渠道价格、预订量等进行分析比对,制作数据分析报表。

(7)负责组织人员定期分析酒店在各分销渠道的排名情况、销量变化、客户黏性、成本、转化率等,对各分销渠道进行评估。

(8)处理好与各分销渠道之间的关系,组织人员与各渠道相关人员保持沟通,确保渠道畅通。

(9)组织人员通过各分销渠道关注竞争对手的经营状况,并定期进行价格、销量等方面的对比分析,判断本酒店市场地位,提出价格调整的建议;将收集的竞争对手信息提供给收益管理部门,供预测工作使用。

(10)负责渠道数据的挖掘,组织人员分析顾客在选择渠道时的兴趣和偏好、渠道转化率等,形成定期的数据报表,作为定价和容量控制的依据。

(11)负责与分销渠道商的合同签订工作,并对预付、返现以及佣金等指标进行核定,最大限度地降低渠道成本。

(12)完成直接上级交办的其他工作。

## 五、酒店收益分析员岗位职责

酒店收益分析员(Revenue Analyst)是收益管理部门负责各项指标分析、市场预测等的专职工作人员,其直接上司是收益主管/经理。

(1)从收益分析的角度协助收益主管制定酒店收益管理策略,实时掌握酒店收益的发生情况,并定期向收益主管/经理汇报。

(2)熟练掌握收益管理分析、预测的各种方法,掌握收益管理系统的使用方法,并能够运用以上方法对酒店无限制市场需求、预订量、房价等主要指标进行尽可能精准的分析预测。

(3)关注酒店经营环境的变化,定期收集社会环境信息、竞争对手信息、特殊事件、客史档案等,为上述市场指标的定期预测工作提供依据。

(4)掌握酒店各类经营指标的分析方法,负责对酒店客房出租率、平均房价、RevPAR、MPI、ARI 和 RGI 等主要市场指标进行比较分析,对竞争对手市场动态进行监测,定期向上级提供市场分析报告。

(5)定期对各项市场指标的预测结果和实际结果进行对比分析,及时修正偏差并汇报直接上级。

(6)负责对酒店相关预算指标的测算工作,从收益管理思维角度提出相关预算指标方案,供上级决策使用。

(7)掌握通过需求的价格弹性确定最优可用房价的方法,确定酒店最优可用房价,并以此为基础对酒店房价进行等级划分。



(8)分析各类收益报表,关注房价和库存分配的执行情况,并根据市场环境变化和特殊事件等对其进行及时调整。

(9)经上级审批后,负责向预订和渠道管理部门提供房价、超额预订量、库存分配比例以及价格等级方案等,做好与其他部门的沟通与协调工作。

(10)负责准备和提供收益管理会议使用的相关市场指标要素的数据资料,对资料进行归纳和整理。

(11)完成直接上级交办的其他工作。

## 六、酒店收益系统管理员岗位职责

酒店收益系统管理员(RMS Administrator)其岗位职责如下。

(1)从收益管理系统运行的角度,协助收益主管制定酒店收益管理策略,定期向收益主管/经理汇报客源市场的动态情况。

(2)熟悉收益管理系统的运行原理,熟练掌握其使用方法,能够进行常规的系统后台操作和维护更新;与系统供应商服务部门保持联系和沟通,做好收益管理的技术支持工作。

(3)负责对酒店各类历史数据进行归纳、整理和分析,定期录入系统用于预测工作。

(4)负责每日对系统生成的各类报表、报告和图形曲线进行分析,善于从中发现市场需求的波动情况和顾客消费行为的变化情况,定期向上级提交分析报告。

(5)熟悉酒店细分市场、客源结构和价格体系,并能运用系统对其进行数据分析,形成分析报告。

(6)根据收益分析的需要,每日对系统预测的各类市场指标和生成的市场报告进行归类、整理,报送收益分析员和收益主管,为其提供市场指标调整更新的依据。

(7)每日向收益分析员和主管上级提供系统预测的房价、超额预订量、存量分配比例,以及价格等级方案等准备执行的各项指标,并参与分析和决策。

(8)负责对系统动态定价日历的管理,并及时录入市场需求的变化信息,以便系统对价格进行实时的修订;关注市场事件的发生,对市场需求产生影响的要素要及时输入系统,以提高预测的精准度。

(9)完成直接上级交办的其他工作。

## 七、酒店散客预订管理员岗位职责

酒店散客预订管理员(Individual Reservation Clerk)主要负责酒店散客预订工作,直接上级是预订主管。其岗位职责如下。

(1)协助预订主管制定订房策略,运用收益管理方法从事散客订房工作,充分挖掘潜在的收入。

(2)在散客订房过程中执行酒店关于房价、客房库存分配等方面的收益管理决策,据此对散客订单做出接受或拒绝的操作,为更有价值的顾客预留足够数量的客房。

(3)定期分析散客预订行为特点,包括预订轨迹的变化、习惯的渠道、对渠道的依赖程度,以及取消、应到未到、延期等情况,据此优化预订工作,满足顾客需求。

(4)掌握客房超订的预测方法,并能在市场需求旺盛时,进行尽可能精准的超额预订数量预测,最大限度减少客房虚耗(如果所在酒店使用超额预订策略的话)。

(5)负责制定和提出通过预订方式促销的方案,在市场供过于求时能够尽可能获得更多客源。

(6)通过每日掌握预订客人到店情况、制定预订限制条件等方法,尽可能减少因预订取消和 No-Show 给酒店带来的客房虚耗损失。

(7)掌握酒店预订的各种方法,如升档销售、条件预订等,并能够在预订过程中灵活使用,为酒店获得更多收益。

(8)负责各类预订报表的生成和统计分析,对不同市场时期的预订情况做到实时掌握,并及时将报表提供给收益部门,以便从事收益分析使用。

(9)完成直接上级交办的其他工作。

## 八、酒店团体预订协调员的岗位职责

酒店团体预订协调员(Group Reservation Coordinator)主要负责与销售部之间就团体预订进行协调,直接上级是预订主管,其主要岗位职责如下。

(1)从团体客房供给、团体客人分析等角度协助预订主管制定订房策略,并就团体订房事宜定期提出意见和建议。

(2)负责协调与销售部之间的团体订房工作。根据收益管理决策,确定团体客人的客房供应量、房价等,跟进销售部团体预订的预订量、价格、取消情况等,据此调整收益管理策略中的客房分配方案。

(3)负责对销售部团体预订的合同或协议条款进行审核,确保合同中的取消限制条款与收益管理制度一致,最大限度减少团体预订取消给酒店带来的客房空置损失。

(4)负责跟进团体客人房价的执行情况,如有价格偏差,要及时向销售部门提出调整意见,与销售部门携手落实收益管理的价格策略。

(5)通过分析每日团体客人预订报表,对相关数据进行归纳统计,从中分析团体客人预订行为和规律,定期制作团体客人订房分析报告,报送上级主管,并提供给销售部门作为其团体预订工作的参考。

(6)参与销售部团体预订相关的会议,定期传递收益管理部所总结分析的市场信息及收益管理中关于团体价格、客房供应量等方面的策略,确保部门之间协调一致。

(7)不断提升自身沟通协调能力。当部门之间因目标、考核等的差异出现工作冲突时,能够有效进行协调,化解冲突、凝聚力量,确保收益管理相关策略得到贯彻落实,收益管理目标得以实现。

(8)完成直接上级交办的其他工作。

## 九、酒店渠道管理员岗位职责

酒店渠道管理员,又常称作渠道专员(Channel Specialist),主要负责落实酒店直销、分销渠道的管理和维护,处理直销、分销渠道的关系,直接上级是渠道主管。其主要岗位职责如下。



(1)协助渠道主管制定渠道运行相关策略,并就渠道运行管理提出改进意见和建议。

(2)掌握酒店容量控制和动态定价的基本原理和方法,熟悉酒店各细分市场基本情况,掌握酒店价格体系及价格等级。

(3)负责掌握酒店官网、App、微平台、网店及社交媒体等直销渠道和OTA平台、电话订房服务商等分销渠道的运行原理,进行后台操作和运营管理。

(4)执行客房价格策略,将酒店价格体系上传各渠道,并随着市场环境的变化,通过开放或关闭一定的价格等级,对价格进行及时修正和调整,确保客房价格体系和动态定价的落实。

(5)执行容量控制决策,按照决策分配不同渠道的客房数量,并根据市场环境的变化加以调整。

(6)明确直销、分销渠道的优缺点,监测直销、分销渠道比例的变化情况。当比例失衡时,及时进行预警,并对酒店直销、分销渠道的比例提出合理性意见。

(7)分析酒店在各分销渠道的排名情况、销量变化、价格变化、客户黏性、成本、转化率等,定期进行渠道评估。

(8)与各分销渠道相关人员保持沟通,建立良好的合作关系,确保渠道畅通。

(9)组织人员通过各分销渠道关注竞争对手的经营状况,定期进行价格、销量等方面的对比分析,判断本酒店市场地位,提出价格调整的建议;将收集的竞争对手信息提供给收益部门,供预测工作使用。

(10)通过分销渠道关注竞争对手的房价,定期与酒店的房价相比较并做出分析。依据房价的动态变化,确定酒店价格在竞争市场中的地位,定期提出改进建议,供上级决策。

(11)完成直接上级交办的其他工作。

### 十、酒店收益管理部秘书岗位职责

酒店收益管理部秘书(Secretary)直接上级是收益管理总监,主要协助收益管理总监,负责部门文书、后勤方面的工作。其岗位职责如下。

(1)协助收益管理总监处理本部门业务、行政事务和办公后勤方面的工作。

(2)负责本部门各类书面文件的起草、审核、打印、复印和分发等,并将本部门的报告和文件汇总上报或送达相关部门。

(3)负责本部门文书档案和相关资料的管理工作,对各类客户资料和业务档案进行分类、整理、保管,确保资料的完整性,以备相关部门和人员随时调用。

(4)负责本部门的考勤统计及工作考核,处理部门日常事务,为本部门工作顺利运转提供后勤保障。

(5)负责本部门会议的准备、安排和后勤保障,做好会议记录,整理会议纪要。

(6)协助收益管理总监制定本部门工作计划和为撰写月度、季度和年度工作总结收集与积累素材;协助本部门及收益、预订和渠道管理三个部门从事相关业务的统计工作。

(7)完成直接上级交办的其他工作。

## 第三节　收益管理会议的组织管理



能否定期召开收益管理会议,收益管理会议的内容是否务实,可以评估一家酒店收益管理工作的执行情况。不同层面的收益管理会议有特定的召开频率。一般来说,收益管理部门内部每天召开一次收益管理日会,制定酒店短期收益管理工作计划;酒店层面,每周召开一次收益管理周会,制定酒店中长期收益管理策略。

### 一、每日收益管理会议

收益管理部门每天都要组织召开一次收益管理会议,本部门全体工作人员共同参与,时间一般 30 分钟左右,最长不超过 1 小时,主要内容如下。

(1)回顾昨日酒店经营整体情况。回顾上一日客房和餐饮收入、出租率、平均房价、单房收益等,根据市场渗透指数、价格指数、收益指数等指标分析昨日酒店的竞争情况和市场地位;盘点客房库存、现行价格,对现有渠道进行对比分析。

(2)分析酒店经营环境。首先要关注宏观社会经济环境和旅游业大环境,了解相关经济指数的变化、社会动态、旅游目的地到访游客数量变化、客源结构变化等,分析这些变化给酒店需求带来的影响;其次关注行业环境,了解酒店业整体经营状况市场中将要发生或已经发生的大事件、竞争群竞争策略等信息,并根据这些信息预测市场需求的变化,调整自身收益管理策略。

(3)预测无限制需求量。根据经营环境的分析,预测未来一周市场无限制需求量。

(4)确定客房价格。根据无限制需求量的预测以及竞争对手分析,对自身房价进行合理调整，确定要开放或关闭的价格等级，确定未来一周的价格体系。

(5)渠道库存分配。根据渠道的对比分析，将有限的房源在各渠道间进行合理配置，优化存量分配，确定上门散客的保留房数量；关注直销、分销渠道客源比例变化，出现比例失衡要适时调整。

(6)细分市场分析。对各细分市场进行分析，对其价格、停留天数等进行对比分析，找到酒店贡献率更高的顾客，思考如何将其转化为忠诚顾客；通过经营环境的分析，感知顾客消费观念和消费习惯的变化，发现顾客需求新动向，找到新兴细分市场。

(7)预测超订数量。如果酒店实施超订策略，则需要根据顾客应到未到、预订取消、延期退房等历史数据，预测超额预订的数量。

(8)掌握未来一段时间的销售情况。盘点未来1～2个月内已预订但未以任何形式担保的团体数量及具体情况，制定跟进措施；对比两周内各渠道已在手的预订情况，形成实时的渠道分析。

(9)形成报表。将收益管理会议的结果形成报表，如在手预订报表、比价报表、预订进度报表、预订增量报表、团体报表、预测报表等，并发放给相关部门和人员，以避免各类偏差的出现，便于各部门的配合。

(10)其他日常工作。

## 二、每周收益管理会议



每周收益管理会议由酒店组织召开，一般时长1～1.5小时。与会人员一般为酒店总经理、主管副总经理、收益管理总监、市场营销总监、房务总监、餐饮总监、财务总监、前厅经理等组成的收益管理领导小组，以及包括收益经理、渠道经理、预订经理在内的收益管理部门成员。会议由酒店总经理主持，收益管理总监总结上一期收益工作整体情况，汇报下一期工作计划安排，听取参会人员的意见并进行充分的讨论，最后由酒店总经理进行决策，形成会议决议。会议主要内容如下。

(1)总结上一周酒店收益工作整体情况。包括在手预订量及其在各细分市场之间的分配、与往年同期的比较分析；顾客行为分析、各类房型销售分析、细分市场房价分析；散客和团体客人流失及取消情况分析；直销与分销渠道比例分析、餐厅收益分析、竞争对手价格分析；单房收益、每餐位小时平均收入、市场渗透指数、价格指数、收益指数等指标的完成情况分析等。将以上分析形成各种数据报表，如数据对比报表、散客及团体流失及取消报表，竞争群数据报表等。

(2)分析下一期经营环境，预测需求。利用预订规律报表、预订增量报表、比价报表等梳理未来1～3个月的经营环境变化情况、增量情况，了解增量的大致分布，分析是否存在异动等，更新影响所在市场的特殊事件。在此基础上预测无限制需求量。

(3)汇报下一周收益管理的目标和策略。包括未来1～3个月的收益指标、渠道分配及客房保留、价格策略、销售策略等。由于团体预订一般提前1～3个月，故每周收益管理会议要特别关注1～3个月内的团体预订情况，根据市场环境预留团体用房。

(4)讨论和决策。与会人员就收益管理经理的汇报进行讨论分析，由酒店总经理做出决策，最终形成会议决议。

## 第四节　收益管理的跨部门协作

酒店收益管理部的设置，使与产品销售时机、销售价格、销售渠道、预订控制、市场细分等相关的分析决策工作得以集中进行，但这些工作并非孤立存在，收益最大化的目标也无法由收益管理部一力完成。收益管理工作涉及酒店多个部门，需要各部门同心协力、密切配合，取得各相关部门的支持。虽然对于包括收益管理部在内的酒店各部门来说，在酒店收益最大化的目标上是一致的，但因其各自又有不同的工作目标和工作分工，容易产生不同意见，甚至出现矛盾，故而协调好与各部门的关系、实现与各部门协作显得至关重要。

通常，与收益管理部业务关联比较紧密的部门主要有前厅部、销售部、财务部、餐饮部。以下逐一阐述收益管理部与这几个部门之间的协作。

### 一、前厅部

#### (一)收益管理部与前厅部协作的必要性

前厅部是与收益管理部关系紧密的合作伙伴，前厅部掌握了收益管理所需要的信息，收益管理的部分决策需要前厅部落实，收益管理部的销售预订工作需要前厅部的接待工作提供支持。

1. 前厅部职能变化可能会带来一定的负面情绪

收益管理部设立后，为实施专业化集中管理，原本由前厅部负责的散客预订、散客房价、超额预订、中央预订系统等的管理，改由收益管理部负责，价格制定、库存分配等权限也转归收益管理部。前厅部的职能被削弱，价格、容量控制等工作由决策者变成执行者，员工难免会有一定的心理落差，产生一些抵触情绪，影响部门之间的关系。

2. 收益管理决策的落地，需要前厅部配合落实

尽管收益管理部设置后，酒店的散客预订功能就由前厅部转到了收益管理部，但不排除有的顾客依旧习惯直接到前台订房，前厅部依然参与散客订房的工作，因而收益管理中的定价、库存分配、超订等方面的决策就需要前厅部协助落实。如果前厅部不予以支持，收益管理方案最终只能成为一纸空文。

3. 收益管理部的工作需要前厅部的支持和配合

收益管理部门负责的直销、分销渠道散客预订，客人到店后需要前厅部给予接待，一旦出现过度超订，需要前厅部员工给予妥善处理，前厅部的服务质量提升是酒店隐性收益来源之一。因此，收益管理部应与前厅部进行充分的沟通协调，做到两个部门之间的有效互动、相互协作。

#### (二)收益管理部与前厅部协作的方法

1. 深度沟通，消除隔阂

为了消除前厅部的不满和抵触情绪，收益管理部应创造深度沟通的机会，并不断提升员工沟通协调能力，消除隔阂，拉近距离。

2. 适当激励，成果共享

酒店应给前厅部员工，尤其是针对前台接待人员制定行之有效的奖励政策。奖励政策的制定可以要求收益管理总监参与。前厅部员工得以共享收益管理成果，则会更有贯彻执行收益管理决策、处理收益管理问题的积极性。

3. 收益培训，达成共识

普通的前厅部员工如不具备收益管理理念，就很难胜任升档销售、超额预订、容量控制等专业性较强的收益管理工作，在执行方面就会打折扣。因而收益管理部应定期对前厅部员工进行培训，培育其收益管理基本理念，使其掌握收益管理基本原理。这样，他们在处理问题时就能够从收益管理角度出发，理解收益管理部相关收益决策。

## 二、销售部

### （一）收益管理部与销售部协作的必要性

1. 销售部是收益管理部信息来源之一

销售部不仅承担着一定的销售任务指标，而且还承担着信息收集、市场分析、市场拓展、组合产品、产品促销以及竞争对手分析等任务，这些信息都是收益管理部所需要的。

2. 收益管理政策的执行，需要销售部的认可和配合

由于团体客户、协议客户等的维系需要大量的沟通交流工作，这方面需要销售部相关工作人员投入大量的精力，因而团体预订、协议客户渠道维护等工作仍然由销售部负责。销售部自身有一定的激励政策，有维系客户的需求，而价格和库存分配方案是由收益管理部制定的，这就意味着销售部的预订工作要受到收益管理部的约束。例如，销售部一位老客户，协议价低于收益管理部制定的当日最低房价，但该价格所处等级已经关闭，而销售部为了维系客户关系，仍然以协议价出售，那么矛盾便产生了。收益管理决策得不到销售部的认可，双方不能达成一致，收益管理工作就难以进行下去。



### （二）收益管理部与销售部协作的方法

1. 深入沟通，寻求共识

收益管理部与销售部应经常就收益管理和营销相关的工作进行深度沟通，共同权衡定价、库存分配与客户维系之间应做何取舍，在最终决策上达成共识。一般来说，收益管理部在制定价格、库存分配等策略时，应与销售部进行充分的沟通，兼顾两个部门的工作要求，以有效减少部门冲突。

2. 互相理解，求同存异

收益管理部与销售部都要理解对方部门肩负的职责和使命，尊重对方部门的工作任务、目标等，发生矛盾冲突时，从酒店长远发展的角度考虑问题，解决冲突。当销售部协议价不符合收益管理的价格策略时，收益管理团队预订协调员可以与销售经理或销售专员共同探讨，低价销售带来的经济损失和失去客户带来的长远损失，到底哪一个更大，并就客户重要性、拒单带来的不利影响进行评估，最终得出双方共同认可的结果。

3. 优势互补，紧密合作

收益管理部的优势在于系统工具的使用，可以对各类数据进行系统的、精细的分析，这

是销售部所不能做到的。而销售部外拓性更强，与市场环境深度接触的机会更多，对市场环境的变化更敏感，在客户维系、参与各类会议等过程中可以获得大量一手的宝贵资料，这些又是收益管理部进行预测分析时所需要的。因此，收益管理部与销售部双方要取长补短，信息共享，以使收益管理决策更加科学、销售工作更加得力，两个部门达成共赢，酒店收益更上一层楼。

## 三、财务部

收益管理部与财务部之间的关联，主要在于夜审及与预订相关的一些问题处理。

### (一)夜审工作需要跨部门协作

由于在收益管理策略中，客房价格实行的是动态定价，价格在每月、每周甚至是每天的不同时段都是在动态变化的。而财务部每天都要根据价格政策来对营业收入进行审核，这就需要部门之间共同制定严格的夜审制度和价格执行制度。在日常工作中，部门之间要经常沟通和协调，对出现的收入偏差要及时查找原因，杜绝可能出现的收入漏洞，确保每日收入的准确入账。

### (二)收益管理部预订工作需要财务部支持

收益管理部在进行预订管理时，往往会遇到这些情况，如收取客人预订金、收取客人取消订房的违约金、支付旅行社的佣金等，此时需要财务部门给予支持和配合。

## 四、餐饮部

收益管理部与餐饮部之间存在两重关联。餐饮部自身的运营需要收益管理的思维方法，而在客房收益管理的过程中，餐饮产品又作为打包产品的一部分参与进来。

### (一)餐饮部的日常经营需要管理思维和收益方法

要实现最大化餐饮收益的目标，需要两个部门协作来共同制定餐饮收益策略。收益管理部应通过培训、日常沟通协调等，向餐饮部相关人员传输收益管理相关理念，转变传统餐饮经营中片面追求上座率、人均消费或翻台率的惯常思维，聚焦每天的餐饮收益。餐饮收益的提升也需要收益管理部的指导。无论是理念还是方法的更新，都需要部门之间的有效沟通。

### (二)餐饮产品作为包价的一部分，参与了酒店客房的销售

酒店进行客房产品销售时，往往会跟一定的餐饮产品打包，将餐饮产品和服务作为客房报价的一部分。包价产品往往因打包价格低于分别购买的价格，比较受欢迎，常作为酒店收益管理中的产品策略之一。如入住某酒店豪华客房一晚的客人，获赠了一份欢迎果盘和两份免费自助早餐。此时就涉及包价费用在客房部和餐饮部之间的分配。因二者均低于单独出售的价格，容易在分配时产生一定的矛盾。这就需要收益管理部做好与餐饮部的沟通协调工作，在打包销售产品的收入分配上，事先取得共识。

综上，酒店收益管理部要充分考虑相关部门对收益管理工作的重要性，总结出一套处理与各个部门关系的方式方法，进行行之有效的沟通协调，保证酒店收益管理工作的顺利开展。

# 第五节　收益管理常用软件概述

“工欲善其事,必先利其器。”酒店收益管理需要收集、整理和分析处理大量数据,如果完全依靠手工计算和人力操作,不但工作效率低、人力成本高,还容易出现错漏,导致分析数据偏差较大,预测不够精准,从而影响收益管理的效果。越来越多的酒店意识到,收益管理带来的收入和利润的提升是非常可观的,为了取得理想的收益管理效果,他们倾向于使用专业的收益管理系统,用以提升收益管理工作效率,保证收益管理策略的实施。以下将回顾收益管理系统的发展历程,并介绍较有代表性的收益管理软件。

## 一、酒店收益管理系统的发展

作为全球酒店业收益管理的先行者,万豪酒店集团开发了世界上最早的酒店收益管理系统——从 1972 年第一个大型 TPF 主机中央预订系统 MARSHA(Marriott Automated Reservation System for Hotel Accommodations),20 世纪 90 年代的 DFS(Demand Forecasting System,提供给中高档、奢华市场的全服务酒店)和 RMS(Revenue Management System,提供给经济型、有限服务的酒店),再到 2002—2003 年的 One Yield 收益管理系统。

2004—2005 年,One Yield 取代了原有的 DFS 和 RMS,在万豪酒店集团旗下 46 个品牌上线使用。2019 年,并购喜达屋集团后成为全球第一大酒店集团的万豪酒店集团,完成了对旗下约 6 700 家酒店的所有酒店与管理系统的整合,包括原喜达屋集团旗下的酒店及其投资开发并于 2015 年上线的收益管理系统 ROS(Revenue Optimization System)。此举使万豪酒店集团的系统工具得到统一和规范,使用、管理、迭代和维护等都更加方便和高效。

随着酒店业对收益管理系统的需求,第三方收益管理系统也相继兴起。一些系统供应商,如 IDeaS、EasyRMS、RateManager、Revenue Plus 等,依托云技术开发的收益管理云系统,无须用户购买服务器,不仅为用户节省了大量的资金,而且操作更加简单和快捷。近几年,我国本土的收益管理软件,如鸿鹊 HiYield RMS 等也崭露头角,一些网络代理商也有自身平台研发的收益管理工具,如美团的公明收益板块、携程的收益功能等。

无论是酒店自主研发还是第三方软件,抑或是 OTA 附加功能服务,收益管理系统都致力于通过数据的收集、整理、存储、分析等,为酒店提供各种数据报表,帮助酒店进行精准预测,为酒店提供收益管理决策参考。

## 二、酒店常见的收益管理软件

### (一)IDeaS RMS

IDeaS 创立于 1989 年,总部位于美国明尼阿波利斯。该公司旨在帮助企业在不可预测的需求波动中优化收益,起初公司专注于航空业。2006 年设立中国办事处,2008 年被 SAS 收购,2014 年开始,IDeaS 显著扩充产品种类。目前在全球范围拥有超过 13 000 家酒店客户,并为这些酒店用户所拥有的超过 160 万间客房提供每天的定价决策。

1. IDeaS 产品体系

(1)IDeaS FMS (IDeaS Forecast Management System,IDeaS 预测管理系统):单一功能的预测系统,深入的市场预测。

(2)IDeaS PS (IDeaS Price System,IDeaS 定价系统):单一功能的定价系统,降低风险,提升收益。

(3)IDeaS RMS(IDeaS Revenue Management System,IDeaS 收益管理系统),IDeaS RMS 能够提供一整套的收益管理解决方案。

(4)IDeaS Mobile RMS(IDeaS Mobile Revenue Management System,IDeaS 收益管理系统移动客户端):业界首个收益管理的手机应用程序。

(5)IDeaS RPI(IDeaS Revenue Performance Insights,IDeaS 收益表现监控系统):战略层面的解决方案,旨在提升酒店经营决策者报告、分析和利用绩效数据的能力。

(6)IDeaS RPM(IDeaS Ruputation Pricing Modue,IDeaS 舆评定价模块):业界首个将网上舆评因素纳入酒店定价决策的解决方案。

(7)IDeaS G3 RMS(IDeaS G3 Revenue Management System,第三代 IDeaS 收益管理系统),即利用 SAS 分析技术,提供迄今最科学先进的解决方案。

(8)IDeaS Function Space RMS (IDeaS 会议和宴会厅收益管理系统):将收益管理系统拓展应用到客房以外的收入项目——会议和活动场地等。

2. IDeaS G3 RMS 简介

IDeaS G3 RMS 是第三代的 IDeaS 收益管理系统。可在房型和房价代码级别方面提供科学的定价和库存控制决策,以在各细分市场中实现最佳收益业绩。 

(1)服务目标。

在 SAS 高性能分析引擎的赋能下,IDeaS G3 RMS 可自动执行定价、限制和超订决策,从而最大限度地提高客房单房收益,解决客户关注的问题。

①提升单房收入:利用精准的预测,将最优定价和收益管理决策应用到所有销售系统中。

②优化业务组合:把握最有价值的业务,对收益和盈利能力产生立竿见影的积极影响。

③提高生产力:数据科学与机器学习技术可自动执行精细数据分析、预测、定价和控制,让客户专注于战略决策。

(2)服务内容。

①为每一个入住日期及入住天数不同的预订最优化定价。

②精确预测市场需求。

③通过管理以相对价值为依据的价格可能性来提高客房单房收益。

④最优化满房超卖量来减少预订取消和未入住带来的收益影响。

⑤有效管理复杂的分销网络上的价格和房态。

⑥提高酒店在竞争群里的收益表现。

⑦定价并估算房间和会议宴会设施(可选)的盈利率。

⑧通过提高酒店业绩表现来提高酒店整体资产价值。

⑨通过异常提示管理来提高整个酒店运营的效率。

IDeaS RMS 可以为任何体量、预算、市场细分或任何收益管理成熟度的酒店按需定制,精准控制任何形式的商业模式。

(3)系统构成。

IDeaS RMS 主要通过以下 6 个板块为用户创造价值：预测、预算、定价、竞争对手分析、管理报表、区域/集团集中式收益管理。

(4)主要优势。

①基于数据分析，自动化高频率更新的科学预测。

②清晰的仪表板数据信息帮助提前计划未来销售行动方向。

③各种仪表板及可订制的报表让深入了解酒店业务细节成为可能。

④制定正确的房价、价格控制和超额预订决策并自动上传至预订系统。

⑤系统生成的控制让酒店在高需求日期提高平均房价和满房率，在低需求日期通过价格调整获得更高入住率。

⑥更好地掌控团队业务，优化对团队的定价。

⑦更好地了解和监控市场和竞争对手信息。

(二)鸿鹊收益管理系统

上海鸿鹊信息科技有限公司创建于 2014 年 8 月，致力于为中国旅游酒店业提供基于数据分析的精准定价营销与收益管理解决方案，提供包括收益管理系统、培训、咨询及外包等一体化解决方案。鸿鹊 HiYield 收益管理系统于 2015 年上线，2016 年正式进入市场，主要面向酒店、酒店集团及院校提供服务。



1. 主要软件产品

(1)鸿鹊收益管理系统(面向酒店，目前换代至 3.0 版本)。

(2)鸿鹊收益管理系统教学版(面向旅游类院校)。

(3)鸿鹊收益管理系统集团版(面向酒店集团)。

2. HiYield RMS 主要功能

(1)数据收集整理。

自动获取内外部数据，自动生成分析报告和图表。

(2)分析预测优化。

从房型、渠道、细分市场等不同维度，分析和预测各维度的间夜数、平均房价、收入，实现平均房价、出租率和收入的最大化。

(3)合理超额预订。

对满房日超额预订的客房总间夜数、各房型的超额预订数量及价格等自动提出建议，并记录、统计超额预订的结果和收益，确保高入住率日期达到满房。

(4)预算管理。

自动根据淡、平、旺、火爆等供求关系变化的预测，把间夜数、平均房价和收入科学分配到每天、每个细分市场和渠道，极大地节约时间，提高每日预算管理的效果。

(5)价格建议。

自动计算并提出每天的最高现付价、最低尾房价，以及各细分市场的目标平均房价，有效帮助酒店实施动态定价，使酒店不因价格过高而流失销量，也不因为价格过低而损失利润。

(6)业务置换。

改变传统先来先得以及凭经验报价的做法,自动计算团队对酒店整体收益和利润的影响,提出最佳报价。

(7)市场表现。

自动生成市场表现指数报告,包括市场占有率指数、价格指数、收益指数等,了解酒店在竞争群中所处的位置,寻找收益机会。

(8)价格监控。

自动抓取酒店在各大 OTA 平台、官网等的价格数据,把握市场供求关系和精准定价,并每 4 小时更新一次,竞品动态,尽在掌控。

(9)展会报告。

通过数据挖掘,解决人工收集成本高、数据不全及数据不及时等问题,自动获得城市商圈展会、文体活动、特殊事件等信息,掌握市场热度和需求。

(10)集团区域管理。

自动汇总集团旗下所有门店的数据,包括预订、定价、预测、预算等数据,随时随地按自定义标准检索,准确、高效、方便,生成所需图表。

(11)城市热度指数。

提供城市热度指数排名,预测未来 30 天城市指数数据。

(三)公明收益



公明收益是美团后台操作的基础性功能之一。公明收益管理工具旨在为酒店解决数据收集、分类整理、综合分析的痛点,让酒店在烦琐的数据统计工作中节省出人力、财力与时间,轻松把握每一次市场机会,实现酒店收益的最大化。

1. 工具优势

(1)智能预测当前市场需求。

根据模型计算,实时预测当前市场需求热度,辅助商家进行收益决策。

(2)精准监控竞争对手信息。

可自主筛选关注同行,实时展示周边同行的改价动态,支持查看自己和周边同行的产品表现、用户评价情况,知己知彼做收益。

(3)全网用户评价一站式管理。

支持查看六大主流 OTA 平台海量用户评价,深挖评价痛点,帮助商家更深更准地了解自身优势,提升销量。

(4)洞察每日收益变化。

可查看自己和同行每日的流量、销量数据,如浏览人数、支付人数等。同时支持查看排名、权益、积分等。

2. 核心功能

(1)收益早报。

收益早报可以即时呈现昨日最新数据,根据早报数据,自行完成一次全面的酒店经营情况诊断。

(2)收益天眼。

自动抓取城市重大、热点信息,展示不同价格区间、不同商圈区域的预订热度和浏览热度,提供火车、汽车、飞机等客流增减量的数据信息,为酒店商家打开"天眼",获知城市几乎所有市场相关动态信息。

(3)竞争圈。

该功能提供排名、流量、供求、变价、流失等方面信息,是酒店每日开展收益管理工作的重要支撑。

(4)收益智评。

智能抓取全平台评价数据,同步展示竞争对手的评价数据。

(5)收益优品。

系统展示酒店及竞争对手在不同销售时期的产品竞争力数据。

(6)流量纵横。

以可视化数据图表的方式,为酒店管理人员呈现市场需求的变化规律,使其省去大量的市场调研、预订量统计与分析的工作,轻松完成市场规律分析及流量提升策略制定等工作。

(7)用户画像。

通过用户性别、年龄、学历、地域、是否结婚、是否有小孩,以及品牌喜好等多个维度,用图表形式生动体现酒店当前客源结构的细致特点,让客源结构更加具象,为酒店的精准营销工作开展提供了一盏"指航灯"。



(8)智能医生。

公明收益的"智能医生"模块为酒店提供了预算目标设定及每日完成率评估、当前目标值变化趋势监测、浏览量及转化率进度监测三个方面的指导,助力酒店在不同市场需求、不同竞争秩序状态下,合理调整预算目标及管控销售渠道,有效实现酒店的收益最大化。

3. 局限性

相对于网络公司研发的收益管理系统软件,以公明收益为代表的OTA自带收益管理工具最大的局限性在于,因其作为一个分销渠道,只能获取酒店在本平台的销售数据,故而无法对酒店整体的收益指标进行分析,能反映一定的问题但并不全面。一般来说,可以将其各类分析数据作为特定渠道销售决策的参考。

## 本章小结

1. 为确保收益管理工作的落实,最大化实现收益管理目标,酒店应根据自身规模和需要,设立不同形式收益管理机构。

2. 收益管理部门各岗位要设置明确的岗位职责。

3. 酒店应定期召开收益管理会议。一般来说,收益管理部每天都要组织召开一次收益管理会议,主要进行各类市场指标的分析、归纳和总结。每周收益管理会议由酒店组织召开,主要讨论决定收益管理的战略和策略。

4. 通常与收益管理部业务关联比较紧密的部门主要有前厅部、销售部、餐饮部、财务部。收益管理部需明确与这些部门进行工作协调的必要性，寻求协调部门关系的有效方法。

5. 为了取得理想的收益管理效果，酒店需要专业的收益管理系统。One Yield由万豪酒店集团自主研发，是目前其旗下所有酒店共同使用的收益管理软件。第三方收益管理软件中，IDeaS RMS、EasyRMS等最具代表性，另外，中国本土的鸿鹄 HiYield RMS也在国内市场上占据一席之地。

## 核心术语

收益管理会议(Revenue Management Meeting)
收益管理部(Revenue Management Department)
收益管理经理(Revenue Manager)
收益管理总监(Director of Revenue Management)
收益主管(Revenue Supervisor)
预订主管(Reservation Supervisor)
渠道主管(Channel Supervisor)
收益分析员(Revenue Analyst)
收益系统管理员(RMS Administrator)
散客预订管理员(Individual Reservation Clerk)
团体预订协调员(Group Reservation Coordinator)
渠道专员(Channel Specialist)
秘书(Secretary)

## 思考练习

1. 大型酒店收益管理部的组织结构如何设计？
2. 收益管理总监的岗位职责有哪些？
3. 如何实现收益管理部与销售部的跨部门协作？
4. 如何召开一次成功的收益管理周会？

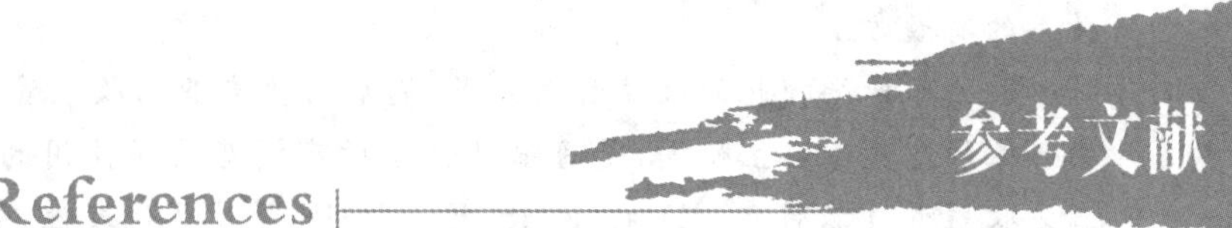


# References

[1] 陈亮,郭庆,魏云豪. 收益管理:有效降低空置率,实现收益翻番[M]. 北京:人民邮电出版社,2018.

[2] 陈戎,杨义菊. 餐饮服务与管理[M]. 武汉:华中科技大学出版社,2016.

[3] 党印. 酒店收益管理[M]. 北京:经济科学出版社,2020.

[4] 冯文权. 经济预测与决策技术[M]. 5 版. 武汉:武汉大学出版社,2008.

[5] 菲利普·科特勒,凯文·莱恩·凯勒. 营销管理[M]. 梅清豪,译. 上海:上海人民出版社,2006.

[6] 胡质健. 收益管理:有效实现饭店收入的最大化[M]. 北京:旅游教育出版社,2009.

[7] 黄艺农,鲁闫. 基于服务蓝图法的餐厅收益管理时间控制策略研究[J]. 江苏商论,2019(12).

[8] 李宏斌. 赢在起点:星级酒店筹建理论与实务[M]. 北京:中国民航出版社,2007.

[9] 刘淑芹,汪寿阳. 酒店收益管理研究——客房预订与定价决策[M]. 北京:科学出版社,2013.

[10] 牛星,杨慧. 餐饮服务收益管理的时间控制策略研究[J]. 中国管理科学,2011(19).

[11] 蒋丁新. 饭店管理[M]. 3 版. 北京:高等教育出版社,2010.

[12] 蒋洁,陈芳,何亮亮. 大数据预测的伦理困境与出路[J]. 图书与情报, 2014(5).

[13] 汪瑜. 民航运输收益管理[M]. 成都:西南交通大学出版社,2018.

[14] 熊伟,蓝文婷. 基于 no-show 和取消预订的酒店顾客预订行为研究——以深圳大梅沙京基喜来登度假酒店为例[J]. 旅游研究,2012,4(3).

[15] 杨慧,宋华明,周晶. 一种座位组合优化的计算方法及仿真分析[J]. 管理工程学报,2013(3).

[16] 杨慧,周晶,邓群. 餐厅收益管理的差别定价策略研究——基于对顾客公平度感知的调查[J]. 北京工商大学学报 (社会科学版),2008(2).

[17] 伊萨多·夏普. 四季酒店:云端筑梦[M]. 赵何娟,译. 海口:南海出版公司,2011.

[18] 张川,郭庆,魏云豪. 收益管理:突破增长困境,提高酒店营收水平[M]. 北京:人民邮电出版社,2020.

[19] 章勇刚. 酒店财务管理[M]. 2 版. 北京:中国人民大学出版社,2018.

[20] 曾国军. 收益管理与定价战略[M]. 北京:中国旅游出版社,2018.

[21] 祖长生.饭店收益管理[M].北京:中国旅游出版社,2016.
[22] Baker T K, Collier D A. A comparative Revenue Analysis of Hotel Yield Management Heuristics[J]. Decision Sciences,1999(1).
[23] Belobaba P P. Airline Yield Management: an Overview of Seat Inventory Control [J]. Transportation Science,1987(21).
[24] Choi T Y, Cho V. Towards a Knowledge Discovery Framework Foryield Management in the Hong Kong Hotel Industry [J]. International Journal of Hospitality Management,2000(1).
[25] Cross R G. Launching the Revenue Rocket [J]. Cornell Hotel and Restaurant Administration Quarterly,1997(2).
[26] Cross R G. Revenue Management[M]. Crown Business,2011.
[27] Cross R G, Higbie J A. Revenue Management's Renaissancea Rebirth of the Art and Science of Profitable Revenue Generation[J]. Cornell Hospitality Quarterly, 2009,50(1).
[28] David K, Allisha A. Revenue Management for the Hospitality Industry[M]. NYC: Wiley,2010.
[29] Donaghy K, Mcmahon U, Mcdowell D. Yield Management: an Overview [J]. International Journal of Hospitality Management,1995(2).
[30] Enz C A, Canina L. An Analysis of Revenue Management in Relations to Hotel's Pricing Strategies[R]. CHR Report, 2005, 5(6).
[31] Forgaces G. 收益管理:饭店运营收入最大化[M]. 王立,伍波,王晓宽,译. 北京:中国旅游出版社,2014.
[32] Hwang J. Restaurant Table Management to Reduce Customer Waiting Times[J]. Journal of Foodservice Business Research,2008(4).
[33] Jauncey S, Mitchell I, Slamet P. The Meaning and Management of Yield in Hotels [J]. International Journal of Contemporary Hospitality Management,1995(4).
[34] Kimes S E. Yield Management: a Tool for Capacity-Constrained Service Firm[J]. Journal of Operations Management,1989(4).
[35] McGill J I, Van Ryzin G J. Revenue Management: Research Overview and Prospects [J]. Transportation Science,1999(2).
[36] Miller J E, Hayes D K, Dopson L R. Food and Beverage Cost Control[M]. NYC: Wiley,2002.
[37] Nykiel R. 1990's: Decade of Yield Management[C]. Presented at Yield Management Multi-Industry Conference, Charlotte, NC,1989.
[38] Pfeifer P E. The Airline Discount Fare Allocation Problem[J]. Decision Sciences, 1989(1).
[39] Sanchez J, Satir A. Hotel Yield Management Using Different Reservation Modes[J]. International Journal of Contemporary Hospitality Management,2005(2).

[40] Shostack G L. Understanding Services through Blueprinting [J]. Advances in Services Marketing and Management,1992(1).

[41] Talluri K,Ryzin G V. Revenue Management under a General Discrete Choice Model of Consumer Behavior[J]. Management Science,2004(1).

[42] Thompson G M. Optimizing a Restaurant's Seating Capacity: Used Dedicated or Combinable Tables [J]. Cornell Hotel and Restaurant Administration Quarterly, 2002(4).

[43] Viktor Mayer-Schönberger, Cukier K. 大数据时代[M]. 盛杨燕,周涛,译. 杭州:浙江人民出版社,2013.

[44] Weatherford L,Bodily S E. A Taxonomy and Research Overview of Perishable-asset Revenue Management: Yield Management, Overbooking Pricing [J]. Operations Research,1992(5).

# 教学支持说明

普通高等学校"十四五"规划旅游管理类精品教材系华中科技大学出版社"十四五"规划重点教材。

为了改善教学效果，提高教材的使用效率，满足高校授课教师的教学需求，本套教材备有与纸质教材配套的教学课件（PPT 电子教案）和拓展资源（案例库、习题库等）。

为保证本教学课件及相关教学资料仅为教材使用者所得，我们将向使用本套教材的高校授课教师免费赠送教学课件或者相关教学资料，烦请授课教师通过电话、邮件或加入旅游专家俱乐部 QQ 群等方式与我们联系，获取"教学资源申请表"文档并认真准确填写后发给我们，我们的联系方式如下：

地址：湖北省武汉市东湖新技术开发区华工科技园华工园六路

邮编：430223

电话：027-81321911

传真：027-81321917

E-mail：lyzjjlb@163.com

旅游专家俱乐部 QQ 群号：306110199

旅游专家俱乐部 QQ 群二维码：

群名称：旅游专家俱乐部
群　号：306110199

# 教学资源申请表

填表时间：________年____月____日

1. 以下内容请教师按实际情况写，★为必填项。
2. 学生根据个人情况如实填写，相关内容可以酌情调整提交。

| ★姓名 | | ★性别 | □男 □女 | 出生年月 | | ★ 职务 | |
|---|---|---|---|---|---|---|---|
| | | | | | | ★ 职称 | □教授 □副教授<br>□讲师 □助教 |
| ★学校 | | | | ★院/系 | | | |
| ★教研室 | | | | ★专业 | | | |
| ★办公电话 | | 家庭电话 | | | | ★移动电话 | |
| ★E-mail<br>（请填写清晰） | | | | | | ★QQ 号/微信号 | |
| ★联系地址 | | | | | | ★邮编 | |

| ★现在主授课程情况 | | 学生人数 | 教材所属出版社 | 教材满意度 |
|---|---|---|---|---|
| 课程一 | | | | □满意 □一般 □不满意 |
| 课程二 | | | | □满意 □一般 □不满意 |
| 课程三 | | | | □满意 □一般 □不满意 |
| 其　他 | | | | □满意 □一般 □不满意 |

| 教材出版信息 | | |
|---|---|---|
| 方向一 | | □准备写 □写作中 □已成稿 □已出版待修订 □有讲义 |
| 方向二 | | □准备写 □写作中 □已成稿 □已出版待修订 □有讲义 |
| 方向三 | | □准备写 □写作中 □已成稿 □已出版待修订 □有讲义 |

请教师认真填写表格下列内容，提供索取课件配套教材的相关信息，我社根据每位教师/学生填表信息的完整性、授课情况与索取课件的相关性，以及教材使用的情况赠送教材的配套课件及相关教学资源。

| ISBN（书号） | 书名 | 作者 | 索取课件简要说明 | 学生人数<br>（如选作教材） |
|---|---|---|---|---|
| | | | □教学 □参考 | |
| | | | □教学 □参考 | |

★您对与课件配套的纸质教材的意见和建议，希望提供哪些配套教学资源：